스타트업 생존의 기술

6번의 피벗 15년 만의 엑시트, CEO 표철민의 스타트업 경영 실전 노트

스타트업 생존의 기술

초판 1쇄 인쇄 2017년 7월 20일 초판 1쇄 발행 2017년 8월 2일

지은이 표철민 펴낸이 연준혁

편집인 김정희
책임편집 김영희
디자인 design co*kkiri

펴낸곳 로고폴리스 출판등록 2014년 11월 14일 제 2014-000213호
주소 (10402)경기도 고양시 일산동구 정발산로 43-20 센트럴프라자 9층
전화 (031)936-4000 팩스 (031)903-3895 홈페이지 www.logopolis.co.kr
전자우편 logopolis@naver.com 페이스북 www.facebook.com/logopolis123
트위터 twiter.com/logopolis3

값 17,000원 ISBN 979-11-86499-59-7 03300

• 이 도서의 국립중앙도서관 출판예정도서목록(CIP)은 서지정보유통지원시스템 홈페이지 (http://seoji.nl.go.kr)와 국가자료공동목록시스템(http://www.nl.go.kr/kolisnrt)에서 이용하실 수 있습니다. (CIP제어번호: CIP2017016268)

6번의 피벗 15년 만의 엑시트, CEO 표철민의 스타트업 경영 실전 노트

스타트업 생존의 기술

| 표철민 지음 |

'스타트업을 한다'는 것이 무엇일까? 행복과 허무 사이에서 끝없이 배회하며 성장하는 하나의 큰 배움이 아닐까 한다. 사장 혼자만이 아닌 공동 창업자, 멤버들과 함께 새로운 일을 겪고, 새로운 곳을 가보며 얻는 배움의 과정 말이다. 그 안에는 필연적으로 아픔도, 슬픔도, 처절한 실패에 따르는 고통도 있다. 항상 성공하거나 생각대로만 이루어지면 어찌 배움이라 말할 수 있을까? 배움이란 지금껏 살아온 방식보다 더 나은 방식이 있음을 깨닫고 발전해간다는 뜻이다. 그렇기에 익숙해 하던 방식에 경종을 울릴 따끔한 실패와 반성의 기회가 필요한 것이다.

창업자는 가족과 친구들의 걱정 속에서도 나만의 팀을 꾸린다. 작지만 안락한 사무실도 구한다. 출시만 하면 다 잘될 것 같은 제품을 열심히 만든다. 그 안에서 겪는 고난들도 하나씩 해결해가는 재미가 있다. 이 모든 과정이 어찌 행복이 아니겠는가? 그러나 애석하게도 세상 대부분의 제품은 금세 사라진다. 출시되면 친구들은 물론 사돈의 팔촌까지 동원해 제품을 써보라 하지만 잠깐이다. 고치면 잘될 것 같아 열심히 개선해보지만 6개월이 지나고 1년이 지나도 상황은 크게 변하지 않는다. 그때가 되면 대표와 공동 창업자, 그리고 팀 모두에게 이토록 아무 관심도 못 받는 제품을 만들어온 것인가 하며 깊은 회의와 허무가 물밀 듯 밀려온다.

우리나라 스타트업의 셋 중 하나가 창업 1년 안에, 또 남은 둘 중 하나가 창업 5년 안에 문을 닫는다. 살아남은 회사가 코스닥에 오르기까지 평균 14년이 걸린다. (물론 코스닥에 오른다고 끝이 아니다.) 하물며 회사의 생존율이 이 정도일진데, 각 회사에서 열심히 만들다 사라진 제품의 수는 얼마나 많을 것인가? 그렇게 많은 제품들에는 다 기획자가 있고 개발자가 있었을 것이다. 그러니 희망을 품고 만드는 제품이 실제 오랜 히트 상품이 될 가능성은 대체 얼마나 될까? 스타트업을 한다는 것은 제품 개발의 즐거움과 행복, 출시 후의 걱정과 허무를 반복하는 과정이다.

간혹 첫 타석에 홈런을 치는 경우도 있지만 그것이 장기적인 히트 상품이 되는 경우는 드물다. 대개 언젠가는 스스로 오르지 않는 지표를 바라보며 고민하게 된다. 진짜 무엇이 잘못이었는지는 검증하지 못한 채 제품과 회사, 팀은 금방 잊혀져 간다. 남들이 나를, 이토록 열심히 한 우리 팀을, 한 시대를 풍미했던 우리 회사와 제품을 기억해주리라는 생각은 큰 착각이다. 신제품은 매일 쏟아지고 사람들은 바쁘다. 스스로 생존해 존재 가치를 증명하지 못한 제품과 회사는 기억을 요구할 자격이 없다. 스타트업을 한다는 것은 스스로 증명하거나 잊혀지거나 둘 중 하나의 아주 냉정한 게임이다. 이곳은 만드는 과정이 다분히 낭만적이라 착각할 수도 있지만 분명 전쟁터다. 가까이 있는 여러 스타트업과의 전쟁이 아니라 우리 제품이 지금 필요한가 하는 시장과 소비자와의 전쟁이다.

성공하기 위해서는 제대로 된 시장을 훌륭한 제품으로 정확히 찍어야 한다. 그러나 천재가 아닌 한 처음부터 잘 찍기는 어렵다. 나 같은 범인이야 뼈를 깎는 노력과, 소중한 사람들과 헤어지는 아픔을 겪으며 아주 천천히 허무를 만나는 빈도를 줄여나갈 수밖에 없었다. 그나마 정말 감사한 것은 노력과 반복의 결과가 아주 정직했다는 것이다. 우리는 많은 것을 잃고 나서야 비로소 조금씩 사람들에게 필요한, 세상에 쓸 만한 제품을 내놓을 수 있게 되었다.

시행착오를 줄이기 위해 타인의 경험에서 힌트를 얻어올 수는 있다. 나 역시 어린 시절 많은 선배들에게 직접 경험을 구하고 배웠다. 많은 책과 기사, 블로그 글도 찾아보았다. 애초에 아무것도 모르고 일을 시작한 탓에 누구에게 묻거나 읽지 않으면 안 되는 절실함이 있었다. 내 큰 실수는 그들에게 듣거나 어디서 읽은 내용을 우리 회사, 제품에 그대로 적용했던 것이다. 정작 우리 조직의 특성이나 제품의 현재 상황은 잘 몰랐다. 그저 경영 서적이 소개하는 모범 사례들, 성공한 창업자 선배가 강연에서 말하는 교훈들, 그리고 다른 스타트업들이 어떻게 하는지만 열심히 따라 했다. 그 과정에서 나는 여러 신뢰를 잃고 시간을 손해 보며 사람들과 헤어져야만 했다.

세상에는 많은 해법이 존재하지만 정확히 우리 상황, 지금 시점에 맞는 해법이 아니면 잘못 쓰여질 여지가 많다. 남의 성공 사례는 잘 가고 있는 우리 조직과 제품에 오히려 해가 될 수도 있다. 누군가를 게임에서 이기게 한 황금 열쇠가 다른 이에게는 고약한 자물쇠가 될 수도 있는 것이다. 사장이라면, 또한 스타트업 멤버라면 타인의 경험, 타인이 정답이라고 주장하는 의견을 항상 비판적으로 수용해야 한다. 물론 아예 귀를 닫으라는 것은 아니다. 앞서간 팀의 경험에는 타산지석이 될 만한 것이 반드시 있다. 그러나 그들과 똑같은 길이 항상 정답일 수만은 없다는 것이다. 어떤 경우에는 그 누구도 해보지 않은 방법으로 과감히 승부수를 띄워야 한다. 어느 때에는 다른 팀이 이미 실패한 방법을 다시 써보는 묘수도 둘 수 있어야 한다. 어디에도 영원한 정답은 없으며, 영원한 오답도 없다. 우리 팀이 살아남고 우리 제품이 지속가능한 인기 상품이 되면 전에 없던 무리수도 이내 신의 한수가 된다.

오랜 세월 나이 어린 사장이었다. 스물둘 철부지에 시작한 회사를 서른하나까지 했다. 한바탕 긴 꿈을 꾸다 깨어난 것 같다. 시간이 지나며 모든 일이 감사해졌다. 어린 나이에 실패할 수 있었던 것도 감사한 일이다. 사람들과 헤어지게 된 것도 앞으로 더 큰 이별을 예방하게 되었다는 점에서 감사한 일이다. 망할 수밖에 없을 만큼 찢어지게 가난한, 망해야 정상인 그런 상태에 가볼 수 있었던 것 또한 감사한 일이라는 것을 깨달았다. 그때 아니면 언제 그런 경험을 해볼 수 있었겠는가. 더 나이 들고, 더 많은 사람을 책임져야 할 때, 더 큰 자본을 가지고 실패했다면 나는 살아남기 더 어려웠을 것이다. 나는 인생에서 가장 덜 아플 수 있을 때 먼저 아팠던 것 아닐까 싶다. 그것이 얼마나 큰 감사이자 축복인가. 그 덕에 이제는 같은 실수는 좀 피해갈 수도 있을 것 같다. 조금의 판단이나마 더 잘할 수 있는 자신감도 생겼다. 서른셋이 된 지금 적잖은 배움과, 같이 일하고 싶은 사람들이 곁에 있다는 사실이 얼마나 기쁜 일인가.

중학교 때 운명적으로 첫 법인을 세운 이후 많은 바보 같은 짓을 하며 여기까지 왔다. 나의 무지와 아집으로 너무 많은 사람을 잃었다. 고마운 사람들에게 크고 작은 상처도 안기며 살아왔다. 이 책은 그런 이들을 향한 참회의 기록이요, 좋은 분들을 만날 기회를 준 이

사회에 진 빚을 갚는 일이다. 아무것도 모르던 내가 지난 17년간 배우고 얻은 주관적 경험들을 정리했다. 이 책이 스타트업을 하는 누군가의 행복과 허무를 오가는 길에 작은 이정표가 되기를 바란다. 좋은 제작자가 되는 길에 소박한 힌트가 되기를 바란다. 그리고 당연하게도 내가 겪었지만 독자인 당신이 직접 겪은 것은 아니므로 어디까지나 비판적으로 생각하기를 바란다.

군 생활 중 8개월 남짓한 시간 동안 〈매일경제〉 신문에 기고했던 칼럼에 상당 부분 기초하여 이 책을 썼다. 평범한 사병에게 과감히 지면을 내어준 신문사와, 사병 창업교육의 일환으로 협조한 서울 경찰에 감사드린다. 일일이 열거하기 어려울 만큼 많은 선배들께서 가르침을 주셨다. 한 분 한 분 언제나 내 머릿속에 또렷이 기억하고 있다. 위자드웍스, 루비콘게임즈, 다드림커뮤니케이션에서 함께했던 나의 동료들에게도 많이 배웠다. 스타트업 동지들에게 감사드린다. 졸필의 칼럼을 보고 책으로 엮자는 제안을 주신 로고폴리스 김정희 대표께 감사드린다. 전역 전후로 많은 일이 있어 출간 일정이 6개월이나 지연되었다. 중구난방의 원고를 완전한 책으로 편집해 주신 유씨컴퍼니 김영회 대표께도 감사드린다.

모든 일은 사랑하는 사람들의 건강과 안정, 지지 없이는 이루어지지 않는다. 어려운 시간을 딛고 이제는 건강하게 지내고 있는 어머니, 아버지 그리고 사랑하는 이와 친구들에게 이 책을 바친다.

2017년 새로운 스타트업을 스타트하며,

표철민

CONTENTS

CHAPTER 1

스타트업을 한다는 것

살면서 한 번도 싫은 소리 못해본 사람이 남의 사무실 찾아가 부끄러움 무릎 쓰고 '회사를 위해' 돈을 꾸게 만드는 것. 여러 곳에서 거절당하고 생전 처음 맞는 좌절감을 느끼는 것. 그리고 나중에 다시 잘돼 거꾸로 나를 찾아온 사람을 차마 거절하지 못하는 마음을 배우게 되는 것. 절대 배우기 싫은 것도 '회사를 위해' 머리 싸매고 공부하게 하는 것. 배신도 당하고 사람에 크게 상처도 입지만 남은 사람들 때문이라도 계속 힘을 내 달려야 한다는 사실을 알게 하는 것. 몰라서 실수할 수는 있지만 알고도 실수하는 것은 자격이 없다는 것을 깨닫게 하는 것. 그래서 전보다 엄청난 성장을 이루게 하는 것. 그것이 바로 '사장이 되어간다'는 것의 의미다. 단순히 회사 차린다고, 명함 판다고 사장이 되는 것은 아니다. 그간 내가 하지 못하던 일들, 하기 싫어하던 일들을 '회사를 위해' 기꺼이 하고 있는 모습을 볼 때, 그 지점부터 진정한 사장이 되어간다.

가슴 뛰게 하는 '기업의 사명'

성공한 회사에는 명확한 목적이 있다

'신형 맥북 제공, 자율 출퇴근제 시행, 자유로운 근무 환경' 요즘 스타트업의 채용 공고를 보면 어김없이 볼 수 있는 문구들이다. 스타트업이 워낙 많고 좋은 인재는 적어서 그렇게라도 매력 발산을 해야 하는 것은 십분 이해한다. 그러나 어느 훌륭한 인재가 맥북이나 간식 제공 정도에 자신의 소중한 미래를 걸겠는가? 그런 것에 이끌려오는 사람을 찾는다면 애초에 실패한 채용이 아닌가? 여러 생각이 들었다. 나는 많은 회사의 채용 공고에서 '어떤 문제를 해결하려고 세워진 회사'라는 설명을 본 적이 별로 없다. 명확히 무엇을 이루기 위해 어떤 이들이 모여 지금 무슨 일을 벌이고 있는지를 설명하는 게 먼저가 아닐지 자주 갸우뚱했던 기억이 있다. 이제는 분명 다른 접근이 필요하다.

인생의 1막을 마치고 이제 새로운 일을 시작해야 하는 입장에서

이 화두는 내게도 지난 2년간 큰 고민거리였다. '무엇이 진정으로 사람의 가슴을 뛰게 할까?' 신형 개발 장비나 장기 휴가 같은 게 아니라 더 근본적인 것이 있지 않을까. 일단 분명한 것은 나의 새로운 도전이 일종의 창업 남발이 되어서는 안 된다는 것이다. 왜 굳이 세상에 우리 회사가 탄생해야 하는지, 그 질문에 대한 명쾌한 답이 필요했다. 만약 제대로 답할 수 없다면 차라리 다른 회사에 들어가 돕는 게 더 나을 것이다. 그러면 각자 따로 하는 것보다 훨씬 좋은 회사를 빨리 만들 수 있지 않을까 하여 나는 다른 목적과 방향을 제시하지 못하면 새 회사를 만들지 않겠다고 다짐했다.

확실히 성공을 향해 가고 있는 회사들은 상대적으로 차별화된 목적을 가졌다. 우리나라에서는 기업의 사명 또는 존재의 이유로 표현할 수 있고, 영어권 국가에서는 주로 미션Mission이라고 한다. 구글은 웹사이트에서 자사의 목표를 'Google's mission is to organize the world's information and make it universally accessible and useful.(전 세계의 모든 정보를 체계화해 모두가 쉽게 이용할 수 있도록 하는 것)'이라 선언하고 있다. 그렇게 되면 구글이 본업인 검색엔진 외에 세계 지도나 심지어 우주 지도를 제공하는 것, 안드로이드를 만드는 것, 자율주행차를 연구하는 것처럼 서로 별 상관없어 보이는 일들을 하는 이유가 보인다. 페이스북도 자사 미션을 'Facebook's mission is to give people the power to share and make the world more open and connected.(사람들에게 공유의 힘을 제공하고 세상을 보다 개방되고 서로 연결된 곳으로 만드는 것)'이라 밝히고 있다. 페이스북도 타임라인을 만들고 기업이나 유명인용 페이지를 내놓고, 소모임을 위한 그룹 기능이나 메신저를 내놓는 등 서로 다른 일들이 하나의 연결된 끈처럼 이해되기 시작한다.

우리나라 스타트업 중에도 훌륭한 미션을 가진 회사들이 있다. 배달의민족의 미션은 '정보 기술을 활용하여 배달 산업을 발전시키자' 였다. 그리고 최근에는 '좋은 음식을 먹고 싶은 곳에서' 로 바꿨다. 사업 영역을 확장하며 미션을 바꾼 예는 배달의민족만이 아니다. 페이스북도 2004년 창업 이래 지금에 이르기까지 총 아홉 차례나 미션을 수정해왔다. 회사가 성장하거나 사업 전략이 바뀜에 따라 미션은 얼마든지 변경될 수 있다. 미션이 조금씩 진화하거나 수정되어 직원들이 겪을지 모를 혼란보다 미션이 없어서 겪는 혼란이 더 클 수 있다. 패션 전문 소셜 네트워크인 스타일쉐어는 회사 미션을 '더 많은 사람들이 더 쉽게 자신만의 멋을 찾아갈 수 있도록' 이라 정의하고 있다. 이렇듯 이루려는 꿈이 명확히 제시되는 회사들이 그 꿈에 공감하는 사람들의 가슴을 뛰게 하고 더 반짝이는 별이 된다.

과거에서 힌트를 빌려 미래를 꿈꾼다

———————— 사람의 가슴을 뛰게 하는 훌륭한 목적을 찾으려다 보니 나는 우리나라 대기업 성장사를 주목하지 않을 수 없었다. 대기업도 처음에는 스타트업이었기 때문이다. 어느 날 드라마 〈미생〉을 같이 시청하던 어머니가 극중 옛 대우센터 건물에 입주해 있는 종합상사 원인터내셔널(대우인터내셔널이 실제 모델)을 보며 과거를 회상하셨다. 어머니는 고교 졸업 후 제일은행 대우센터지점에 취직하셨다. '당시 수출이 너무 잘돼 서류

업무로 하루에 20시간씩 일하는 날도 많았다'고 하셨다. 그럼에도 '당시에는 대부분의 근로자들이 그렇게 일했기 때문에 별로 불만이 없었고, 다들 참 열심히 일했다'고도 하셨다.

지금으로는 상상할 수 없는 하루 20시간 근무의 원동력은 무엇이었을까? 당시 시대 흐름인 '산업보국(産業報國)'이라는, 회장부터 말단 직원까지 모든 근로자가 동일하게 공유하는 또는 주입받은 국가적인 단일 미션이었던 것이다. '우리가 잘되는 것이 나라가 잘되는 것이며, 나라가 잘되는 것이 우리가 잘될 수 있는 길'이라는 믿음 말이다. 그 믿음을 스스로 가졌든 주입 받았든 간에 모두 공유하고 있었기에 우리나라는 최악의 노동환경 속에서도 세계에서 가장 빨리 성장한 국가 중 하나가 되었다.

나는 대기업 성장사를 공부하며 당시 근로자들을 뛰게 한 것은 개인의 영달보다 사회와 나라에 기여한다는 한 단계 더 큰 사명감이었다고 느꼈다. 또한 함께 분투하는 동료들과의 끈끈한 동지애, 같이 노력해 잘살아보자는 일종의 공동체 의식이 섞여 개인의 희생과 뼈를 깎는 노력을 이끌어낸 것이 아닌가 여기게 됐다.

지금이야 개인의 개성이 더 존중받는 시대이고 나라나 회사보다 나와 가정의 행복이 훨씬 중요하다. 만약 누가 제2의 정주영을 자청해 희생을 강요하거나 가정보다 일이 중요하다 주장한다면 많은 사람들이 회사를 떠날 것이다. 나는 당연히 지금이 더 살 만한 시대라 생각한다. 그럼에도 산업 태동기의 근로자들이 과거를 돌아보며 '다들 참 열심히 일했다'거나 '최선을 다했기에 후회가 없다'고 말하는 것을 보면 사회적 가치나 끈끈한 동지애, 공동체의식이 사람의 마음을 움직이고 진심으로 뛰게 하는 아주 중요한 원동력일 수 있겠다는 생각을 한다. 이것은 결코 1970, 1980년대 경제성장기에 활용된 뒤 용도 폐기된 카드가 아니고, 4차 산업혁명을 눈앞에 둔 지금도 조직이 꿈을 꾸고 그 안의 사람들을 뛰게 만들 중요한 요소라는 직감을 받았다.

나는 '맥북 제공, 출퇴근 자유, 중/석식 제공' 등으로 대변되는 오늘날 많은 스타트업들의 너무나 익숙한 설득에는 그다지 감동할 수가 없다. 그런 회사에는 적어도 나는 합류하고 싶지가 않다. 얼마나 차별화된 꿈에 대해 할 말이 없으면, 자기 꿈에 대해 자신이 없으면 무슨 장비를 사주고, 회사에서 밥을 주는 것으로 사람의 가슴을 뛰게 할 작정인지 전혀 납득이 안 되기 때문이다. 차라리 "우린 지금 아무것도 해줄 수 없다. 하지만 우린 이런 꿈을 꾼다. 찾아보니 세상에 아직 이런 꿈을 꾸는 회사가 없다. 우리는 지금 이런 사람이 필요하다. 바닥에서 같이 시작해서 꼭 꿈을 이뤄내자." 하는 팀에 더 마음이 간다. 만약 그 사명과 정신 안에 한 차원 더 높은 사회적 가치와 동지애, 공동체 의식까지 진심으로 담아낼 수 있다면 회사는 저절로 날개를 달고 날아가리라 믿는다. 나 역시 새로운 도전을 준비하며 사람의 가슴을 뛰게 하는 '오늘에 맞는 기업의 사명'을 찾고 있다.

스타트업 생활의 기쁨

좋은 조직과 소비자가 우선이다

사업을 하면서 돈을 벌 때도 재미있지만 가장 행복한 순간은 무언가를 열심히 만들 때였던 것 같다. 어느 날 아침에 출근했는데 멤버들이 같은 꿈을 꾸며 아주 신나게 각자 자리에서 열정을 불태우는 모습을 살그머니 바라보는 것, 그 때가 스타트업을 만든 것의 최대 보람이자 가장 벅찬 순간 중 하나였다. 그런 순간이 지난 16년간 항상 있었던 것은 아니지만, 이따금씩 나도 비전을 잘 제시하고 이를 모두가 동일하게 바라보게 되는 때에는 사무실이 아주 후끈후끈하다는 기분이 드는 날들이 있었다. 돈을 잘 벌 때보다 모두가 한곳을 바라보며 열정을 불태울 때가 사장으로서 좋은 조직을 만들었다는 기분이 들어 그렇게 뿌듯할 수가 없었다.

어려서는 '조직'에 대해 깊이 생각하지 않고 그저 사업 성공만 바랐다. 하지만 시간이 흐를수록 사업도 사업이지만 좋은 조직이 가장 중요하다는 생각을 하게 됐다. 지금도 나는 팀원 모두가 최선을 다해 하나의 제품을 만들던 순간을 떠올린다. 하루하루 출근이 기다려지는 날들, 회사에 있는 시간이 마치 무대에 선 배우와 같이 설레던 시간들, 퇴근하고 나서도 내가 만드는 제품 생각에 자부심이 들었다. 돌아보면 우리가 만들어낸 결과물보다 만드는 과정의 생각들, 고민들, 기쁨들, 그때 같이 웃고 울고 떠들던 사람들이 자꾸만 떠오른다. 지금은 각자 갈 길로 떠났고 제품도 어느덧 빛을 바랬지만, 적어도 만들던 그때의 우리는 너무나 빛났다.

박봉에 언제 실현될지 모르는 스톡옵션을 받고 왜 스타트업에서 일할까? 나는 스타트업 생활이 회사에서의 즐거움이 없다면 아무것도 아니라고 생각한다. 대기업을 나와 안정적인 학교를 벗어나 오피스텔에서, 지하 골방에서 최선을 다하는 이유는 내가 새로움 속에서 하루하루 성장한다는 기쁨, 함께하는 사람들의 열정 안에서 자극 받는 것, 그리고 무언가 작지만 의미 있는 것을 만드는 즐거움에 있다고 본다.

또 다른 기쁨은 우리가 그렇게 노력해 만든 제품을 사용하는 사람들이 생기는 것이다. 처음부터 많은 사람은 아니지만, 하루 중 아주 적은 시간이라도 내 머리에서 나와서 내 손을 빚은 작품을 쓰며 편의를 느끼는 것이다. 누군가는 감사의 인사를 남기고 누군가는 혹평을 보낸다. 누군가는 개선에 대해 찬사를 보내고 누군가는 결국 떠난다. 하나의 제품이나 서비스를 만들고 개선해가는 일은 너무나도 지리하고 보기보다 훨씬 오래 걸리는 일이다. 그래도 정말 좋은 제품을 만들고 많은 사람들에게 도움이 되고 싶다. 세상을 바꿀 수 있을지는 몰라도 최소한 이 분야의 발전만큼은 내가 일조할 수 있다는 믿음, 그 믿음이 커짐에 따라 점점 더 집중하게 된다. 그러다 보면 언젠가 우리가 만든 것이 진짜 좋은 제품으로 커 나가기도 한다.

만남과 경험으로 성장한다

스타트업 생활의 기쁨 중 또한 빼놓을 수 없는 것은 바로 만남이다. 회사 안팎에서 평소에는 만날 수 없던 새로운 사람들을 만나게 되고 그들에게서 적잖은 충격을 받는다. '이렇게 생각하는 사람도 있구나', '이런 삶을 살아온 사람도 있구나' 하고 느끼며 내가 그동안 우물 안 개구리였다는 생각을 하게 된다. 우연한 만남과 소개가 또 다른 기회와 인연으로 이어지고 내 삶은 생각지도 않은 방향으로 향하게 된다. 새로운 발을 내딛지 않는 사람에게는 어떠한 뜻밖의 만남도 주어지지 않으며 기회 또한 얻지 못한다. 나는 스타트업 생활을 하며 새로 알게 된 사람들을 통해 내 삶이 그 전보다 수백배는 풍요로워졌다고 생각한다. 내 주위에는 나와 비슷한 생각을 하는 사람만 있었지만 세상에는 나와 정 반대의 생각을 하며 살아온 사람도, 엉뚱한 사람, 무작정 반대만 하는 사람, 똑똑한 사람, 별의별 사람들이 다 있었다. 그들을 보며 배우고 반성하고 타산지석으로 삼았다. 조금씩이라도 성장한 내 생각의 스펙트럼은 다 그들에게 얻은 셈이다.

더 말할 나위 없는 스타트업 생활의 기쁨은 또한 경험이었다. 스타트업 생활은 지금껏 살며 한 번도 겪어본 적 없는 일들을 겪게 해준다. 그러한 경험의 반복을 통해 실패와 성공의 일정한 패턴을 배운다. 어떻게 하면 생각한 대로 일이 안 풀리는지, 어떻게 했더니 일이 잘 되는지를 배워간다. 성공과 실패의 이유와 패턴을 발견하게 되면 전에 하던 실패를 조금씩 덜 하게 된다. 시행착오를 통해 배우고 성장해가는 것이다. 전에 하던 실수나 실패를 더 이상 하지 않게 되었을 때의 기쁨은 매우 크다. 스타트업 생활은 나이에 비해 가장 빨리 그 패턴을 학습하게 되는 길이다. 패턴을 익힌다는 것은 점차 더 좋은 아이디어를 발견하고 그것을 남들보다 더 잘 실행할 수 있게 된다는 말이다. 도전이 계속 성공할 리는 만무하지만 눈앞에서 크고 작은 성공을 계속 관찰할 수는 있다. 그런 점에서 나는 스타트업 생활만큼 패턴을 정확히 발견할 수 있는 곳도 없다고 생각한다.

따뜻한 조직은 넘어지지 않는다

스타트업 생활의 기쁨 중 가장 좋았던 것은 바로 따뜻한 인간미였다. 각자 고생을 하고 있기 때문에 함께 일하는 사람들 사이에 묘한 공감대가 있는 것이 스타트업인의 특징이다. 자신보다 스타트업 생활을 시작한 지 얼마 안 돼 더 걱정하고 있을 동료를 챙기고 가정에 어려움이 있어 곤란해진 동료를 보듬는 모습을 목격하곤 했다. 언젠가 월급이 밀릴 정도로 회사가 어려웠을 때, 사비로 과자 행거를 가득 채워놓은 동료가 있었다. 아직 학생인 여자친구에게 돈을 빌려 월세를 내던 동료도 있었다. 가족이 있는 팀원에게는 십시일반으로 월급을 모아준 팀도 있었다. 그런 따뜻함이 이내 회사를 살리고 다시 성장 궤도에 오르게 했다.

지금 생각하면 대단한 일도 아니지만 옛날에는 벤처 확인을 받았다고 다같이 모여 기뻐하며 기념사진 찍던 따스함, 아끼던 동료가 나간다고 회식을 열고 침울해 하던 자리들, 새로 들어온 식구와의 만남에서 설레며 반짝이던 눈빛들, 새 인턴이 출근하던 날 아침의 활기찬 분위기들, 어려울 때 도와준 사람들과 문제를 해결하고 웃으며 갖던 술자리, 처음 사내 연애를 알게 되던 날의 놀라움, 사내 커플 중 하나가 드디어 처음으로 결혼하던 날의 묘한 뿌듯함, 직원의 아이들이 회사에 놀러온 날 모두가 합심해 만들어준 솜사탕, 내가 누군가를 내보내자 그를 두둔하던 동료들이 단체로 나를 미워하게 된 순간까지도 돌아보면 실은 다 따뜻함이었다.

그런 따뜻함을 내가 어디 가서 만나게 될까? 모두가 한 방향을 바라보고 출근을 기다리며 하루하루 열정에 찬 자신의 모습에 행복해하는 것, 새로운 만남과 경험에 때론 데이고 실패하지만 그 안에서 더없이 성장해가는 것, 작지만 하나의 제품에 집중할 소중한 기회를 갖는 것, 그 제품을 쓰는 사람들을 보며 내가 누군가에게 작은 도움이 되었다는 숭고한 보람을 느끼게 하는 것, 사장으로서 그런 많은 식구들이 울고 웃고 부대끼는 터전인 회사를 만들고 하루하루의 실패와 개선 속에서 조금씩 '더 나은 조직'으로 발전시켜가는 것, 그 지난한 하루하루 속에 어디에서도 만나지 못할 따뜻함이 있고 뜨거움이 있다.

돈이 아주 많은데 내 주위에 아무도 없다면 그것이 기쁠까? 수영장 딸린 저택이 있는데 예전에 같이 일하던 동료도, 내가 출근해 설렘을 가질 회사도 없다면 좋을까? 맨날 가족들과 쇼핑만 하고 여행 다니는 것이 과연 행복할까? 큰 성공을 이뤘는데 그 과정에 대해 별로 떠올릴 게 없다면, 함께 만든 동료들이 없었다면 어떨까? 나는 별로 행복하지 않을 것 같다. 벼락부자가 되지 않아도 좋으니 나는 이야기를 나눌 동료들이 있으면 좋겠다. 그리고 그들과 밤새도록 나눌 수많은 도전과 실패와 배움과 착각에 대한 에피소드들이 가득했으면 좋겠다. 수십억 년의 역사 속에 기껏해야 찰나 같은 백 년을 살다 가는 우리들일진데 우리가 남길 것들 중 가장 소중한 것이 무엇이겠는가. 허상 같은 부와 명예가 아니라 함께 웃고 떠들 사람들이고, 그들과 열심히 노력한 시간의 기억들뿐일 테다.

나는 지금껏 충분히 행복하게 살아왔다고 생각한다. 앞으로도 좋은 사람들과 최선을 다하겠지만 과욕을 부리지 않고 과정의 따뜻함과 뜨거움을 사랑하며 살아갈 것이다. 그것만이 내가 다시 먼지로 돌아가야 할 때, 행복하게 살았다고 자부할 수 있는 삶의 자세일 것이다.

사장이 되어간다

나는 백만 원이라도 빌릴 수 있는 사람인가?

차용증을 챙겨 평소 친하다고 생각한 선배를 찾아갔다. 수백억 매출을 하고 업계에서 이름난 회사의 대표였다. 안부 인사를 나누고 한참을 망설였다. 그리고는 오랜만에 회사에 찾아간 본론을 조심스레 꺼냈다. 돈을 꾸러 간 것이었다. 식은땀 흘리며 '혹시 1, 2천만 원만 한두 달 정도 빌릴 수 있을지' 묻는 나의 질문에 선배는 단호하게 '미안하다'고 답했다. 여기저기 투자해놓은 곳이 많아 선배도 돈이 빠듯하단다. 그런 대화가 오가는 데에는 1, 2분이면 충분했다.

나는 그 질문을 꺼내기까지 몇 날 며칠을 고민 또 고민했다. 선배와 사이가 멀어지는 것은 아닌지, 내가 그런 요청을 할 자격이 있는지, 책임지고 갚을 수 있는지 등 수많은 질문을 스스로에게 던졌다. 그러고나서 찾아간 자리였다. 그랬기에 선배의 대답은 대단히 차갑게 느껴졌다. 선배가 잘나가니 나 같은 부탁을 하러 오는 후배도 많을 것이라 생각하며 쓸쓸히 집으로 돌아왔다.

선배가 부탁을 선뜻 들어줄 것이라 생각해 차용증까지 써 간 내 모습이 부끄럽게 느껴졌다. 자신을 돌아보게 됐다. 나는 과연 누군가에게 단돈 백만 원이나마 빌릴 수 있는 사람인가? 꿔본 적 없어서 말을 못하는 것인가 아니면 정녕 신용이 그만큼 없는 것인가? 누가 나와 친한 사람이고 나에게 선뜻 돈까지 빌려줄 수 있는 사람인가? 여러 질문이 혼란스럽게 머릿속을 지나갔다. 어쩌다 이런 곤경에 빠졌나? 슬퍼도 해보고 자책도 들었다.

다시 현실을 타개하기 위해 돈을 꿀 수 있는 곳들을 하나씩 더듬어보기 시작했다. 사업을 시작한 지 7년쯤 지났을 때, 처음으로 이렇게 아는 사람들을 찾아가 돈을 꾸었다. 그러면서 '그동안 사업을 한 것이 아니었구나' 하는 생각마저 들었다. 그만큼 찢어지게 어려운 경험은 아주 잘될 때의 경험만큼 총체적으로 새로웠다.

지나온 시간, 황금물까진 아니더라도 항상 맑은 물에서 목욕하는 느낌이었다면 처음 흙탕물에 몸을 들인 느낌이었다. 친한 누군가를 차례로 찾아가 싫은 소리하는 것에 익숙하지 않았다. 자존심 상해 더욱 할 수가 없었다. 그러나 그런 나도 진짜 어려워지니 노력하고 있었다. 둘째 날은 첫째 날보다 조금 더 잘 이야기하고 셋째 날은 전날보다 더 뻔뻔해졌다. 돌아보니 두려움과 쪽팔림에 차일피일 미루는 것보다 빨리 물어보고 빨리 거절당하는 것이 모든 면에서 훨씬 좋은 결과를 낳았다. 그렇게 계속하다 보니 사정을 이해해주는 사람들이 생겼다. 십시일반으로 꿔 결국 어려움을 비껴갔다. 돈은 약속한 시한 내에 이자까지 쳐서 다 갚을 수 있었다.

한 일 년쯤 지나자 이번에는 거꾸로, 어려워진 친구가 나를 찾아왔다. 나와 똑같이 본론은 피하고 피상적인 안부만 에두르다 마침내 얘기를 꺼냈다. 우리도 그다지 여유로운 때는 아니었는데 도무지 거절할 수가 없었다. 나를 찾아오기까지 그 친구가 고민하고 또 고민했을 시간과 고통이 훤히 보였기 때문이다. 다행히 약속한 기한을 약간 넘겨 그 친구도 빌려간 돈을 모두 갚았다. 하지만 그 이후 같은 요청이 잦아지자 더 이상 꿔줄 수가 없었다. 정말 미안했지만 비슷한 상황이 반복된다는 것은 그만큼 그 회사가 위험해지고 있다는 신호이기 때문이다.

나는 그 시절 나에게 차용증 한 장 달랑 쓰고 선뜻 급전을 마련해주었던 이들을 잊지 못한다. 한번은 내게 돈을 빌려줬던 회사가 어려워져서 내가 돈을 꿔준 적도 있다. 서로 신의를 잘 지켜 그 우정은 지금까지도 이어지고 있다. 돈을 꿔준 사람들은 대부분 크게 여유로워서 빌려준 게 아니다. 그저 나에 대한 믿음, 내가 일시적으로 곤경에 처했을 뿐 다시 일어날 수 있다는 신뢰에서 돕고자 했다.

그런 그들의 믿음과 선의 때문이라도 어려울 때 도움 준 이들에 대한 감사와 보은의 마음은 대단히 중요하다. 사정이 좋아져 다시는 아쉬운 소리 할 날이 오지 않는다 해도, 고마운 사람을 잊지 않고 살아야 사람이 남고 사업도 오래간다. 남을 도우려는 마음과, 받은 도움에 감사할 줄 아는 마음을 지닌 사람이 시장에서 마지막까지 살아남는 광경을 나는 자주 보아왔다.

회사를 위해 안 하던 일도 하게 되는 것

한번은 3년간 믿었던 여직원이 회삿돈을 횡령한 적이 있다. 회사에서 서버를 구매한 장부를 조작해 500만 원씩 열 차례에 걸쳐 5천만 원을 빼돌렸다. 내 개인 통장의 비밀번호까지 알고 있을 만큼 신뢰하던 직원이었기에 내 충격은 매우 컸다. 나중에 알고 보니 입사 과정에서 회사에 제출한 졸업증명서나 주민등록등본도 다 위조 서류였다. 나이도, 경력도 우리가 알고 있던 것과 달랐다. 함께 동고동락하던 회사 동료들의 충격도 이만저만이 아니었음은 말할 나위가 없다.

그 돈을 받으러 다니면서 너무 고통스러웠다. 기본적으로 회계 지식과 경험이 일천해 생긴 사고였기에 나부터 회계 공부를 제대로 하기 시작했다. 조작된 장부와 자금의 흐름을 조사해야 했으므로 몇 년치 장부를 하루 단위로 들춰보며 자금 공부를 하게 됐다. 서비스 만들며 팀 꾸리고 돈 쓰는 역할만 해봤지 그것을 관리하고 영수증 붙이고 하는 일들은 모두 경리 직원에게 위임해 왔었다. 하고 싶은 일만 하고 귀찮은 일은 남에게 미루면서 사장이라고 폼만 잡는 한심한 족속이었던 것이다. 그러다 비로소 사고가 터지고 아무도 수습할 사람이 없었기에 그때부터 하기 싫은 일도 배워가며 해야만 했던 것이다.

6개월간 회계 공부하고 장부 들춰내며 찾아내 결국 그 돈을 다 받았다. 돈 받고 잘못된 장부를 정리해놓은 뒤 허술한 회계 규정과 제도를 엄격하게 정비했다. 그리고 나서 컴퓨터를 켜고 멍하니 빈 화면을 바라보다 '이제 겨우 끝났구나' 하는 안도감이 밀려왔다. 지난 6개월간 정신적으로나 육체적으로 얼마나 힘들었던가? 그리고는 문득 이런 생각이 들었다. 그래도 이런 일이나마 없었으면 나는 과연 회계 공부를 제대로 했을까? 회사 자금의 흐름을 면밀히 파악하고 선진적인 제도를 도입할 기회는 있었을까? 물론 너무 안 좋은 계기로 그런 변화들을 이루게 되었지만 이런 생각이 들었다. 자연인으로 살았다면 하기 싫어하는 일을 하고 배우기 싫어하는 공부를 과연 했을까? 그렇게 따지면 자연인을 성장시키는 가장 좋은 직업이 바로 사장 아닐까 한다.

큰 회사에 입사하면 내가 하지 못하는 일은 어지간해선 주어지지 않는다. 최소한 배워서 할 수 있는 것들이 떨어진다. 하지만 사장의 경우에는 한 번도 해본 적 없고 도무지 할 재간도 없는 일을 반드시 해내야만 하는 때가 생긴다. (사실 거의 항상 그렇다.) 모두 처음 겪어보는 상황이라 두려움이 앞서지만 사장은 주어진 책임 때문에 그 일을 주위에 묻고 더듬어가며 겨우 해결해낸다. 그리고 그 과정에서 엄청난 배움과 성장을 이룬다. 자연인으로 살 때는 절대 그 속도와 밀도로 배우지 못했을 것들을 알게 된다. 그것이 매 순간 고민되고 힘들어도 기꺼이 사장으로 하루하루 사는 것의 축복이다.

살면서 한 번도 싫은 소리 못해본 사람이 남의 사무실 찾아가 부끄러움 무릎 쓰고 '회사를 위해' 돈을 꾸게 만드는 것. 여러 곳에서 거절당하고 생전 처음 맞는 좌절감을 느끼는 것. 그리고 나중에 다시 잘돼 거꾸로 나를 찾아온 사람을 차마 거절하지 못하는 마음을 배우게 되는 것. 절대 배우기 싫은 것도 '회사를 위해' 머리 싸매고 공부하게 하는 것. 배신도 당하고 사람에 크게 상처도 입지만 남은 사람들 때문이라도 계속 힘을 내 달려야 한다는 사실을 알게 하는 것. 몰라서 실수할 수는 있지만 알고도 실수하는 것은 자격이 없다는 것을 깨닫게 하는 것. 그래서 전보다 엄청난 성장을 이루게 하는 것. 그것이 바로 '사장이 되어간다'는 것의 의미다. 단순히 회사 차린다고, 명함 판다고 사장이 되는 것은 아니다. 그간 내가 하지 못하던 일들, 하기 싫어하던 일들을 '회사를 위해' 기꺼이 하고 있는 모습을 볼 때, 그 지점부터 진정한 사장이 되어간다.

가족의 지지와 마음의 평화

사랑하니까 걱정하는 것은 당연하다

최근에 후배가 고민이 있다고 찾아왔다. 창업을 하려는데 어머니께서 걱정을 많이 하신다고 했다. 그러다 보니 점점 어머니께 설명을 안 하게 되고 급기야 어머니를 피해 다닌단다. 그래도 집안의 기대가 온통 이 친구에게 쏟아져온 터라 가족의 지지 없이 창업 결정을 덜컥 내리기 좀 찜찜하다 했다. 문득 내가 겪은 일이 떠올랐다. 위자드웍스를 떠나며 옛날 자료를 정리하다 우연히 7년 전 어머니가 내게 보낸 이메일을 발견했다. 당시 내가 스물다섯의 나이에 3억 원의 회사 빚에 대한 연대보증을 선 상태였다. 거기에 추가로 5억 원의 투자금에 대한 이해관계인 약정(보증보다는 약하지만 약간의 구속력이 있다.)을 선다는 이야기를 듣고는 걱정이 되었는지 내게 이메일을 쓰신 것이었다. 그 내용 일부를 소개하면 다음과 같다.

남다른 길을 간다는 것은 항상 선구자로서 길을 만들며 가야 하기에 많은 고통과 인내와 시행착오가 요구된다. 네가 그 길을 가면서 여러 가지 어려움을 만날 때, 엄마는 네가 그런 길을 걷도록 놔둔 것이 안타까운 심정이었다. 남이 가는 쉬운 길로 갔으면 인생이 좀 더 편했을 텐데, 아마 너 자신도 그 길을 가면서 남모를 고군분투를 많이 했을 것이다.

그 길에서 너는 네 이름 석 자를 알리는 달콤한 명예욕을 맛보았을 테고, 수많은 사람들의 질시와 다양한 종류의 갈등을 겪었을 게다. 얻는 만큼 잃는 것도 있고, 가진 만큼 책임을 져야 한다는 것을 알았을 거다. 그런데 이 짧은 대화로는 네 상황을 다 파악할 수가 없어 고민이다. 너와 어제 한 대화에서 내가 들은 것이 걱정되어 엄마는 잠이 안 왔다.

이번 5억 투자에서 네가 대표이사 연대 책임을 선다는데, 그게 투자냐 아니면 차입이냐? 주식도 주면서 책임까지 지어야 하는 게 투자가 맞는 것이냐? 그리고 이미 3억의 연대책임이 있다니! 작은 책임에서 시작해 점점 네 책임이 무거워지고 개인 빚도 눈덩이가 되어가는 것 같아 걱정이다.

그런데 이번에는 정말 감당이 안 된다. 3억이라면 어떻게 엄마가 집이라고 팔아 해결한다지만, 8억은 도무지 방법이 없다. 물론 너는 위자드를 일으키기 위해 최선을 다하겠지만, 인생이란 긍정적인 면과 부정적인 면이 같이 있으니 최악의 경우를 생각해두어야 한다.

가뜩이나 피곤하고 신경 쓸 것 많은 네게 엄마가 또 스트레스를 주었다면 미안하다. 그래도 엄마는 이 말을 안 할 수가 없다. 네가 지금 하고 있는 일은 우리의 전 재산을 건 모험이니까, 네 책임은 곧 우리의 책임이기도 하다.

고름이 시간 지난다고 살이 되지는 않는다. 정말 해볼 가치가 있는 것이 아니면 허례허식과 남의 이목 등의 따위로 작은 책임을 지기 위해 더 큰 책임을 떠안는 어리석은 행동은 하지 않기를 바란다. 부디 네가 현명한 판단을 하길 바란다.

– 엄마가

결국 나는 이 긴 메일에 다음날 짧게 답했다.

엄마, 너무 걱정 마세요. 연대보증 건은 제가 잘못 알았던 것 같아요. 계약서를 꼼꼼히 살펴보았으나 연대보증에 대한 이야기는 나오지 않아요. 그 얘기는 우리 회사가 잘못된 정보를 제공해 투자를 받았거나 할 때 연대한다는 내용으로, 회사가 사업하다 안된 것까지 연대해 책임지는 것은 아니어요. 그럼에도 확인하실 수 있도록 계약서 사본을 첨부해요.

– 철민

그렇게 답은 했지만 어머니가 어떻게 걱정이 안 되었겠는가? 스물다섯 철부지가 스스로 감당 못할 계약을 가족들과 이렇다 할 상의 없이 진행하고 있었는데. 허나 당시 옆도 뒤도 안 보이고 오로지 앞만 보이던 어린 나로서는 가족의 걱정이 그저 괜한 걱정으로만 느껴졌다. 지금 생각해보면 훗날 실로 엄청난 책임이 수반되는 계약을 하고 있었던 것인데, 나는 그저 '투자를 받는다'는 달콤함에만 취해 있었다. 그 이면에는 이제 직원들이 나가는 것도 내가 책임져야 하고, 사업을 중도 포기하는 것은 상상할 수 없으며, 회사가 망할 때까지 자리를 지켜야 한다는 막대한 책임이 시작된다는 것을 그때는 제대로 알지 못했다. 나는 몰랐지만 당신은 그런 투자 이후의 책임들에 대한 우려를 하고 계셨던 것이다.

나를 찾아온 후배의 어머니도 비슷한 걱정을 하고 계신 것이리라 짐작한다. 사실 내가 부모라도 자식이 어린 시절에 잘 모르면서 창업을 하고 월급도 주고, 또 그러기 위해 빚까지 진다면 당연히 걱정할 것이다. 그렇다고 주변 사람의 걱정 때문에 도전하지 않으면 아무런 삶의 진전도 오지 않는다. 고로 창업을 하려는 사람이라면 응당 가족과 사랑하는 이들을 설득할 방법을 배워야 한다. 사업 계획을 소상히 설명하고 걱정을 줄일 방법을 찾아야 한다.

사랑하기에 걱정하는 것은 당연한 일이다. 가족의 지지와 내 마음의 평화가 있어야만 사업도 더 잘된다. 가족들이 내 사업을 속속들이 아는데 반대하는 경우는 사실 많지 않다. 오히려 가족이 걱정할까봐 설명을 안 하는 경우에 자주 반대에 부딪힌다. 진짜 내가 믿는 바를 논리적으로 자세히 설명했는데도 나와 정반대의 결론이 나오는 경우는 많지 않다.

조금은 걱정을 덜어줄 수 있는 사람

가족들은 앞으로도 나를 위험과 감당하기 어려운 책임으로부터 구하려고 노력할 것이다. 그러니 이를 애써 피하려 하기보다는 정면으로 마주하는 법을 배우는 것이 훨씬 현명하다. 그것이 나를 소중히 여기는 사람들을 위한 예의이자 모두가 괜한 걱정과 고민 없이 각자의 삶에 충실할 수 있는 길이다. 충분한 설명으로 걱정이 좀 줄어든다면, 나와 가족 모두 조금은 더 행복한 일상을 누리며 꿈에 한 발짝 더 다가갈 수 있지 않을까? 그래서 나를 찾아온 후배에게 '어머니께 네가 하려는 일을 상세하게 설명하고 대화를 깊이 나눠보면 좋겠다'고 조언했다. 어머니가 혹시나 자식이 곤경에 빠질까 두려워 걱정하는 것일 테니 말이다. 그런 어머니께 '내가 왜 창업을 결심했으며, 세상 어디에 무슨 문제가 있어 이를 어떻게 해결하려고 하는지, 그 문제를 해결하면 세상이 어떻게 변할 것인지' 내가 지금 아는 것만이라도 설명한다면 지지까지는 몰라도 이해는 해주실 수 있지 않을까?

나는 마지막으로 후배에게 덧붙였다. '어머니를 설득하기 전에 더 중요한 것은, 지금 그 일이 네가 정말 하고 싶은 일인지 스스로 묻는 일인 것' 같다고. 만약 대답이 '예스'라면, 고민할 나위 없이 대화해야 한다. 대화를 피할수록 나를 사랑하는 사람들의 걱정은 커져만 간다. 내가 이것을 잘 못했기에 우리 어머니가 오랜 기간 걱정을 많이 하셨다. 스물다섯의 어린 나는 어머니의 걱정을 충분히 이해하지 못했지만, 지금 비슷한 상황이 된다면 나는 짧은 이메일 답장이 아니라 어머니와 마주 앉아 밤새도록 대화할 것이다.

시간이 지나 지금은 나도 가족들에게 내가 하려는 일을 최대한 설명하려고 노력한다. 내가 발견한 기회는 무엇인지, 당면한 문제는 무엇이고 해법은 있는지 최대한 있는 그대로 들려주려 노력한다. 물론 그들은 나를 사랑하기 때문에 여전히 걱정한다. 하지만 내 고민과 계획이 무엇인지 어느 정도는 알고 있다. 따라서 같이 답을 찾아주지는 못해도 곁에서 깊이 응원해준다. 모두 내 꿈의 동료가 되어 함께 분투하고 있다.

나는 그 정도만 되어도 주변이 참으로 감사하고 그렇게 편할 수가 없다. 과거 나는 걱정을 불편하게 여기고 폐를 끼치지 않으려 도망 다녔다. 지금은 그것이 오히려 오해와 걱정을 낳고 나와 주변인들의 행복을 저해한다는 것을 알고 있다. 그래서 하루하루 더 열심히 주변인들을 설득하고 최대한 잘 설명하려고 노력한다. 사업을 하겠다고 마음먹은 이상, 평생 주변 사람들에게 걱정을 안 끼칠 수는 없다. 그렇다면 아예 관리하는 법을 배우려 노력하는 편이 보다 현명한 길이 아닐까?

한국 스타트업의 생태계

지금 다른 나라도 아닌 한국에서 스타트업을 한다는 것의 특수성은 어떤 것이 있을까 곰곰이 생각해본다. 개인적인 경험에 비추어 군대 문제가 가장 크게 다가오고, 고질적인 투자 회수 시장에 대한 고민도 떠오른다. 경험 많고 실력 있는 제작자를 많이 보유한 것은 굉장한 장점이다. 애플 앱스토어와 구글 플레이라는 양대 플랫폼을 타고 우리나라 제작자들의 작품이 전 세계에서 엄청나게 소비되는 것을 보면 그 실력이 결코 국내에 국한된 것은 아니라는 확신이 든다. 또 요즘 우리나라가 마주하고 있는 거시 환경의 변화들에 대해서도 창업 전 짚어볼 필요가 있다고 생각한다.

대표뿐 아니라 임직원의 군대 문제

스물둘에 위자드웍스를 세운

이후 서른하나에 입대할 때까지 개인적으로 십여 년 동안 군대 문제를 안고 살았다. 이 문제는 밖으로 떠들기에는 아주 어려운 성질의 것이었다. 만약 '대표인 나에게 군 문제가 있소' 하면 아무도 우리 회사에 투자를 안 해줄 것이고 제품 구매도 꺼릴 것이었다. 하여 군대 얘기는 나부터도 공개 석상에서는 일절 안 하고 다녔다. 그러다 보니 혹자는 '뭔가 백이 있다'느니 '이러저러한 요행으로 피하고 있다'느니 하는 안 좋은 얘기를 하기도 했다. 나는 다소 억울했지만 그렇다고 미루고 있는 것도 사실이니 무대응으로 일관할 수밖에 없었다. 실은 스물셋에 카투사에 지원해 붙어놓기도 했었다. 여러 선배 창업자들이 자기 회사에서 병역특례를 하라고 부르기도 했다. 그럴 때마다 번번이 나는 회사를 버리고 떠날 수가 없었다.

회사가 마냥 잘되는 상황이면 누구에게 맡기고 갈 수 있었겠지만 희한하게 입대를 고려할 때마다 회사가 어려워져 나는 어느 누구에게도 큰 책임을 대신 떠넘길 수가 없었다. (그런 책임을 군대 가는 대표 대신 받으려 하는 바보 역시 없었다.) 따라서 나는 군대를 빨리, 그리고 비교적 편히 다녀올 수 있는 여러 기회와 경로를 버리고 계속 연기할 수밖에 없었다. 그 안에는 어떤 대비 같은 게 있었던 것도 아니고 철저한 계획이 있었던 것도 아니다. 그저 회사를 살려야 한다는 절박한 마음만 있었지, 내 개인의 상황을 신경 쓸 겨를도 마음의 여유도 없었다. 그러다 보니 서른을 넘기게 된 것이다.

군 문제는 처음에 개인의 문제였는데 시간이 갈수록 회사의 문제가 됐다. 우리 회사가 투자를 받는 상황에서는 벤처캐피털 심사역과 임원들의 지지를 얻었더라도 마지막 단계쯤 가서 꼭 나의 군 문제로 번번이 거래가 깨지고 말았다. 군대 문제만 아니었으면 집행이 이루어질 만큼 확실했던 투자 건이 최소 다섯 번쯤은 되는 것 같다. 나는 내 개인의 군 문제로 인해 직원들을 힘들게 한 셈이다. 투자뿐 아니라 우리가 만든 제품이나 회사 자체에 대한 인수 논의도 여러 번 있었는데 그때도 군 문제는 악영향을 미쳤다. 인수 후에도 계속 회사를 이끌어야 하는 대표가 (당장은 아니더라도) 언젠가 군대에 가야 한다는 사실은 인수자 입장에서 큰 부담이었다. 심지어 이사회를 통과한 인수 건이 계약 과정에서 어그러지는 일도 있었다. 투자와 인수 건을 합치면 군 문제로 결렬된 거래가 최소한 100억 원은 된다.

혹시 누군가 나처럼 일찍 창업해 군 문제를 지니고 있다면 가급적 빨리 이를 해결하고 다시 창업하라고 말하고 싶다. 군 문제를 계속 안고 있으면 회사가 안되도 문제고 잘되도 문제다. 안되면 돈 잃고 시간 잃고 이뤄놓은 것 없이 나이 먹고 군대 가야 하니 문제가 된다. 거꾸로 잘되면 더 스퍼트 올려야 할 때 예고 없이 영장이 날아와 필생의 기다리던 기회를 속절없이 날려버릴 수 있다. 둘 중에 어느 것 하나 더 나을 것이 없다.

물론 회사를 하고 나서 군대에 다녀오니 장점이 아주 없던 것은 아니다. 과거 내 선택과 잘못들을 반성하기도 하고 2년이라는 시간 동안 그간 부족했던 공부를 좀 하기도 했다. 군대는 생각할 시간이 많으니 생각할 재료를 사회에서 많이 머리에 넣고 들어온 것도 나쁘지는 않았다. 다만 경력이 끊기고 회사를 하는 동안 많은 불이익이 생기는 문제는 결코 간과해서는 안 된다. 나는 군대 가기 전 사업을 오래 했어도 항상 스스로 '난 아직 어른이 안 되었다', '학생의 연장선상에 있다'는 생각을 했다. 그런 생각에서 벗어나 빨리 생에 진지하게 임하려면 조만간 내 길이 단절될 가능성이 있는 일은 하루빨리 정리해놓고 인생에 임하는 게 좋겠다는 생각을 한다.

아마 군 문제는 비단 사장뿐 아니라 스타트업에서 일하는 멤버도 걸려 있는 사람이 있을 것이다. 이미 그 길에 들어선 이상 당장은 나오기도 어렵고 어쩔 수 없을 것이다. 다만 머지않아 기회가 되면 이런 생각을 가져보면 좋겠다. '지금 내가 회사에 도움이 된다고 생각해 남아 있는 게 오히려 회사 성장에 방해가 되는 것일 수도 있다'고. 회사가 크게 도약하려면 사장이든 직원이든 조만간 나갈지도 모른다는 잠재적 위험을 지니고 있으면 안 된다. 온 마음과 정성으로 풀 베팅해도 될까 말까 하는 게 사업이기 때문에 자신을 위해서도 회사를 위해서도 진지하게 생각해볼 일이다.

취약한 투자 회수 시장, 취약한 경쟁력

우리나라 대기업들이 스타트업을 적극적으로 인수하지 않아 투자 회수 시장이 취약하다는 이야기는 한국 스타트업 생태계를 이야기할 때 단골로 나오는 레퍼토리다. 이는 사실 닭이 먼저냐 달걀이 먼저냐 하는 문제이기도 하다. 만약 대기업들이 진짜 필요로 하는 스타트업을 만났다면 누가 안 사겠는가? 이는 거꾸로 말하면 경쟁력 있는 스타트업을 만나지 못했다는 의미이기도 하다. 물론 많이 사주어야 더 실력 있는 이들이 나가 창업을 하고 그럼 매력적인 스타트업도 많아질 거라는 말도 일리가 있다. 그러나 대기업이 무엇 하러 안에 가만히 있는 실력자들이 나가 창업하도록 돕겠는가? 안에 두고 있는 것이 인수하는 것보다 훨씬 돈이 적게 들 터인데. 따라서 정부가 대기업들에게 적극적으로 스타트업을 인수하라 이야기하는 것은 사실 굉장히 어려운 이야기다. 필요하면 사지 말라도 살 것이다.

이따금씩 대기업이 직원들을 몇 달 밤샘 시켜 스타트업이랑 똑같은 제품을 만들었다고 논란이 되는 경우가 있다. 물론 스타트업을 속이고 아이디어를 훔쳤다면 이는 비난받아 마땅하다. 다만 공개된 제품을 비슷하게 만든 것으로 비난하기는 사실 어렵다. 이는 다시 말하면 스타트업이 대기업 직원 몇이 뚝딱 따라 할 수 있을 만큼 경쟁력 없는 제품을 만들었다는 말에 다름 아니기 때문이다. 대기업이 스타트업과 손을 잡거나 인수하지 않을 수 없을 만큼 강력한 독점 상품을 팔 수 있느냐 하는 것은 스타트업의 과제이지 대기업의 사회적 책임에 호소할 문제는 아닌 것이다. 예전에 네이버가 몇몇 스타트업의 제품을 베꼈다고 공론화되어 나도 네이버와 스타트업들이 참여하는 비공개 상생협의회에 참여한 적이 있다. 그 자리에서 네이버 고위 관계자는 "우리도 과거에는 스타트업이었고 많은 어려움 속에서 스스로 성장했다. 스타트업이 과도한 배려만 요구하며 징징거려서는 결코 크게 성장할 수 없다."고 했다. 나는 다소 언짢기도 했지만 사실 더 할 말이 없었다. 그것이 맞는 말이기 때문이다.

결국 스타트업은 스스로 검증해야 한다. 상장의 문턱도 높고 사주는 주체도 별로 없어 한국의 투자 회수 시장이 미국이나 중국보다 훨씬 취약한 것은 사실이다. 하지만 이는 정부가 M&A거래소를 열거나 대기업을 종용해서 금방 해결될 수 있는 문제는 아니다. 스타트업인 우리 스스로가 대체 불가능한 독점 상품을 개발하고 경쟁력을 확보해야 하는 문제다. 그러면 아무리 투자 회수 시장이 작다 해도 누군가는 우리를 사려고 득달같이 달려들 것이다. 그런 경쟁력 있는 스타트업이 많아질수록 우리나라의 투자 회수 시장은 자연스럽게 확대되고 스타트업 생태계도 더 건강해질 것이다.

감소하는 내수와 낮은 성장성의 시대

우리나라의 15세 이상 64세 미만 생산 가능 인구는 2016년 3704만 명(인구의 72.9%)을 기점으로 감소하기 시작해 2060년에는 2187만 명(인구의 49.7%)으로 줄어든다. 현재 적극적인 이민 정책을 취하지 않고 있으므로 이 추세대로라면 세계 꼴찌 수준의 출산율로 인한 인구 감소는 자명한 일이다. 생산 가능 인구가 소득을 바탕으로 소비를 일으키는 주체이므로 이 인구가 준다는 것은 곧 소비자 수가 감소한다는 뜻이다. 그럼에도 2015년 우리나라 전체 스타트업 투자액 8119억 원 중 51%에 해당하는 4142억 원은 생활서비스, 음식, 부동산, 금융/보험, 광고, 교육, 여행/숙박 등 전적으로 내수 시장을 영위하는 업종에 투자됐다. 당장은 기존 내수 산업들을 정보 통신 기술을 바탕으로 혁신하는 스타트업들이 돈을 벌지 모른다. 그러나 향후 내수 규모가 꾸준히 줄어들 것이므로 스타트업이 창업 단계를 지나 일정한 규모를 갖춘 뒤에는 그 기업의 성장률을 지속적으로 유지, 확대할 수 있는지 큰 고민이 될 것이다. 사업을 한다 하면 지속 가능한 회사를 꿈꾸지 않는 사장이 어디 있을까?

기업을 장기 존속시키고 더 오래 성장률을 유지하기 위해서는 수출 가능성이 있고 수출 경쟁력을 유지할 수 있는 사업을 선택할 필요가 있다. 그리고 인구 절벽으로 인한 내수 감소와 장기화될 것으로 전망되는 저성장의 거시 환경을 예의 주시할 필요가 있다. 분명한 것은 1960, 1970년대에 지금의 대기업을 일군 우리나라 창업 1세대와 1990, 2000년대에 벤처기업을 만든 창업 2세대가 겪은 높은 성장률은 오늘날의 창업자들이 더 이상 기대하기 어렵다는 것이다. 물론 그 안에서도 명백히 유니콘 기업(기업 가치가 1억 달러에서 10억 달러 사이에 이른 벤처)은 탄생하며 전 세대는 누리지 못한 여러 이점들—이를테면 낮은 이자율, 크게 개선된 창업 제도와 규제들—도 잘 이용할 수는 있을 것이다.

한국에서 스타트업을 할 때 가장 큰 장점은 정보 통신 기술 분야에 오랜 개발 경험을 지닌 인재들이 많다는 점이다. 우리는 1990년대부터 활발히 인터넷 서비스를 만들어 왔고 서비스 기획과 디자인, 사용성 개선과 개발에 있어 다양한 전문가를 보유하고 있다. 그리고 이들의 경험을 통해 이제 라인Line이나 스노우Snow처럼 우리나라보다 외국에서 더 많이 쓰는 서비스도 등장하고 있다. 온라인 게임은 이미 오랜 시간 한국의 노하우가 세계에 전파되어 왔다.

해외에서도 통하는 좋은 인재들이 많다는 사실은 한국에서 스타트업을 준비하는 사람들에게는 분명 희소식이다. 멤버들이 한국 출신임이 단점이 아니라 장점으로 기능할 수 있는 나라를 대상으로 사업하는 것도 좋은 전략이라 생각한다. 이를테면 한국 화장품에 대한 선호도가 높은 중국이나 동남아시아를 대상으로 한국 화장품을 개발, 유통하는 비투링크나 위시컴퍼니, 온라인 수요 조사를 통해 K-POP 콘서트를 희망하는 국가에서 열어주는 마이뮤직테이스트 같은 회사가 좋은 예가 될 것이다.

스타트업 생활의 낭만들

——————— 스타트업 생활은 시작만으로도 그 나름의 낭만이 있다. 두세 평 남짓한 골방에 사무실이라고 우리만의 공간이 생긴다. 서너 명의 작은 팀이라 할지라도 '우리'라 부를 수 있는 멤버들이 생긴다. 회사 이름도 생기고 엄연히 법적인 인격체가 되어 국가에서 부여한 '등록번호'도 나온다. 첫날부터 하나하나 회사가 만들어지는 과정을 지켜보는 것만큼 두근거리는 경험도 없다. 회사 생활 중에도 낭만은 계속된다. 멤버들과 점심 먹고 따스한 햇살 쬐며 이따금 산책을 하기도 하고 여차하면 소풍을 가기도 한다. 워크샵은 말할 것도 없다. 대학 다닐 때 MT보다 더 재미있게 지내고 온다. 화이트보드 앞에 앉아 맨날 회의를 해도 과거 다른 조직에 몸담을 때보다 훨씬 재미있다. 내가 낸 의견이 서비스나 제품에 반영이라도 되면 그 재미는 더욱 커진다.

제품이 나오면 고객들과 거의 실시간으로 소통하며 개선해가는 과정도 그렇게 설렐 수가 없다. 예전 다른 조직에서는 고객을 직접 만날 일이 없었는데 이제는 팀이 작다 보니 이런 일도 직접 해야 한다. 덕분에 제품을 출시한 이후로는 집에서도 지표를 보고 고객 피드백을 살핀다. 눈이 저절로 떠지고 출근이 이렇게 신나던 적 또 있었나 싶다. 다른 스타트업들과의 교류도 스타트업에서 일하며 얻는 큰 기쁨 중 하나다. 우리 회사로 모셔오고 싶을 만큼 훌륭한 사람들을 만나 '나는 왜 저렇게 못하는지' 반성도 하고 때론 자극도 받는다. 그들과 경험을 공유하며 성장과 시행착오를 함께 겪는다.

어디서도 내가 이렇게까지 주도적으로 의사 결정하고 성취감을 느낀 적 있었나 싶다. 주어진 책임과 내게 딸린 팀원들의 기대만큼 하루 24시간이 모자라게 살아간다. 퇴근할 때는 피곤해도 그렇게 뿌듯할 수가 없다. 매일 치열하게 부딪히며 문제를 해결해가는 과정에서 스타트업 하길 참 잘했다는 보람이 든다. 사람들과 갈등을 겪을 때는 때로 힘들기도 하지만 그 역시도 내 성장에 도움이 될 거라는 생각을 한다. 그 과정이 스타트업을 하는 행복이요, 아주 뜨끈뜨끈하고도 낭만적인 '스타트업 라이프'다.

한편 스타트업을 한다는 것은 극단적으로 냉정한 일이기도 하다. 열심히 했고 과정에서 아주 잘했다 해도 결과에서 패자는 한마디도 말할 자격이 주어지지 않는다. 좋은 사람들과 훌륭한 일을 했고 한때 세상의 관심을 한 몸에 받았다 하더라도 그 순간은 잠깐이다. 매일 새로운 스타트업이 나타나 다시 잠깐의 스타가 된다. 우리는 결과적으로 돈을 벌었느냐, 훌륭한 회사로 우뚝 섰느냐 하는 냉정한 판단에 따라 깨끗이 잊혀진다. 스타트업이 스포트라이트를 받을 때부터 다른 데 한눈팔지 말고 집중해야 하는 것은 오로지 자생력을 갖출 준비를 하는 것이다. 어떻게 해야 화수분과 같은 투자 없이, 가급적 빠른 시간 내에 의미 있는 매출을 만들어 독자적으로 생존할 것이냐 하는 것이다. 처음에 일정한 마케팅을 할 때까지 투자는 필수불가결하겠지만 영원한 투자는 없다. 우호적이던 투자자들도 우리가 제시한 지표나 매출을 보여주지 못하면 돌아서게 된다. 규모가 크지 않더라도 매출이 한 푼이라도 발생하는 모습을 먼저 보여주는 것이 이해관계자들의 신뢰를 유지하는 데 도움이 된다. 계속 '언젠가는 매출을 낼 것'이라는 가정만 약속한 채 돈만 일방적으로 쏟아붓다 보면 조금씩 신뢰는 거둬지게 된다.

거짓 관심을 잊고 돈부터 벌자

처음 출시된 제품과 처음 나온 스타트업은 대부분 새로움으로 일시적인 관심을 받게 된다. 투자자나 직원들, 미디어 그리고 제품의 초기 수용 고객들까지 우리가 진정 훌륭한 것을 만들었다 느껴서 관심을 주는 것은 아니다. 초기의 관심은 아직 어떻게 될지 모르니 그냥 눈치 보고 있는 것이다. 이들은 잘되면 득달같이 달려들어 '나는 너희가 원래 잘될 줄 알았다'고 할 사람들이고 거꾸로 조금만 안될 기미가 보이면 이내 발 빼서 '거봐, 너희는 안된다니까' 할 사람들이다. 그런 중립적이고 의뭉스런 사람들의 일시적 관심이 지구상 모든 사람들의 영원한 관심인 것처럼 착각해서는 좋은 회사를 결코 만들 수가 없다.

똑똑한 스타트업은 어떻게 해야 할까? 일시적이라도 주목 받고 있는 1~2년 동안 얼른 자생력을 키워 아무도 함부로 할 수 없게 만들어야 한다. 물론 홍보와 마케팅으로 업계에서 주목 받는 시간을 조금 늘릴 수도 있고 괜찮은 제품과 지표로 유지할 수도 있다. 유명한 사람의 영입이나 다양한 수상을 통해서도 지속적으로 그 관심의 기간을 연장할 수는 있다. 그러나 본질은 언제나 자생력이다. 스스로 쓰는 돈보다 버는 돈이 더 많은 구조를 만들어놓지 못하면 그 회사의 관심은 뻥이 되며, 뻥은 결코 오래가지 못한다.

자원이 고갈되어 가는 것은 직원들이 가장 먼저 알게 되고 그 다음 떨어진 잔고를 보고 투자자가 알게 된다. 밖에서는 아직 잘 모르더라도 돈이 떨어지면 그간 하던 홍보 마케팅을 못하게 된다. 좋은 사람의 영입도 점점 어려워진다. 그런 식으로 요란하던 회사가 금방 조용해지면 밖에서도 금방 잊어버린다. 그러다 보면 다시 새로운 요란한 회사가 나타나 이목을 끈다. 그러나 쓰는 돈보다 버는 돈이 많으면 마케팅이나 지표 관리 등 다양한 수단을 통해 회사의 활동을 계속 정력적으로 유지하거나 발전시킬 수 있다. 당연히 변방으로 밀려날 이유도 없어진다. 설사 언젠가 밀려난다 해도 그것이 돈이 떨어져 순식간에 밀려나는 것보다는 훨씬 더 천천히 진행된다.

보통 큰 회사에 있다 스타트업으로 옮겨오는 사람들의 흔한 실수는 머릿속에 그리는 멋진 회사의 모습을 먼저 구현해놓고 그 이후에 어떻게 돈 벌지를 궁리한다는 것이다. 이를테면 서서 일하는 멋진 스탠딩 데스크에 통유리 회의실, 풍부한 간식이나 무료 맥주 같은 것들부터 잔뜩 갖추어놓는 것이다. 심지어는 제품도, 아이템도 없는데 사무실부터 최고급으로 꾸며놓고 시작하는 경우도 많다. 스타트업 생활에 대한 낭만적인 이미지가 워낙 머리에 강하게 박혀 있던 터라 그럴지 모른다. 이미지가 사람을 망치는 것이다. 반드시 경각심을 가지고 주지해야 하는 사실은 그 이미지, '폼'을 좀 빼면 한 달이라도 더 돈 걱정 안 하고 제품에 집중할 수 있다는 사실이다. 그 한푼 아끼면 사장이 돈 구하느라 거리에서 허비할 시간을 조금이라도 줄일 수 있다.

스타트업이 너무 여유로운 환경에서 편히 일하면 지금 돈을 못 벌고 있는데도 착각에 빠질 수가 있다. 사장뿐 아니라 모든 멤버들이 경각심을 잃고 그냥 '우리 회사는 믿는 구석이 있는가 보다' 내지는 '우리 사장은 돈이 많은가 보다', '어떻게든 투자가 이루어지겠지' 같이 생각하고 마음이 느슨해질 수 있다. 전속력으로 달려도 겨우 살아남을까 말까 하는 전쟁터에서 이렇게 분에 넘치는 생활을 하고 있으면 절박함이 나오지 않는다. 절박함은 절대 안락함 속에서 피어나지 않는다. 지금껏 이렇게 열악한 환경에서 한 번도 일해본 적 없고, 내가 이런 데서 일할 만큼 노력 없이 살아온 것도 아닌데 여기서 일하고 있을 때 그곳을 하루빨리 벗어나고 싶은 마음, 딱 거기서 절박함이 나온다. 연봉은 기껏해야 몇 백 줄었고, 사무 환경은 오히려 더 재미있어졌을 뿐 결코 불편하지 않으며, 하는 일은 원래 다른 곳에서도 하던 일을 그저 조금 더 하는 것뿐인 사람들이 스타트업에도 적지 않다. 그들 중 과연 몇 퍼센트가 찢어지게 가난한 스타트업이 되었을 때에도 회사에 남을 것인가?

하강기에도 버틸 사람을 찾아라

영원히 성장만 하는 스타트업은

없다. 모든 스타트업이 처음에는 제로이기 때문에 성장성이 크지만 회사에 따라 그 성장성은 불과 3개월 만에 꺾이기도 하고 1년 만에 꺾이기도 한다. 아무리 잘나가는 스타트업도 그 성장성이 3년 이상 유지되는 회사를 나는 본 적이 없다. 따라서 사장이든 임원이든 회사가 상승기가 아니라 하강기일 때 누가 변함없이 열정을 쏟을지, 누가 끝까지 남아 최선을 다할지 알 필요가 있다. 물론 그 상황이 닥치기 전에는 누가 끝까지 버틸 사람인지 모른다. 상승기일 때는 두각을 나타내지 못하던 사람이 하강기가 오면 남들 다 나가도 자리를 지키며 열심히 하는 경우가 있다. 거꾸로 상승기일 때 핵심에 있던 사람이 하강기가 되자 금세 떠나는 경우도 있다. 이건 누구의 잘잘못도 아니고 비난할 필요도 없는 개인의 선택이다. 다만 회사가 본격 하강기에 들어섰을 때 끝까지 남아 위기를 타개할 특공대 멤버들은 꼭 필요하다.

초기 멤버를 구성할 때 회사의 가난함과 불안함에 익숙하거나 적어도 그것들을 견딜 멤버를 고를 필요가 있다. 그런 멤버를 가려내는 과정은 고작 서류 전형과 면접, 레퍼런스 체크만으로는 어렵다. 회사가 초기 형편에 맞는 빠듯한 살림을 차려놓고 그런 열악한 환경에도 기꺼이 와서 일하겠다는 멤버들로 팀을 짜는 게 일차적 검증 과정이 되지 않겠나 싶다.

적잖은 시간 동안 스타트업을 하면서, 멋들어지는 회사 차려놓고 젊고 똑똑한 멤버들끼리 한참을 웃고 떠들다 울며 간판 내리는 회사 많이 봤다. 스타트업을 한다는 것은 남이 아니라 반드시 내가 살아남아야 하는 살벌한 전쟁이다. 이것은 그냥 열심히 하는 정도가 아니라 '아, 이렇게 일하다 내가 내일 당장 죽을 수도 있겠구나' 싶을 정도로 (이건 정말 과장이 아니다. 나는 거의 매일 저 생각을 했다. 그게 꾸준한 관심을 유지하며 한 스타트업을 10년 넘게 생존하게 한 이유라면 이유일 것이다.) 일하는 것, 젖 먹던 힘까지 다 바치며 무조건 생존해야 하는 서바이벌 게임이다.

만약 우리 회사에 대적하는 경쟁자가 있다면 뒤도 돌아보지 말고 이겨야 한다. 경쟁 기술이 득세하여 우리 기술이 무의미해지는 경우라면 반드시 경쟁 기술을 무의미한 것으로 만들어야 한다. 물론 겉으로는 경쟁사와 과도하게 싸우는 모습을 보여주는 게 좋지 않아 웃으며 사진 찍을 수는 있다. 그러나 안에서는 단 1회의 반격 기회도 주지 않고 매일매일 쉴 새 없이 펀치와 훅, 잽을 정신없이 때릴 준비들을 하고 있어야 한다. 결코 방심하거나 정말 두 회사 모두 살아남을 수 있다고 착각해서는 안 된다. 언젠가 상대방과 합치는 한이 있더라도 일단 둘의 전투에서는 반드시 이겨야 한다. 그래야 합칠 때 합치더라도 우리가 유리한 조건으로 합칠 수 있다. 다시 한번 잊지 말기를 바란다. 스타트업을 한다는 것은 나와 나를 믿고 따르는 사람들의 소중한 인생을 걸고 치르는 한바탕 전쟁이다.

우리는 항상 양심을 가지고 합법적으로 비즈니스를 해야 한다. 그러나 양심이라는 것이 경쟁사에게 양보하거나 어느 정도 타협할 수 있다는 의미는 아니다. 프로끼리 경쟁하는 데에는 검증과 결과만 있을 뿐 배려와 자비는 없다. 그런 유약한 마음으로 스타트업을 시작해서는 안 되며 반드시 승리해 살아남겠다는 무시무시한 의지가 없는 사람들로 팀을 꾸려서도 안 된다.

어설픈 마음으로 그냥 재미있어 보여서, 왠지 나도 할 수 있을 것 같아서 스타트업으로 흘러 들어오는 사람이 너무 많다. 그리고 마음만 먹으면 들어오기도 너무 쉽다. 요새 스타트업이 많으니까. 여기서 정말 훌륭한 인재로 우뚝 서서 오래가려면 부디 꼭 진지함과 탁월함을 추구했으면 좋겠다. 경험과 재미가 아니라 내가 여기 참여함으로써 반드시 하나의 족적을 남기겠다는 진지함이 있어야 한다. 그리고 단지 내가 일조할 수 있다는 정도가 아니라 스타트업은 물론 모든 대기업, 나아가 전 세계 누구와 붙어도 이 분야에서 결코 지지 않을 정도의 업무적 탁월함을 갖춰야 한다. 그 정도는 되어야 적어도 지금은 우리가 꿈이 있어 작은 스타트업에서 일하지만 거기 그렇게 머물 작은 그릇은 아니라고 사람들이 믿게 된다. 그런 외부의 믿음이 커질수록 우리가 스스로 가난을 추구하면 더욱 빛이 난다. '그럴 사람들이 아닌데 더 노력한다'는 것이다. 그런 맥락에서 처음부터 화려함만 추구하는 스타트업은 내면에 강한 실력이 있는지 오히려 의심을 사는 것이다. 잘 기억하고 명심할 일이다. 그게 내가 그동안 경험했고, 지금도 믿고 있는 스타트업 생활의 본질이다.

분명 하루하루의 일상 안에는 낭만적인 모습을 많이 가지고 있지만 결과만은 극도로 냉정한 곳이다. 이곳은 여러 사람의 인생을 우주로 날릴 만큼 황홀한 기회가 있는 곳이지만 거꾸로 여러 사람을 여지없이 거리에 나앉게 할 수도 있는 곳이다. 이 길에 들어선다면 부지런히 일하고 공부해서 단 한순간도 방심하지 않길 바란다.

CHAPTER 2

스타트업 CEO의 태도

그러다 보니 시간이 많이 흘렀고, 언제인가부터 시작 자체를 급하게 할 필요가 전혀 없음을 알았다. 지금 당장 6개월, 1년이 늦어지더라도 더 훌륭한 문제를 찾는 게 중요하지, 지금 당장 스타트업을 하고 싶다고 해서 눈앞에 발견한 문제를 맹신하는 것은 오히려 시간만 축낸다는 것을 배웠다. 내게 경험이 많지 않을수록 내가 찾은 문제가 꼭 풀어야 하는 문제인지 최대한 오래 생각해보아야 한다. 창업을 한다는 것은 창업자 자신의 시간과 돈, 기회비용을 투자하는 것일 뿐 아니라 창업자를 믿고 참여하는 멤버들의 단 한 번뿐인 소중한 젊음까지 앗아갈 수 있기 때문이다.

더 좋은 문제 찾기

진짜 중요한 것은 무엇인가?

얼마 전 대학에서 컴퓨터를 전공하고 있는 후배가 상담을 요청해 왔다. 학교를 휴학하고 새로 시작하는 스타트업에 합류할까 고민 중이라는 것이다. 그 회사에 꽂힌 이유가 무엇이냐 물으니 채용 방법이 멋져서 기대가 된다고 했다. 이메일만 올려놓고 관심 있는 사람이 연락하면 그제야 채용 공고를 보내준다는 것이다. 나는 좀 당황했지만 그 친구는 그런 방법이 무언가 더 비밀스럽고 쿨하게 느껴진 모양이었다. 스타트업이 많아지며 다양한 채용 방식이 등장하고 있다. 임직원이 개인 블로그에 회사의 장단점을 가감 없이 소개하는가 하면 프로그래머가 많은 판교테크노밸리 주변에 '맥북 기본 제공, 남녀 성비 5:5 보장'과 같은 현수막을 붙여 유머를 자아내는 채용 공고까지 다양한 시도들이 이어지고 있다. 유능한 개발자나 디자이너는 한정적인데 스타트업이 급증하며 바야흐로 인재 전쟁이 벌어지고 있는 까닭이다. 이 전쟁에는 네이버나 카카오처럼 큰 회사도 가담해 있다. 스타트업들의 이야기를 들어보면 이제는 학부 1학년생이나 심지어 고등학생까지도 개발 좀 한다는 소문이 나면 어김없이 공동 창업 권유와 채용이 이어진단다. 그런 때이니 앞서 말한 내 후배에게도 공동 창업자 모집 공고가 눈에 띄지 말란 법 없었으리라.

나는 가만히 듣다가 후배에게 그 회사가 어떻게 채용을 하고 있는 것을 떠나 무슨 일을 하려는 회사냐고 물었다. 후배는 그건 사실 잘 모르겠다고 답했다. 그냥 괜찮은 대표가 있는 것 같고 멋진 사람들이 모여 팀을 짜고 있는 것 같다고 했다. 나는 무엇보다 중요한 것은 대표의 훌륭한 과거도, 눈에 띄는 멋진 글귀도, 신선한 채용 방식도 아니라 바로 그 회사가 '어떤 문제를 풀려고 하는가'라고 말해주었다. 그리고는 내 실패담을 전해주었다.

나는 오래전 첫 법인을 세운 이후로 15년여를 스타트업 생활을 했지만 바라던 큰 성공은 이루지 못했다. 그렇다고 열심히 안 한 것도 아니고 20대 내내 밥 먹듯 밤새워가며 정말 호되게 보냈는데도 크게 남긴 것이 없다. 돌아보면 그 이유는 나쁜 문제를 너무 열심히 풀었던 것 아니었나 싶다. 당시에는 우리가 풀려는 문제가 대단히 중요한 것이라 생각했다. 그 문제를 풀면 정말 많은 사람들에게 도움이 될 것이라 믿었다. 그러나 막상 몇 년간 열심히 풀어내고 보면 애초부터 그 문제가 그리 많은 이들에게 도움이 되는 문제가 아닌 경우가 많았다. 다음에 다시 도전하게 될 때에는 전보다 조금 더 나은 문제를 찾긴 했지만 여전히 아주 좋은 문제는 아니었다.

그러다 보니 시간이 많이 흘렀고, 언제인가부터 시작 자체를 급하게 할 필요가 전혀 없음을 알았다. 6개월, 1년이 늦어지더라도 더 훌륭한 문제를 찾는 게 중요하지, 지금 당장 스타트업을 하고 싶다고 해서 눈앞에 발견한 문제를 맹신하는 것은 오히려 시간만 축낸다는 것을 배웠다. 경험이 많지 않을수록 자신이 찾은 문제가 꼭 풀어야 하는 문제인지 최대한 오래 생각해보아야 한다. 창업을 한다는 것은 창업자 자신의 시간과 돈, 기회비용을 투자하는 것일 뿐 아니라 창업자를 믿고 참여하는 멤버들의 단 한 번뿐인 소중한 젊음까지 앗아갈 수 있기 때문이다.

좋은 문제를 풀어야 훌륭한 스타트업이다

스타트업에 참여하는 이유는 사실 경험이 아니라 명백히 성공에 있다. 과정에서의 배움은 성공하는 회사나 실패하는 회사 어디서나 나름대로 얻을 수 있다. 그러나 성공이 주는 물질적, 정신적 결실과 자신감은 완전히 다르다. 오로지 0.1%의 성공한 회사에서만 맛볼 수 있는 평생의 자원이 된다. 그런 자원이 있어야 다음에 더 큰 자신감과 일정한 물질적 여유를 가지고 더 큰 도전에 임할 수 있게 된다. 수많은 과정의 배움을 얻었지만 결실이 없는 스타트업의 창업자는 가난하다. 그 과정이 아무리 찬란했다 한들 정신적으로나 물질적으로나 한켠이 허하다. 뿔뿔이 떠난 멤버들의 상황도 마찬가지가 된다. 그렇기 때문에 창업자는 풀어내기 전부터 두려운 마음을 가지고 최대한 좋은 문제를 골라내야 한다.

스타트업에 합류를 고민하는 이들도 지금 반드시 고려해야 하는 것은 어렵사리 풀어냈을 때 정말 세상이 바뀔 문제를 풀려는 회사인가 하는 것이다. 요즘은 워낙 똑똑한 사람들이 스타트업에 많이 모이기 때문에 사실 문제를 못 풀어 망하는 회사는 거의 없다. 풀어도 별 의미가 없어서 망하는 것이다. 후배들이 스스로 소위 '스타트업 하는' 자기 모습에 도취되어 나처럼 허송세월하지 않았으면 좋겠다. 후배들이 고려해야 할 것은 멋진 채용 방식 같은 것들이 아니다. 회사에서 삼시세끼 밥을 챙겨주거나 맥북을 주거나 결혼하면 목돈을 주는 그런 것들도 아니다. 앞으로 주의 깊게 봐야 할 것은 어디에 진짜 좋은 문제가 있고 그것을 누가 풀려고 치열하게 고민하고 있는가이다. 만약 어떤 회사가 화려함은 뒤로 하고 그 문제를 아주 초라하고 가난하게 풀고 있다면 나는 젊은이들이 그런 회사를 진지하게 고려해야 한다고 믿는다.

사장이든 창업 멤버든 기왕이면 과실이 큰 문제를 풀어내기를 바란다. 세상 사람들에게 꼭 필요한 엄청난 문제를 풀려고 노력이라도 해봐야 나중에 실패해도 큰 후회가 남지 않는다. 만약 잘 풀어낸다면 평생의 삶을 선순환으로 이끌 위대한 자신감과 여유를 찾게 될 것이다. 다시금 엉뚱한 문제를 열심히 풀며 단 한 번뿐인 젊음을 안타깝게 소진하지 않기를 빈다. 이것은 과정만은 남부럽지 않게 화려했던 한 사장이 시간과 몸을 쓰며 배운 깨달음이니 부디 믿어 보시기를 바란다.

우수한 인재 모으기

서로 너무 어렸던 날들

예전에 같이 일했던 동료가 최근 창업을 준비하며 나를 찾아왔다. 나랑 몇 년간 얼굴도 안 보고 서로 미워하던 사이다. 그러다 시간의 힘으로 4년 전쯤인가 깊은 화해를 했다. 그때는 서로 너무 어렸다는 것이 화해에 이르게 된 공감대였다.

우리가 말하는 '그때'는 2008년이었다. 그는 명문대 박사 과정을 마치고 대기업에서도 인정받던 3년차 매니저였고, 우리는 굉장히 주목받던 스타트업이었다. 그는 우리 회사에 합류하며 주식 사기를 원했다. 협의 끝에 액면가의 8배수에 8천만 원을 투자하며 회사에 합류한다. 역시 그의 뛰어난 능력은 당시 20대 중반뿐이던 우리 팀에 큰 힘이 되었고 매출도 가파르게 뛰었다. 그러다 보니 그는 그대로 가고자 하는 방향이 뚜렷했다. 나는 나대로 이끌고자 하는 방향이 있어 어느 날부턴가는 다투는 일이 잦아졌다. 첨예한 토론의 결과가 생산적으로 가야 하는데 서로의 에너지와 의욕에 손상만 주고 있었다. 그러다 그가 떠나기로 하고 투자한 주식을 다시 사달라는 요청을 받게 된다. 나도 여윳돈이 없어 "그건 대출이 아닌 투자 아니냐."며 거절했다. 그의 입장에서는 사회생활하며 모은 전 재산을 부은 것이라 물러서지 않았다. 서로 더 이상 구차해지지 않기 위해 그 다음 달부터 나는 8분할로 월 천만 원씩 그의 주식을 모두 사들였다. 당연히 그 후 서로 미워하는 사이가 되었다.

그를 다시 만난 것은 2013년의 일이다. 신기하게도 무언가의 끌림에 의해 우리는 다시 마주앉아 옛일들을 곱씹으며 아주 진한 소주 한잔을 들이켰다. 서로 멀어진 후 5년간 난 계속 위자드웍스를 운영하며 고난과 생존을 반복해왔다. 그 역시 대기업으로 돌아가지 않고 계속 스타트업에 투신해 다양한 경험을 이어왔다. 그날 대화의 공통된 결론은 '그땐 우리가 서로 너무 어렸다'였다. 무슨 말로도 그 말을 대체할 더 나은 답을 찾기 어려웠다. 그냥 서로가 서로의 입장을 이해하고 생각을 헤아리기에는 너무 어렸고, 경험이 없었던 것이다. 지금 생각해보면 아무것도 아닌 일이었다. 화해한 그날 이후 우리는 꽤 깊은 사이가 되었다. 나는 그의 사업을 진정으로 조언해주고 그가 인간적으로 가장 깊은 고민을 하던 어떤 날, 다른 누구도 아닌 나를 찾아와 술 한잔을 청하기도 하였다.

돌이켜보면 너무나 훌륭한 인재였거나 인재가 될 좋은 떡잎이었음에도 불구하고 단지 서로 나이가 어리고 경험이 부족해 좋은 팀을 이루지 못했던 동료들이 많았다. 대학을 잘 다니던 친구들이나 예전에 같이 개인 프로젝트를 하며 알게 된 이들을 우리 회사에 참여시키며 스타트업 업계로 끌어들인 인재들이 많다. 우리가 스타트업 중에 워낙 일찍 창업하기도 했거니와 꾸준히 컨슈머 서비스를 만들어왔기에 IT를 하고 싶은 인재들의 등용문 역할도 해왔다. 리디북스, 마이리얼트립, 핸드스튜디오, 리멤버, 비트, 바로풀기 등 여러 스타트업의 창업자나 임원들이 한때 위자드웍스에서 함께 일했다. 그 멤버들이 우리 회사에서 더 오래 일했으면 어땠을까 하는 아쉬움도 남는다. 하지만 그때 우리는 각자의 의견이 앞섰고, 서로 하고 싶은 것들도 너무나 달랐다.

좋은 인재도 때가 있다

좋은 사람을 많이 찾아 모은다고 능사는 아닌 것 같다. 좋은 사람을 '좋은 때'에 모으는 것이 요즘은 가장 중요하다는 생각을 한다. 위자드웍스는 너무 좋은 사람들을 모았던 회사이지만 그들이 다 아직 성장하는 중이었다. 심지어 사장인 나조차도 그들을 모두 품기에는 그릇이 너무나 작았다. 위자드에서의 경험, 다른 회사에서의 경험들이 켜켜이 쌓여 이제 그들은 한국을 대표하는 스타트업을 이끌어가는 주인공들이 되었다. 감사하고 뿌듯하지만 한편으론 뼈아프고도 중요한 배움을 얻었다. '좋은 때를 못 만난 인재는 아직은 좋은 인재라고 할 수 없다. 좋은 팀은 좋은 때를 만난 인재들의 합으로 이루어진다'는 것을 말이다.

내가 다시 사업을 한다면 실력이 아무리 뛰어나다 하더라도 여러 조직을 겪으며 조직 간의 장단점을 비교할 수 있게 된 사람, 그 안에서 스스로의 능력과 문제점도 파악하게 된 사람, 경청하고 타인의 의견을 존중할 수 있게 된 사람, 매몰되지 않고 계속 꿈을 꿀 에너지가 남아 있는 사람, 즉 요컨대 경험을 충분히 쌓고 한껏 둥그러진 사람들을 모아 한 팀을 꾸릴 것 같다.

좋은 때에 만나야 인재가 비로소 빛을 낸다고 믿게 되면서, 동료들과 대단히 잘 헤어지려고 노력하고 있다. 그들이 업계 안에서 성장해 다시 나와 함께 일하는 일도 얼마든지 가능할 것이라 믿기 때문이다. 그들이 좋은 때를 만나 나와 같이 일할 기회를 얻기 위해 정해놓은 요즘 나의 원칙들은 다음과 같다.

첫째, 싸우지 말고 웃으며 헤어질 것. (헤어질 때는 뒤끝 남을 만한 것 하나 없이 깨끗하게 정산한다. 그리고 다른 좋은 직장을 추천하거나 좋은 사람을 소개하는 등 최대한 노력해서 보낸다.)

둘째, 가끔이나마 연락하고 꾸준한 인간관계를 유지할 것.

셋째, 그 사이 나도 스스로 성장하고 있을 것. (그래야 그들이 성장해 돌아왔을 때 같이 일할 자격이 생긴다.)

넷째, 헤어진 이와 다시 결합해 일하기 전에 헤어질 때의 문제 요인이 완전히 사라졌는지 확인할 것. (그렇지 않다면 동일한 이별이 재발할 가능성이 높다.)

다섯째, 나중에라도 생각했을 때 내가 잘못했던 일은 용기 내어 먼저 사과할 것. (사장은 자기가 이루고 싶은 일을 남이 대신 이루게 하는 사람이다. 남들은 그토록 큰일을 내게 해주는데 기껏 사과 한마디 먼저 하지 못할 이유가 어디 있을까?)

마지막 여섯째, 좋은 사람이 될 것. (이것은 기본 중에 기본이지만 실상 사장 중에 그릇이 아직 크지 않은 사장은 좋은 사람이기 참으로 힘들다. 물론 내 그릇도 여전히 참으로 보잘것없고 말이다.)

함께 성장해야 할 동료들

비슷한 시기에 창업한 또래 창업자들

창업자는 외롭다. 아무리 멤버들과 격의 없이 지낸다 하더라도 못다 나누는 이야기가 있다. 집에 가서 가족에게 다 털어놓기 애매한 걱정거리들도 많다. 아무래도 혼자 생각하는 시간이 많고 주위에 고민을 토로하더라도 제한적인 경우가 많다. 창업 전 친구가 많았다 하더라도 창업 이후에 생기는 채용 고민, 자금 고민, 제품 개발이나 영업 관련 고민들은 서로 입장이 달라 딱히 친구에게 조언을 구하기 어려워진다. 그럴 때 고민을 나누기 가장 이상적인 동료가 바로 같은 고민을 하고 있는 창업자 친구들이다.

내게는 다행히 여러 창업자 친구들과 선배들이 있었다. 요즘 스타트업 하는 후배들을 보아도 느끼는 것이지만 같은 시기에 창업한 또래들이 아무래도 가장 친한 친구가 된다. 회사의 성장 과정을 바닥에서부터 서로 보아가며 응원하고 때론 경쟁하며 같이 커나가기 때문에 더 끈끈한 동지가 되는 것 같다. 나 역시 위자드웍스와 비슷한 시기에 창업을 했던 동료 창업자들이 지금껏 가장 오래 가까이 남았다. 사업 성패야 제각기 다르지만 이제는 마음을 터놓고 평생 가까이 지낼 수 있는 친구들이 되지 않았나 싶다.

옛날에 한번은 그들 중 한 명과 주말도 아닌 주중 낮에 만나 우발적으로 같이 서울대공원에 놀러 간 일이 있다. 그는 직원들과의 갈등에 몹시 지쳐 있는 상황이었다. 나는 나대로 오래 일해도 좀처럼 실적이 늘지 않는 사업에 슬럼프를 겪은 지 오래인 때였다. 낮에 업무 미팅이 있어 만났다가 둘 다 너무 스트레스 받는데 오늘은 그냥 잊어버리자며 의기투합했다. 아무도 없는 대공원에서 우리 둘이 열심히 놀이기구 타며 어린아이처럼 놀았는데 시간이 오래 지나도 그날의 기억이 많이 남는다. 그 전에도 그랬지만 그 후로도 비슷한 일은 없었다. 사업을 10년 넘게 하면서 처음이자 마지막으로 동료 창업자와 일탈을 했던 셈인데, 친구인 창업자가 있어 가능했던 소중한 추억의 한 장이다.

예전에 어떤 날은 가까이 지내던 선배가 구속된 적이 있다. 사업하다 보면 사연이야 다들 있으니 여기 다 설명할 일은 아니지만 아무튼 다른 창업자와 같이 서울구치소에 면회를 갔다. 한때 회사를 증시에도 올리고 잘나가던 선배가 수의 입고 멋쩍은 웃음 지으며 면회실로 나오자 마음이 불편했다. 그 안에서도 특유의 통솔력을 발휘해 소년범들을 지도하며 그럭저럭 소일거리하고 지낸다 했다. 그로부터 1년 뒤 선배가 풀려났고, 지금은 다른 나라에 가서 사업을 하고 있다. 가끔 한국에 들르면 만나는데 옛날에 내 사업을 조언해주기도 하고 또 그 선배가 하려던 편법적인 사업에 대해 내가 따끔한 지적을 좀 하기도 했던 장면들이 주마등처럼 떠오르곤 한다.

한때는 청년 벤처 신화로 불리던 선배들이 어린 나이에 받은 과도한 관심과 무지, 주위의 감언이설로 인해 잘못된 선택을 하게 되었을 때도 더러 있었다. 그로 인해 이 땅에서 사업하기 어려워졌을 때 나는 후배이자 동료로서 자못 안타까운 마음도 들었다. 그렇게 지금은 이 땅에서 떠나보낸 동료들과 선배도 여럿 있다. 물론 사장으로서 잘못한 일은 응당 책임을 져야만 한다.

다 저마다 훌륭한 선수들

———————— 사업을 하다 보면 훌륭한 사람들을 계속 만나게 된다. 지금 레벨에서는 내가 정말 잘한다 생각하지만 그것은 착각이다. 겨우 노력해 다음 레벨로 가면 다시 고수가 끝없이 있다. 그런 점에서 동년배 창업자는 다음 레벨을 향해 함께 걷는 동반자이다. 때로 내가 지칠 때는 자극을 주어 뛰게 하는 선의의 경쟁자이기도 하다. 또 때론 상대적 비교로 나를 좌절시키는 압도적인 능력자이기도 하다. 그러나 한참 시간 지나면 과거에 앞서 나갔던 친구가 좀 정체되기도 한다. 과거에 회사가 망했던 친구가 다시 창업해 오히려 누구보다 잘되기도 한다. 따라서 영원히 앞서 나가는 사람도 없고 영원히 지기만 하는 사람도 없다. 우리는 창업이라는 긴 마라톤에서 함께 고군분투하며 엎치락뒤치락하는 좋은 동료 선수들일 뿐이다. 이제는 누구를 부러워하거나 무시하거나 또는 경계하지 않는다. 시간의 힘으로 함께 오래 뛰어온 친구들은 다 저마다 훌

륭한 선수들인 것이다.

어떤 날의 대화 장면이 떠오른다. 가까운 창업자 친구가 술에 잔뜩 취해 전화를 걸어와 자기는 정말 능력이 없는 것 같다고 푸념했다. 그 친구나 나나 큰 성공은 아니어도 주위 동료들이 하나둘 사라지는 속에서도 당시 7년 넘게 각자의 회사를 운영하고 있던 때였다. 나는 당신이 선수로 치면 금메달은 아니더라도 은메달은 되니 너무 상심하지 말라고 말했다. 꼭 금메달만 박수 치는가? 그 친구는 7년 버틴 것만으로도 충분히 박수 받을 만한 사람이었다. 그러나 우리는 주위에서 맨날 인수 얘기, 수백억 투자 얘기, 누가 큰돈 번 이야기만 자주 듣는다. 그러다 보니 그런 성취를 만들어내지 못하는 창업자는 스스로 무능하다 생각하고 좌절하곤 하는 것이다. 그러나 창업을 시도조차 하지 않는 사람이 얼마나 많은가? 창업을 해도 1, 2년 못 버티는 사람이 또한 얼마나 많은가? 긴 시간을 사람 뽑고 월급 주며 살아왔다면 충분히 박수 받을 자격은 있는 창업자다. 그러니 나는 금메달까진 아닐지 몰라도 당신이 은메달 받을 자격은 충분하다고 한 것이다. 나 역시 아주 힘들 때라 우리 서로에게 은메달을 주자며 위로했던 기억이 난다.

그로부터 3년이 더 지나 그 친구는 회사를 성공적으로 매각했다. 지금은 그 회사 직원이 150명은 되고 많은 이익을 내고 있다. 나 역시 입대 직전 마지막 기회라 생각하며 절실히 만든 제품을 1등으로 만들었다. 내가 많은 고통 속에서 살리고 키워온 회사는 좋은 회사에서 인수해 현재도 계속 이익을 내고 있다. 최근에 그 친구를 만나 이제는 우리가 서로에게 금메달을 주자는 농담을 나눴다. 세상이 주는 금메달에는 아직 한참 못 미치지만 적어도 우리가 얼마나 열심히 한지는 서로 알기 때문이다. 그러니 친구가 주는 금메달 정도는 이제 서로 주고받을 수 있을 만큼 깊은 시간을 함께 나누지 않았나 싶다.

슬플 때는 위로받았고, 타산지석도 삼았다. 주위에 좋은 사람들이 많았던 것이 내가 아직까지 살아남아 이런저런 기억을 나눌 수 있는 유일한 이유가 아닌가 싶다. 그러니 스타트업의 사장들이여, 주위의 동료 사장들을 가까이 두고 함께 성장해가기를 바란다. 우리가 다 기억하거나 소화하지 못하는 경험들은 가까운 동료들이 함께 곱씹으며 이해해줄 테니.

사람이 조직을 바꾼다

누구를 얼마나 뽑을 것인가

군대 있을 때 외박 나갔다가 회사에 들른 적이 있다. 면접 때문에 고민이 많다고 하여 내 선발 기준을 조금 공유해주었다. 디자이너 면접이라 했다. 당시는 내가 퇴사한 지 얼마 안 되었을 때라 뽑는 입장에 서본 멤버가 몇 명 안 돼 평가 기준을 놓고 한창 토론 중이었다. 나는 최종 면접자 두 명의 가장 못한 포트폴리오 두 개씩을 뽑아 가장 잘한 것과의 기복이 심한 사람을 제외하는 게 좋다고 말해주었다. 가장 자신 있는 포트폴리오는 누구나 있게 마련이라서 잘한 걸로 구분하기는 쉽지 않다. 가장 못한 포트폴리오는 사람들 간의 실력 차이가 뚜렷이 드러나기 때문에 잘된 작품과 가장 못한 작품의 기복을 비교하면 그 사람의 평균치를 예상할 수 있다는 논지다. 작품 간의 기복이 심하면 어떤 업무에서는 결과가 좋고 어떤 업무에서는 안 좋을 수 있다. 그래서는 안 되기 때문에 역량의 기복이 적은 사람을 뽑는 편이 경험상 좋았다.

더불어 디자이너를 뽑을 때는 특히 어떤 서체를 사용했는지, 컬러를 어떻게 썼는지, 지원서 자체의 편집디자인과 가독성도 중요하게 보아야 한다고 조언했다. 그래야 제품 디자인 외에 기업 디자인 CI, Corporate Design 작업을 할 때 빛을 발할 수 있다. 스타트업의 멤버들은 일당백을 할 수 있는 사람이어야 하기 때문이다. 특히 디자이너는 외부인들이 회사를 바라보는 모든 모습을 만드는 몹시 중요한 역할이므로.

참고로 구직자에게는 많은 것을 만들어본 경험을 강조하기 위해 굳이 잘 못한 포트폴리오까지 포함하지는 말라고 조언하고 싶다. 주위에 물어봐서 가장 괜찮은 것을 꼽아달라고 한 다음 가장 덜 뽑히는 작품 순으로 빼내는 게 좋다. 물론 성장 과정을 보여주는 것도 의미가 있지만 기복이 심하면 실력에 대한 불안감을 줄 수 있기 때문이다.

채용은 정교한 판단력을 요한다. 형편이 안 되는데 사람을 너무 많이 뽑아도 문제이겠지만, 과감한 투자로 베팅해야 할 때 너무 보수적으로 운용해도 기회를 잃을 수 있다. 그것을 잘 판단해 지를 때 지르고 사릴 때 사릴 줄 아는 사람이 좋은 경영자다. 나는 처음에는 무조건 사람 많은 회사가 좋은 회사인 줄 알았다. 외부에서도 내게 “직원이 몇 명이냐?”를 자주 묻곤 했었다. 회사 이름을 듣고 생소하다 싶으면 직원 수가 몇이냐는 것이 그 다음 질문이었다.

위자드도 한때는 직원이 50명 정도 됐다. 일감이 많을 때는 그 규모로 잘 돌아갔는데 나중에 일감이 줄어드니 큰 부담이 되었다. 월급 주려다 보니 점점 하기 싫은 일도 맡아야 했다. 처음 생각하던 회사의 방향과 점점 멀어져갔다. 그렇게 2년 정도를 하기 싫은 일감 받으며 일하다 더는 그러기 싫어 작은 사무실로 이사를 갔다. 직원도 크게 줄였다. 조직이 다시 작아지니 소통도 잘되고, 하고 싶은 일을 하니 다들 애사심도 더 커졌다. 그 후부터는 입대 직전까지 항상 작은 조직을 유지하려 노력했다. 위자드가 오래 살아남은 중요한 결정이었다고 생각한다. 물론 사람이 많이 필요한 사업도 있다. 조직의 규모는 그 회사가 어떤 사업을 하느냐에 전적으로 달린 것 같다. 우리가 하는 사업에서는 작은 조직이 괜찮았고, 같은 업종에서 비대한 규모를 유지하던 회사들은 그 사이 많이 사라졌다.

하향 평준화의 늪에서 벗어나는 길

얼마나 뽑느냐 이상으로 누구를 뽑느냐도 중요한 문제다. 많은 이들이 익히 지적했지만 B급 인재는 자기 실력 이상의 A급 인재를 잘 뽑지 않는다. 우선 B급 인재는 자기 실력에 대한 냉정한 판단과 비교가 안 되기 때문에 A급 인재가 누구인지 잘 알아보지 못한다. 설사 알아본다 해도 자기 입지에 대한 우려 때문에 A급 인재를 선뜻 받아들이지 못한다. 그러니 B급 인재는 C급 인재를 뽑고 그런 과정의 반복 속에 조직은 점차 하향 평준화된다.

그런 이유로 대부분의 스타트업은 초기 멤버 구성이 가장 좋다. 회사가 초기의 고속 성장기를 지나 2~3년쯤 후 성숙기에 접어들면 초기 수준의 A급 멤버를 뽑기가 어려워진다. 이는 여러 이유가 있는데 우선 회사의 성장이 꺾여 A급 인재를 설득할 스토리가 떨어진다. 그 스토리는 보통 '이루어질 가능성이 충분하나 아직은 해보지 않은 것' 이어야 한다. 그러나 그때쯤이면 이미 시도해본 뒤일 가능성이 높다. 더 이상 가설만 팔아서는 설득이 되지 않는다. 또한 이미 주주들이 많아져 예전처럼 주식을 쉽게 제공할 수 없다. 회사의 성장성은 떨어졌으나 줄 수 있는 보상의 선택 폭도 연봉 외에 크지 않다. 따라서 점점 우리가 줄 수 있는 보상에도 만족하는 B급 인재를 뽑기 시작하는 것이다. 성장성 하락과 보상의 제약 문제는 이후로도 계속 반복된다. 나중에는 C급 인재라도 그저 와서 일만 해준다면 급하니까 뽑게 된다. 그런 식으로 조직의 하향 평준화는 진행된다. 일을 안 하려고 하향 평준화되는 게 아니라 오히려 초기 멤버들이 시작한 일을 끝까지 완성하려고 노력한 결과 하향 평준화로 이어진다.

이 문제를 푸는 유일한 해법은 회사가 계속 성장하는 수밖에 없다. 회사가 성장하면 지금 모인 사람보다 더 훌륭한 인재를 설득할 스토리가 풍부해진다. 초기만큼 주식을 많이는 못 주더라도 주식이 진짜 현금이 될 가능성이 높아지기 때문에 상향 평준화를 기대할 수 있다.

가장 어려운 것은 장기 저성장에 빠져 완전히 하향 평준화된 조직을 다시 고성장 인재 집단으로 바꾸는 일이다. 우리는 5년여 전 회사 규모를 줄인 후 그런 극적인 변화의 시기를 맞았다. 그 변화의 동력은 첫째로 열정으로 똘똘 뭉친 신입 사원들이 입사해 무기력함에 빠져 있던 조직에 조금씩 활력을 불어넣은 것이다. 둘째는 대표인 나부터 새로운 비전을 제시하고 직원들과 계속 대화해 다시금 그들과 회사의 꿈이 일치되게 한 것이다. 그렇게 1년쯤 지나자 최근에 입사한 직원들의 열정이 기존 직원들에게 전달되고 조금씩 동화돼 전체 속도가 높아졌다. 또한 무기력했던 직원들이 회사의 새 꿈에 공감하게 되자 더 즐겁게 일하게 되었다. 신제품이 출시되고 시장의 피드백을 받게 되자 조직의 속도는 다시 매우 빨라졌다.

조직의 체질을 바꾸는 비법

————————— 장기 저성장에 빠진 조직에 어떻게 열정적인 신입 사원들이 들어오게 할 것인가? 우선 조직 내에 새롭고 흥미로운 프로젝트를 만드는 것이 먼저다. 재미있는 프로젝트를 띄우고 거기 참여하고 싶은 신규 멤버를 뽑는 게 그 다음이다. 내부에서도 새 프로젝트에 열정과 흥미를 가진 멤버가 있다면 합류시킬 수 있다. 이런 활동의 목적은 정체된 회사에 새 동력을 만드는 것이다. 다들 지친 상태에서 조직 내 어떤 팀이 회사의 초창기처럼 뛰고 있으면 다시 전체 분위기를 바꾸는 불쏘시개 역할을 할 수 있다. 물론 이 과정에서 새 팀과 기존 팀에 대한 차별 대우가 있어서는 안 된다. 새 팀은 열정적이지만 아직 아무것도 이루지 못한 팀이다. 기존 팀은 여전히 회사의 가장 많은 멤버들이 속해 있고 매출과 기존 성과도 가장 많다.

계속 새 프로젝트를 띄우고 새 동력을 만들려 노력한 결과가 지금의 위자드웍스 동문 네트워크다. 우리는 회사가 어려워질 때마다 새 사업을 만들어 무명의 신입 사원들에게 일을 맡겼다. 그리고 그들과 함께 고군분투하며 회사를 여러 차례 다시 성장 궤도에 올려놓았다. 가장 어려운 때에 사업을 온몸으로 익힌 무명의 신입 사원들이 지금 여러 스타트업을 이끄는 경영진이 되어 있는 것은 우연이 아니다.

지금도 아무 경력도 없지만 스타트업에서 일당백을 할 수 있는 잠재적 인재들은 도처에 굉장히 많다. 그런 인재를 알아보는 안목을 기르는 것도 사장의 중요한 덕목이다. 좋은 인재를 발견하는 안목만 있으면 사장은 어떤 어려운 상황에서도 조직을 다시 성장의 방향으로 이끌 수 있다. 물론 그 안목은 기르는 시간이 필요하다. 많은 사람과 만나고 헤어지며 조금씩 얻어지는 것이다. 처음부터 잘하는 사장은 어디에도 없다. 모든 훌륭한 선배들도 저마다 많은 이별을 겪은 후에 비로소 사람을 이해하는 좋은 리더로 천천히 다시 태어났다.

인연의 씨앗을 뿌리는 일

만남이 쉽지는 않지만 반드시 언젠가 돌아온다

2009년쯤 내가 위젯 사업으로 잘되고 있을 때 한 고3 학생이 찾아왔었다. 사업을 하겠다는 의지가 충만한데 당시 내가 보기에는 다소 부족함이 있어 보인 모양이다. 오만한 부분은 혼도 내고 다양한 조언을 들려주고 보냈다. 그리고는 다음 날 블로그에 "학생이 부족해 보여 혼은 냈지만, 만약 이런 학생이 졸업할 때가 되는 6년 뒤나 10년 뒤에는 얼마나 훌륭한 창업자가 되어 있을까?"라고 적었다.

나는 까맣게 잊고 있었는데 그로부터 5년이 지난 2013년 그 친구가 다시 나를 찾아왔다. 그는 대학 진학 후 군대 다녀와 작은 교육 스타트업을 하고 있었다. 벌써 창업한 지 3년이나 됐다고 했다. 서비스를 보니 아직 완벽하지는 않았지만 굉장히 인상적이었다. 그 친구가 하는 말도 매우 성숙하고 고민도 많이 한 느낌을 받았다.

나는 다른 말보다도 "이렇게 훌륭하게 성장해 너무 기쁘고 축하한다."고 했다. 하지만 서비스는 아직 의미 있는 사업으로 발전하기까지는 시간이 조금 걸릴 듯 보였다. 물론 똑똑한 친구가 대표로 이끌고 있으니 조만간 답을 찾을 것이란 기대와 함께.

그가 재작년 가을부터 성과를 내고 있다는 소식을 들었다. 이제 월 2~3억 매출을 하고 매달 1억씩 이익을 남기는 좋은 스타트업으로 비상을 했단다. 참으로 기쁜 소식이었다. 공교롭게도 내가 블로그에서 예상한 '6년 뒤'가 시기적으로 딱 들어맞았다. 나는 그 글을 잊어버리고 있었는데 그 친구가 예전 내 블로그 글을 아직 가지고 있다고 해서 알게 되었다. 참으로 신기한 일이다.

그동안 나는 만나자고 연락 오는 대부분의 사람을 어떻게든 시간 내어 다 만나 왔다. 처음에는 나를 보고 싶다는 사람이 있다는 데에 감사해서 만났다. 나중에는 그들 중에 이따금씩 진주 같은 인재가 있었기 때문에 계속 보았다. 블로그를 읽다가 내가 먼저 연락해서 만난 경우도 있다. 또 시간이 되는 한 많은 모임에 나가 인재를 눈여겨보았다.

어느 순간 회의감이 든 적도 있다. 그렇게 많은 모임에 다니며 몸을 축내도 대체 인재가 있기는 한 건지 알 수 없었다. 백날 찾아오는 후배들에게 진심을 다해 조언하지만 그들 중 단 한 명도 지분을 주거나 그들에게 명절날 감사 인사 한 번 받아본 적이 없었다. 물론 어떤 보상을 바라고 한 일은 절대 아니지만 그래도 내 시간과 에너지를 쏟으며 만나고 조언해온 일이니 이렇게 계속하는 게 맞는가 하는 회의는 사람이기 때문에 어쩔 수 없이 들었다. 그런 회의 속에도 나는 최대한 만나려고 노력했다. 지인의 부탁은 거절한 적이 없고 계속 새로운 모임을 만들었다. 모르는 이들과의 번개 모임도 열어 대화하고 친구가 되고자 했다. 사람들이 대표가 본업에 치중하지 않는다 비난하는 것을 알면서도 대학의 좋은 인재를 찾고자 자주 대학을 찾아 강의도 했다.

그 결과 그래도 괜찮은 씨앗을 심으며 살아온 것 같다. 지금 위자드웍스를 잘 이끌고 있는 내 후임 대표는 과거 대학생 마케터 활동을 했던 학생이 소개해 입사하게 된 경우다. 출시 직후부터 좋은 이익을 내는 테마 키보드를 만든 임원은 몇 년 전 서강대에서 내 강의를 듣고 우연히 합류하게 된 경우다. 우리 회사가 어려울 때 선뜻 나에게 담보 없이 돈을 꾸어준 대표는 오래전 총리공관에서 오찬을 하며 처음 만난 대구의 사업가였다. 그분이 지인들을 모아 투자해준 돈으로 우리가 다시 어려움을 극복하고 신제품을 만들 기회를 얻었다. 우연히 만나 우정으로 시작한 다른 대표와는 나중에 협업해 서로 좋은 수익을 얻기도 했다. 지금 내 사업 과정의 가장 가까운 이들도 다 열심히 돌아다니며 만난 사람들이다.

대표는 묵묵히 씨앗을 뿌리는 사람

──────────── 어디서 누구를 만나게 될지 모른다. 그가 인재인지는 더욱 알 수 없다. 그러나 인재가 있을 가능성이 높은 곳을 힘닿는 한 최대한 돌아다니는 것을 멈출 수는 없다. 팀의 꿈을 이뤄줄 좋은 인재를 찾아 믿고 맡기는 것이 대표의 제1 책무이기 때문이다. 물론 새 사람을 만나느라 옛 사람 중에 좋은 인재를 발견하지 못하는 우를 범할지도 모른다. 이 점은 항상 경계해

야 할 일이다.

앞으로도 나는 여전히 의식적으로 밭을 갈고 새 싹을 찾을 것이다. 밭이 없으면 때로 씨앗도 뿌리고 남이 뿌려놓은 씨앗도 살펴볼 것이다. 그러다 보면 단 한 명의 좋은 인재, 우리 회사를 어려움에서 구해내고 엄청난 성장을 이뤄낼 주인공을 예상치 못한 곳에서 또 만나게 될 것이다. 내가 지금껏 그런 기묘하고 감사한 만남들 덕분에 여기까지 잘 살아왔기 때문에 이 점 하나는 자신있게 말할 수 있다. 기탄없이 사심 없이 씨를 뿌리다 보면, 반드시 누군가는 어디선가 돌아와 나를 기억하고 다시 나를 살려준다. 그러므로 내 삶의 8할은 다 그렇게 돌아온 남들이 만들어준 것이다. 항상 인식하고 감사하며 살 일이다.

부메랑 멀리 던지기

성장 정체와 예정된 이별

얼마 전 예전에 같이 일하던 동료가 면담을 요청해왔다. 만나보니 회사를 나갈 고민을 하고 있다는 것이다. 들어보니 팀 내 의견 갈등도 많고 무엇보다 '내가 계속 성장하고 있나?'에 대한 회의가 생겼다는 것이다. 스타트업에서 일하는 사람이라면 누구나 겪게 되는 어느 구간에 다다른 것일 테다. 처음에는 모든 게 다 배움이고 신기해서 정신없이 일한다. 그러다 언젠가부터 맨날 같은 일만 하는 것 같고 예전 같은 배움이 없는 것 같은 때가 온다. 회사 성장은 정체되고 재미있어 보이는 다른 회사는 많은데 딱히 내가 속한 이곳은 더 이상 재미가 없어진 그런 상태.

그런 상태를 나는 잘 안다. 스타트업에 참여하는 멤버만 그런 생각을 하는 것이 아니라 대표도 같은 경험을 하고 비슷한 고민에 빠진다. 대표는 회사를 그만두고 나올 수 없기 때문에 더 오래 버티는 것뿐이다. 똑같이 사람이기 때문에 '내가 지금 여기서 잘 하고 있는 것인지' 고민을 한다. 대표가 스스로 생각하는 방향과 속도대로 회사가 돌아가는 경우는 거의 없기 때문에 이 같은 고민은 계속 된다. 멤버들에게는 회사를 떠날 자유가 있다. 공동 창업자의 경우 포기해야 하는 지분이 있어 쉽지 않더라도 대개의 경우 이직은 자유롭다. 사장은 자기가 회의감을 느낄 때 멤버들의 이탈에 대한 걱정도 커진다. 특히 잘하는 직원이 면담을 요청해 오면 용건을 듣기 전부터 가슴이 철렁하곤 한다.

내게도 앞서 말한 멤버는 그런 존재였다. 우리 회사는 이미 창업한 지 10년이나 되었으므로 공동 창업자와는 거리가 멀다. 하지만 우리 회사에서 아주 중요한 일을 맡고 있던 친구라 걱정이 많았다. 이미 대표 자리에서 내려온 내가 지금 할 수 있는 것은 그저 걱정하고, 그 친구의 고민을 들어주고 최대한 오래 함께 갈 수 있는 방법을 제시하는 정도에 지나지 않는다. 그럼에도 나는 최선을 다했다. 그 이후로 서너 차례 더 만나 계속 생각을 듣고 의견도 내곤 했다.

그 친구가 며칠 전 장문의 메일을 보내왔다. 결국 회사를 떠나기로 했단다. 회사에 자신이 필요한 것도 알고 앞으로 해나갈 일이 많다는 것을 알지만 더 큰 배움과 자극을 줄 곳을 찾아 떠나는 것이 좋겠다고 마음먹었단다. 나는 그 이야기를 듣고 더 이상 말리지 않기로 했다. 여러 차례 만나며 나로서는 할 만큼 했고, 이제는 온전히 그의 결정이기 때문이다. 최선으로 사람을 설득할 뿐, 강요할 수는 없다. 그리고는 또 한 번 이런 생각이 났다. 이 친구는 나중에 다시 같이 일하기 위해서라도 일부러 보내주어야 한다고. 다른 회사에 가고 싶은 사람을 붙들고 싶다고 계속 설득해 붙잡아 놓으면 6

개월, 1년은 더 할 수 있을지 모르나 결국 같은 문제로 회의감에 빠지게 되어 있다.

떠나야만 알 수 있는 것들

———————— 나는 스타트업 생활을 하면서, 한 회사를 떠나기로 마음먹은 사람이 설사 설득되어 남는다 하더라도 1년을 넘기는 것을 거의 보지 못했다. 회사의 멤버들 전체, 기업 문화가 송두리째 변하지 않는 한 그 멤버가 겪는 문제는 결코 하루아침에 바뀌지 않는다. 또 같은 문제로 고민하다 그리 멀지 않은 시간에 다시 회사를 떠나겠다는 말이 나오곤 한다. 성심을 다해 두 번이고 세 번이고 말리지만 그럼에도 떠나고자 할 때는 애써 웃음 지으며 놓아주어야 한다. 그래야 그 친구도 다른 곳에 가서 다른 멤버들과 다른 기업 문화를 경험하며 우리 회사와 비교할 수 있는 안목이 생기기 때문이다. 스타트업에 있는 사람들은 아직 우리 회사와 다른 회사를 비교할 수 있는 경험과 안목이 부족하기 때문에 아무래도 이유 없이 남의 떡이 커 보이기 쉽다.

지금 몸담고 있는 회사는 이러저러한 문제가 많고, 다른 멋진 회사들은 다 큰 로켓 같고 별 문제가 없어 보인다. 왠지 지금 다른 로켓에 올라타면 더 많이 배울 것 같고 나중에 더 멋진 성공도 할 수 있을 것 같다. 그때 회사를 돌아보면 답답한 아이템과 별로 자극을 주지 못하는 사람들, 그리고 식상해진 문화에 대해 회의감만 들게 마련이다. 그런 것이 지극히 당연하기 때문에 다른 회사를 가고 싶을 때에는 실제로 가보아야 하는 것이다. 다른 회사에 가보면 그제

서야 스스로 깨닫는다. 여기도 크게 다르지 않다는 것을. 스타트업은 대부분 같은 고민을 하고 비슷한 내부 갈등을 겪는다. 다른 큰 회사로부터 비슷한 무시도 받는다. 똑똑한 사람만 있는 것 같지만 시간이 조금만 지나면 나보다 못한 사람이 들어와 나와 비슷한 대우를 받기도 한다. 전에 없던 새로운 회사가 나타나 금세 더 멋진 로켓이 되곤 한다.

그런 과정을 거치며 스스로 느껴야만 한다. 내가 앉았던 자리가 그리 나쁘지만은 않은 자리였다는 것을. 그럼에도 회사를 나온 것을 후회할 필요는 없다. 다른 회사에 왔기 때문에 깨달은 진실이기 때문이다. 물론 옮긴 회사가 전보다 만족스러울 수도 있다. 회사는 저마다 다른 회사보다 잘난 구석이 있는가 하면 못난 구석도 있다. 모든 것이 완벽한 회사를 바라는 것은 그저 욕심이다. 그 욕심을 깨닫고 부족한 부분을 메우는 것은 나 자신이라는 것을 느껴야만 한다. 그런 배움은 회사를 나가서 다른 회사를 직접 겪으며 스스로 얻는 수밖에 없다.

나는 누군가 나가기로 결정을 했다면 그를 웃으며 보내줄 수밖에 없다는 것을 깨달았다. 그리고 진정으로 그 사람과 다시 오래 같이 일을 하고 싶다면 더 많이 야생으로, 험지로 마음껏 돌고 돌도록 응원해야 한다고 생각한다. 그 사람이 원하는 모든 조직을 다 겪고, 궁금해 하던 미지의 분야와 업무를 다 경험하고 나서 다시 만나면 이제는 더 이상 혼란스러워 하지 않을 것이기 때문이다. 더는 몸은 나와 함께하면서도 마음은 다른 회사를 부러워하지 않을 것이요, 경험해보지 않은 미지의 분야를 궁금해 하느라 우리가 정작 해야 하는 일에 집중하지 못하는 일도 없을 것이기 때문이다.

부메랑 멀리 던지기

──────── 나는 그것을 '부메랑 멀리 던지기'라 부른다. 진정으로 같이 더 오래 일을 하고 싶은 사람이라면 내가 아무리 아끼고 사랑해도 그가 다른 회사로, 다른 분야로, 다른 꿈을 가지고 떠나는 것을 나쁘게 생각하지 않는다. 당장은 못보고 같이 얼굴 맞대고 일을 못하는 것이 몹시 슬프긴 하다. 그래도 운명과 시간의 힘으로 몇 년이고 멀면 십여 년이라도 지나 다시 만나 일하게 될 날을 꿈꾸기 때문이다. 그때가 되면 서로의 경험이 월등히 쌓여 우리는 더 나은 작품을 세상에 내놓을 수 있을 것이다. 겪어야 할 것을 이미 다 지나왔기에 무엇이든 더 집중해서 임할 수 있을 것이다. 이미 우리는 모든 분야에서 완벽한 회사는 없다는 것도 알고 우리 자신이 그 부족한 부분을 보완하는 마지막 퍼즐이라는 사실도 이해하고 있을 것이다. '부메랑 멀리 던지기'를 통해 아쉬움 속에서도 웃으며 떠나보낸 이들이 언젠가 시간차를 두고 다시 돌아와 같은 꿈을 꿀 때, 나는 정말 행복할 것이다. 과거에 멋진 이들과 일을 했고, 그들이 더 많은 경험을 할 수 있도록 쓰린 가슴 숨기고 포옹하며 보냈던 과거의 나에게 진심으로 감사할 것이다.

나는 오늘도 마음이 몹시 쓰리지만 좋은 친구가 작별을 고하는 것에 대해 응원을 보낼 수밖에 없다. 그것이 젊은 사장의 가장 중요한 마음가짐인 것 같다. 사람의 성장을 돕고 함께 더 빛날 후일을 도모하는 것. 이것을 배우는 데 너무 오랜 시간이 걸렸다. 그 때문에 웃으며 행복하게 보내지 못한 너무 많은 슬픈 인연들이 있다. 참으로 못났던 나의 어린 시절을 반성하며 앞으로는 함께하는 이들의 인생에 도움이 되는 사람으로 살겠다는 다짐을 한다. 그저 같이 일하는 사장이 아닌 함께 자라는 사람이 되어야 한다. 나를 떠나는 또 한 명의 동료에게 아린 마음에 사랑을 담아 뜨거운 건투를 빈다.

누구의 조언을 들을 것인가?

선배들 조언의 한계

창업을 하게 되면 조언자가 절실하다. 대부분 첫 창업이다 보니 의사 결정할 때 모르는 것이 많고 불안하다. 특히 사업이 생각대로 안 풀릴 때는 어디 하소연 할 곳도 없고 답답하다. 그러다 사업을 먼저 해본 사장, 혹은 비슷한 분야에 종사해온 선배를 만나면 그렇게 반가울 수가 없다. 내 이야기를 쭉 들려주면 '아, 너는 지금 이러저러한 단계에 와 있구나. 나도 비슷한 일을 겪었어. 그때는 이렇게 하면 좋단다' 하고 대안까지 제시해준다. 길이 끊긴 것 같은 곳에서 헤매고 있던 내게 큰 용기가 생긴다. 그 선배와 계속 교류하고 선배의 의견을 깊게 신뢰하게 된다. 이것이 내가 사업 초기에 겪었고 사업을 하는 누구나 비슷하게 겪는 과정일 것이다.

위자드웍스의 첫 서비스였던 위자드닷컴을 내놓은 지 두 달이 채

안 된 시점에, 이름만 대면 아는 회사가 좋은 조건에 투자 제안을 해왔다. 그 당시 존경하며 멘토로 모시던 지도교수께 투자안을 들고 갔다. 교수님은 쭉 보곤 딱 한마디 하셨다. '철민아, 너희는 아직 라면 덜 먹었다.' 그 말씀을 듣고 곧바로 돌아가서 투자 제안을 거절했다. (그 이후로 10년을 더 라면 먹었다. 스물둘 어린 나이에 큰돈을 투자 받았다면 아마 크게 망가졌을 것이라고 생각해 후회는 없다.)

당시 그 교수님 연구실에 있던 박사 과정 학생이 IT업계의 유명한 기획자였다. 그는 시간을 내어 우리 계획을 들어주었다. 당시로는 거의 유일하게 우리를 지지했다. 아직은 시대의 흐름이 안 왔을지 모르나 자기가 볼 때는 금방 올 것이라 했다. 우리는 그 후 서비스를 3년간 계속 개발했고 생각한 모든 기능을 다 구현했다. 하지만 조류는 그때도 이후에도 오지 않았다. 우리가 중간에 '이 길이 아니다' 싶어 방향을 틀지 않았다면 아마 회사는 예전에 문을 닫았을 것이다.

이후 다시 헤매고 있을 때 두 분의 선배를 만났다. 한 분은 같은 창업보육센터에 입주해 있던 분이고 다른 한 분은 소개 받았다. 창업보육센터의 사장님은 인터넷으로 자유여행 계획을 세우는 일을 했고 나보다 여섯 살이 많았다. (그때는 되게 많은 줄 알았는데 생각해 보면 지금의 나보다 어린 스물여덟이었다.) 그는 처음 만난 자리에서 굉장히 통찰력 있는 조언을 쏟아냈다. 나는 감격했고 이후 오랜 시간 그의 조언을 진리처럼 간직했다. 어찌 저리 명쾌하게 내 문제를 정리할 수 있단 말인가! 역시 선배라는 분들은 정말 대단하다고 생각했다. 소개 받은 다른 대표님도 비슷했다. 그분은 데이팅 서비스를 운영하고 있었다. (독자들은 데이팅이라 하면 '이음'을 떠올릴지도 모르겠으나 이음이 나오기 몇 년 전의 일이다.) 업종은 서로 달랐지만 그의 조언도 굉장히 와 닿았다. 그분은 닷컴 1세대라 사업을 10년 가까이 해서 연배도 꽤 차이가 많이 났다. 그럼에도 내 상황을 정확히 이해하고 큰 도움이 되는 조언을 주셨다. 이후에도 여러 번 만나며 많이 배웠다. 위의 두 분 대표님들이 당시 주었던 조언들은 최근까지도 내 메모장에 저장되어 있었다. 시간이 10년 가까이 흘러 이제는 별로 와 닿지 않는다. 아무래도 시대도 변했고 나도 나름의 경험들을 하며 살아온 까닭일 것이다.

사업 초기에 멘토들이 주는 조언은 매우 값지지만 그 한계도 명확하다. 교수님과 박사님, 그리고 두 사장님의 조언들은 다 저마다의 논리가 있고 이유가 있지만 결국 모두 가정이었다. '이렇게 하면 이렇게 될 것이다' 하는 가정으로 조언을 한 것이다. 나보다 다들 경험이 많으므로 그들의 가정이 내 가정보다 더 실현 가능성이 높을 수 있다. 그러나 그들도 명확한 정답을 가지고 있던 것은 아니었다는 말이다. 그럼에도 당시의 나에게 그들의 조언은 적극적으로 수용되었다. 사장이 필요로 할 때 제시되어 효과적으로 수용되었다면 그것은 당시로써는 분명 좋은 조언이다. 나중에 봐서 터무니없는 결정이었다 해도 결정 당시 수용되었으면 그것이 딱 그때 사장의 수준인 것이다.

한참 지나고 다시 봤을 때 스스로 고른 길이 잘못된 것이었다고 생각되면 그것은 내가 전보다 조금 성장한 것일 테다. 과거 내가 선택하고 수용한 것을 괴로워할 필요는 없다. 내게 조언 준 사람들을 비난할 이유도 없다. 수용은 내가 했고 그들에게 질문한 사람도 나다. 딱 그때의 내가 엉뚱한 질문을 하고 잘못된 수용을 하는 걸음마 사장에 지나지 않았던 것이다. 그러니 과거보다 한 단계 성장했다는 사실에 그저 안도하면 되는 것이다. 다행히 사장은 시간 지나면서 조금 더 나은 질문을 할 수 있게 된다. 조금 더 옳은 선택과 수용도 할 수 있게 된다. 더 좋은 대안을 제시할 수 있는 사람들을 만날 기회도 늘어난다. 그것이 많은 어려움을 참고 사업을 계속하는 이유다. 영원히 바보인 사장은 없다. 다만 바보를 빨리 탈출하려면 바보 같은 선택도 많이 해봐야 한다. 그래서 돈도 잃고 사람도 잃어봐야 자기만의 경험적인 필터가 생긴다.

'선후, 경중, 완급'

사업이 좀 궤도에 오른다 싶으면 사장 주위에 한마디씩 거드는 사람은 점점 많아진다. 그런 때 사장이 나름의 경험을 통해 자신만의 필터를 만들어놓지 못하면 여러 조언에 흔들리게 마련이다. 나만 해도 앞서 소개한 분들은 극히 일부 사례일 뿐, 사업 초기 조언을 주신 분들이 족히 기백 명은 되었다. 그분들 말씀이 다 너무나 주옥같고 성장에 도움이 되었다. 그러나 모든 의견을 다 회사에 수용하고 반영하려 했다면 아마 회사가 금방 산으로 갔을 것이다. 그렇다고 사장이 너무 귀를 닫고 아집에 빠져서도 안 된다. 사업은 혼자 하는 게 아니므로 주주 의견도 있고 고객 의견도 있다. 직원들의 의견도 매우 많다. 그러니 최대한 다 만나 듣고 자기만의 필터를 가동해야 한다. 들은 의견 중 무엇을 진행하고 진행하지 않을지, 진행하면 시기는 언제로 할지, 진행 규모는 어떻게 할지를 두루 잘 정하는 것이 바로 사장의 당시 수준이다.

이와 관련해 귀감이 되는 좋은 조언이 있다. 나는 한 선배의 블로그를 통해 처음 본 내용인데 찾아보니 춘추전국시대 귀곡자라는 중국 사상가의 이야기라 한다. 요컨대 일을 할 때 '선후(先後), 경중(輕重), 완급(緩急)'을 따지면 굉장히 좋은 필터가 될 거라는 내용이다. 해석하자면 '무슨 일을 먼저하고 무슨 일을 나중에 할 것인지, 무슨 일이 지금 더 중요하고 무슨 일이 조금 덜 중요한지, 무슨 일을 힘주어 빨리 하고 무슨 일을 좀 천천히 진행할지를 잘 가려야 한다'는 말이다. 회사가 하고 싶어 하는 일이 많기 때문에 이런 기준들은 좋은 필터가 될 것이다. 물론 자원이 턱없이 부족한 스타트업으로서는 꼭 필요한 핵심만 하고 나머지 부수적인 일은 모두 버리는 전략도 좋은 필터일 수 있다. 어떤 기준을 정하고 필터를 만들어 적용할 것인지는 업종과 업력에 따라 완전히 다르다고 생각한다. 그 모든 판단은 사장이 하고 책임도 사장이 진다.

내 사업 최고의 전문가는 바로 자신

초보 사장 시절 때나 베테랑 사장이 되서나 어느 때든 주위에 찾으면 조언자는 항상 있다. 그들은 나를 생각해 진정한 의견을 주지만 사업에 대해 사장만큼 잘 아는 전문가는 세상 어디에도 없다. 조언자가 아무리 훌륭한 선배이든 박사이든 간에 사장인 나보다 우리 사업의 미래에 대해 잘 알 수는 없는 것이다. 만약 타인들이 나보다 내 사업에 대해 더 잘 알 것 같으면 사실 그 사업 내가 해서는 안 되는 것 아니겠나? 따라서 조언은 열심히 구하되 어디까지나 좋은 참고 자료로 삼고 내 길은 결국 내가 그려가야 한다. 잘 모르겠더라도 열 번 스무 번 시나리오를 고치고 또 고쳐 본인 스스로의 결론을 내야 한다.

우리가 성공하면 어차피 많은 조언자들은 다 자신의 의견이었다고 자랑스럽게 말할 것이다. 실패하면 아무도 자기 의견대로 해서 망한 것이라고 말하지 않고 뒤로 숨을 것이다. 그러니 그냥 성공하면 의견을 낸 모두를 치켜 세워주라. 다들 자기 의견 들어 성공한 것이라 말할 때 웃으며 맞다고 화답해주라. 사장이 결정 내린 것이었다 해도 그게 무슨 상관이랴. 어쨌든 내가 잘 모를 때, 우리 회사가 아무것도 아닐 때 잠깐이나마 귀 기울여주고 의견 낸 소중한 사람들이니 말이다. 다들 우리 회사 주식도 한 주 없는데 그렇게라도 보람을 조금 줄 수 있다면 작게나마 은혜를 갚는 일이 아닐까?

어느 날부터 나에게도 후배들이 생겨 몇 마디 조언을 해주었다. 그러다 보니 예전 선배들이 내게 이런 마음으로 가르침을 주셨구나 싶다. 무엇을 얻어보겠다는 마음이 아니라 정말 후배들이 멋진 제품을 만들고 좋은 회사를 만들어가는 모습을 내 눈으로 보고 싶은 마음이 들 때가 있다. 그들이 지하 골방의 어려운 환경에서 고군분투하며 무언가를 만들어 회사의 형태를 갖춰가는 모습을 보면 그렇게 뿌듯할 수가 없다. 그럴 때는 나를 선배 삼아주고 부족한 의견에 귀 기울여주는 것에 오히려 감사함을 느낄 때가 많다. 예전에 많은 선배들이 나를 보며 이런 생각을 가졌겠구나 생각하면 새삼 뭉클해질 때가 있다. 그 선배들의 일방적인 사랑과 은혜에 보답하기 위해서라도 꼭 의미 있는 일을 하는 후배가 되고 싶다는 생각을 한다.

내 작은 조언도 누군가에게 그런 다짐을 할 수 있는 계기가 된다면 이는 참으로 행복한 일일 것이다. 그런 마음으로 내 실력과 성취가 일천함을 알면서도 지난 세월 시간을 쪼개어 선배들의 배움을 후배들에게 열심히 나누어 왔다. 이 책 또한 그런 노력의 일환이다. 모든 의견과 상황에 대한 판단은 사장이 가장 잘한다. 나는 다만 이 조언들이 그저 생각해볼 가치가 있는 의견 중 하나가 된다면 그걸로 충분히 기쁠 것이다.

CHAPTER 3

스타트업 스타트하기

어떨 때 승부를 걸고 어떨 때 2보 전진을 위해 1보 후퇴하느냐를 계획하는 힘이 내가 볼 때 사장이 회사를 잘 이끌어가는 힘이다. 항상 승부를 걸려고만 하다가는 판(시장)이 안 좋을 때 안 좋은 패(사업)를 들고 있음에도 올인하는 것과 같다. 아닌 판에 아닌 패를 들고 있을 때는 다음 판에 더 좋은 패를 들고 등판하기 위해 몸을 사릴 줄도 알아야 한다. 그것이 스타트업이 오래 버티는 방법이요, 지금 어떤 일을 할 것인가에 대한 나의 의견이다. 뒤에도 여러 번 이야기하겠지만 사업을 잘 하려는 사장은 이것을 잊지 말기를 바란다. 잔잔한 바다에 10년 만든 항공모함 띄우는 것보다, 집채만 한 파도에 단출한 뗏목 하나 띄우는 것이 훨씬 더 멀리 간다. 무슨 일을 할 것인가? 그것은 전적으로 '우리는 누구인가?', '지금은 어떤 때인가?'에 먼저 답을 해야 결정할 수 있는 문제다.

창업 멤버의 조건

누구와 시작할 것인가

스타트업을 시작할 때 어떤 사람들과 같이 해야 할까? 우선 같이 일을 해봤거나 오랜 시간 겪어온 사람이 좋다고 생각한다. 창업 과정은 물론 창업 이후 예상치 못한 상황에 숱하게 처하게 된다. 그때마다 익히 겪어온 사람은 대략 어떻게 행동할지 예측 가능하다. 상대방도 내 생각과 행동 양식을 대략 알고 있다. 따라서 의사 결정 과정에 오해가 생길 가능성이 모르는 사람과 일하는 것보다 훨씬 적다. 그럼 매번 서로의 생각과 행동을 설명하는 시간을 쓸 필요가 없다. 즉, 커뮤니케이션 비용을 최소화할 수 있다. 생존을 위해 한시가 바쁜 스타트업으로서는 불필요한 시간 소비를 줄일 수 있는 자체가 경쟁력이다. 아직 내다팔 상품도 없고 변변한 자본도 없는 초기 팀에서는 오로지 가진 자원이 시간뿐이다. 따라서 실행의 시간을 가장 절약할 수 있는 멤버들과 초기 팀을 짜는 게 가장 중요하다. 그런 의미에서 최초 팀 세팅에서 가장 염두에 두어야 할 것은 멤버들이 서로에 대해 얼마나 알고 믿고 신뢰하는가이다. 멤버들 간의 이해와 신뢰의 정도와 창업 후 사장의 머리를 아프게 할 조직 문제의 발생 빈도는 정확히 반비례할 것이라 나는 확신한다. 그렇게 이해와 신뢰가 높은 사람들 중에서도 어떤 이들과 시작하는 것이 좋을까?

우선 다른 일로 너무 바쁘지 않은 사람을 꼽고 싶다. 실력 있는 사람들은 여기저기서 인정받기 때문에 바쁘기 일쑤다. 초기 팀이라면 사장과 당장 머리 맞대고 고민할 거리가 너무 많다. 가깝게는 어디에 사무실을 구할지부터 어떤 제품을 만들어 팔지, 돈은 어떻게 벌지, 직원은 어떻게 뽑을지 결정해야 하는 것들이 산더미다. 그런 초기 팀에서 멤버가 너무 바쁘거나 다른 일로 머리의 일부분을 나눠 써야 한다면 일이 제대로 돌아갈 리 없다. 얼마나 우리 일에 온전히 올인하고 집중할 수 있는지 최우선으로 봐야한다. 요컨대 자기 '시간'을 온전히 내어줄 수 있는 사람이 으뜸이라는 것이다.

그 다음 고려 요소가 '실력'이라고 생각한다. 실력의 중요성이야 딱히 강조할 필요 있을까? 다만 이렇게 말하고 싶다. 사장도 완벽할 수 없기에 스타트업은 중간중간 초기 계획을 계속 수정하게 된다. 그럴 때 팀에 사장이 실력을 신뢰하는 사람들이 있다면 사장은 그들의 의견을 존중하고 자기 생각을 철회할 수 있을 것이다. 그러나 실력에 대한 신뢰가 없다면 과연 사장이 얼마나 그들을 존중하고 자기 생각을 철회할 수 있을까? 따라서 실력 있는 멤버들의 존재는 초보 사장의 오판과 조직적 시간 손실을 줄여줄 수 있다. 이렇듯 팀이 경직되지 않고 사장부터 자기 생각이 틀릴 수 있음을 인정하게 한다는 점에서 팀에 실력자가 합류하는 것은 중요하다. 단지 시간 손해를 줄이는 것뿐 아니라 실력자들은 조직의 일하는 문화를 한 단계 업그레이드 시킨다. 다른 사람들은 실력자들이 일하는 방식을 보고 배운다. 그들이 쓰는 문서, 메일이 회사의 표준이 되고 회사 수준도 올라간다.

세 번째는 '구성원의 다양성'을 염두에 두는 것이다. 예전에 나는 내 성향에 맞는 멤버로만 초기 팀을 구성하기를 좋아했다. 기본적으로 '생각하면 즉시 시작하고 본다'는 성향이 강해 나와 같은 속도로 맞춰줄 수 있는 팀을 선호했다. 그랬더니 문제가 여러 번 발생했다. 추진하다 어그러진 프로젝트가 많았다. 그 이유를 복기해보니 행동으로 옮기기에 생각이 아직 다듬어지지 않은 경우가 많았다. 조직 역시 효율적으로 운영하지 못했다. 다른 더 중요한 일에 써야 할 에너지와 시간을 낭비했다. 돌아보면 스타트업을 한 15년여간 굳이 안 해도 될 일에 허비한 시간이 최소 5년은 되는 것 같다. 지금은 이런 문제의 원인이 바로 내 성향에 맞는 사람으로만 팀을 꾸린 데 있었다고 생각한다. 행동 전에 면밀히 아이디어를 진단하거나 문제 제기하는 사람이 조직 내에 별로 없었던 것이다. 애초에 그런 사람은 승선시키지 않았기 때문이다. 나는 오랜 시간 스타트업은 속도만이 생명이라고 생각했던 까닭이다. 그러나 요즘은 실행의 속도보다 생각의 깊이를 따진다. 더 오래 고민한 후에도 여전히 유효한지, 아무리 생각해도 타당한지 보는 것이다. 아이디어를 즉시 실행에 옮기지 않고 머릿속에서 일정기간 묵히고 주변에 물어보며 걸러내다 보면 오래 살아남는 게 별로 없다. 그렇게 끝까지 살아남은 아이디어는 힘이 세다. 고로 생각 즉시 행동하기보다 오래

묵혀 살아남은 생각을 실행하는 것이 조직에 훨씬 득이 된다.

새로 창업을 한다면 내 생각을 빠르게 실행에 옮길 수 있는 사람도 뽑겠지만 그렇지 않은 사람도 초대할 것이다. 나와 생각이 다른 사람에게 요직을 주어 내 아이디어에 대해 끊임없이 비판하도록 할 것이다. 그러면 그 아이디어가 제품으로 만들어져 세상에 나가기 전에 이미 내부에서 많은 문제를 확인할 수 있을 것이다. 유의해야 할 점은 살림에 맞는 다양성을 추구해야 한다는 것이다. 자본도 없고 아직 제품도 없는데 다양성을 고려한다고 너무 많은 사람을 뽑고 시작해서는 안 된다. 여기서 다양성은 의견과 관점이 다른 사람들과 함께한다는 의미이지, 단지 수적 다양성을 말하는 것은 아니다. 이렇듯 다양한 관점을 지닌 구성원과 함께할 때에도 가장 기초가 되는 것은 신뢰다. 내가 인간적으로나 실력으로 인정하는 사람이 내 의견에 반대하는데 귀 기울이지 않을 사람은 별로 없다. 기본적으로 신뢰를 전제로 하지 않으면 누가 무슨 이야기를 하든 소귀에 경 읽기가 된다.

'원 팀'을 만들자

마지막으로 추가하고 싶은 것은, 팀에 원만히 융합될 수 있는 사람이다. 우리가 사람을 구하다 보면 실력은 괜찮은데 아주 어두운 성격의 소유자가 있다. 이런 경우는 여러 번 급해서 뽑아 보았는데 다른 조직원들과 융합되기가 참 어려웠다. 우리가 적어도 하나가 되지는 못할망정 팀워크에 해가 되는 사람을 들여서는 안 된다. 열심히 하려는 사람도 맥이 빠지기 때문이다. 따라서 모두 좋은 팀워크로 일하려면 가급적 긍정적인 성격의 소유자들이 함께해야 한다. 또한 초기 팀은 단 한 명이라도 낙오되지 않도록 사장이 세심한 주의를 기울여야 한다. 그러니 차라리 시간이 더 오래 걸리더라도 완전히 서로 편하게 일할 수 있는 '원One 팀'을 만들어 줄 의무가 있다.

창업 팀의 수는 적을수록 좋다고 생각한다. 너무 분야별로 구색을 다 갖추고 시작하려 하면 비효율이 생긴다. 처음에는 사장과 한두 명이 일당백을 해야 한다. 그러다 꼭 별도로 빼야 하는 업무가 생기면 그때 가서 한 명씩 늘려가는 것이다. 최소 인원을 유지하는 게 나중에 지분을 나눌 때도 좋다.

한편으론 어렵게 모은 초기 팀이 별로 자기 기대 수준에 못 미칠 수도 있다. 그러나 명심하길 바란다. 지금 내가 모을 수 있는 사람들의 수준이 딱 현재 나의 수준이다. 그러니 기대에 안 찬다면 그것은 자기 수준을 과대평가하고 있는 것 이상도 이하도 아니다. 그러니 회의감을 가질 시간에 부단히 레벨업을 위해 뛰는 편이 낫지 않을까?

자, 초기 팀을 잘 꾸렸다면 이제부터 본격적으로 사업의 닻을 올려보자!

안정적인 회사 형태와 지분율

회사의 형태 정하기

창업 초기 멤버의 윤곽이 어느 정도 잡히고 나면 이제 본격적으로 회사를 세우게 된다. 보통 스타트업은 법인으로 설립하게 되지만 아직 지분 구성이나 자본 규모 등에 대해 결정이 안 됐으면 우선 개인사업자로 회사를 만들어놓고 추후에 법인으로 전환하기도 한다. 당장 사업자등록번호가 필요한 경우가 있기 때문이다. 예를 들면, 기업용 클라우드 서비스를 이용해야 한다거나 카드 결제 가맹점 등록을 해야 할 경우다. 개인사업자인 경우 우리 국민이라면 누구나 세무서에 찾아가 30분이면 사업자등록번호를 받을 수 있다. 따라서 본격적인 사업 활동을 하기 전에 임시로 활용하기도 한다.

회사 형태를 개인사업자로 당분간 유지할 것인지 법인사업자로 변경할 것인지, 또는 처음부터 둘 중 무엇으로 설립할 것인지는 서로 장단점이 분명하므로 따져보면 된다. 개인사업자는 주식을 발행할 수 없지만 법인사업자는 주식을 발행해 외부 투자를 유치할 수 있다. 따라서 다 내 돈으로 사업할 게 아니라면 법인으로 설립하는 게 마땅하다. 또한 창업 멤버들과 지분을 나누기도 법인이 유리하다. 그러나 법인이 되면 연말에 회계법인에 맡겨 결산을 해야 하는 등 (보통 150~200만 원의 비용이 매년 발생한다.) 기본적으로 법인을 유지하기 위한 비용이 든다. 그럼에도 기업 활동을 계속 해나갈 것이라면 법인격을 갖춤이 여러모로 유리하다.

법인사업자가 개인사업자보다 유리한 점

법인사업자는 주식 발행이 가능해 외부 투자 유치가 용이하다. 법인사업자는 법인세를 내고, 개인사업자는 소득세를 낸다. 법인세는 아무리 많이 벌어도 최고 세율이 22%인 반면, 개인사업자는 많이 벌면 최고 세율이 38%다. 동네 식당이 대박 나면 법인으로 전환하는 이유이기도 하다. 개인사업자는 대표 급여와 퇴직금을 비용으로 인정받지 못하지만, 법인사업자는 비용으로 인정받는다. 전반적으로 법인의 경우 비용으로 인정받는 항목이 많아 절세에 유리하다.

회사 이름 앞이나 뒤에 (주) 또는 (유) 자를 붙일 수 있으므로 신뢰감이 상승한다. 많은 거래처들은 개인사업자와 거래하는 것을 회사가 지극히 영세하다고 생각해 우려한다. 과거에는 법인 설립을 위한 최소 자본금이 5천만 원이었다. 그러므로 법인이면 적어도 아주 영세하다고 보지는 않은 것이다. 그러나 지금은 법이 개정돼 최소 자본금이 100원이어도 법인 설립이 가능하다. 따라서 과거보다는 법인격의 공신력이 조금 상쇄된 것은 사실이다.

회사가 망했을 때 개인사업자는 100% 자기가 책임을 져야 하지만, 법인사업자는 대표가 보유한 지분만큼만 책임을 진다. 이런 용어를 상법에서는 유한책임이라고 한다. 즉 대표가 지분의 33%만 가졌다면 회사가 망해 회사 빚을 떠안는 상황이 돼도 33%만 떠안으면 되는 것이다. 물론 이론은 그렇지만 실상은 좀 다르다. 보통 은행은 스타트업 대표가 지분을 얼마나 가지고 있는지와 관계없이 대출의 100%에 대한 연대보증을 개인에게 부여한다. 아직은 회사가 담보도 없고 변변한 신용도 없기 때문이다.

초기 스타트업의 자본금 마련

설립할 회사의 형태를 정했다면 그 다음 할 일은 자본금을 얼마로 할지, 누구에게 조달할지를 정해야 한다. 내 돈으로 하는 게 남의 간섭이 없어 가장 편하긴 하다. 하지만 내 수중에 돈이 별로 없을 수도 있고 리스크를 혼자 모두 지는 것이 부담스러울 수도 있다. 따라서 보통은 설립 자본금은 초기 창업 멤버들과 나눠 부담을 한다.

자기나 창업 멤버들이 가진 돈이 목표치보다 적으면 보통 '3F'로 불리는 사람들에게 SOS를 치게 된다. 여기서 F는 각각 'Family(가족들), Friends(친구들), Fools(바보들)'이다. 가족과 친구들은 가까운 내가 창업을 한다니 십시일반으로 투자해줄 수 있다. 바보들이란 내 가족도, 친구도 아니지만 내 말만 믿고 아무 실체도 없는 초기에 투자하는 사람들을 일컫는 실리콘밸리식 농담이다. 그만큼 성공 확률이 안 보일 때 투자하는 사람들이란 것이다. 신기하게 회사마다 들여다보면 이 마지막 F들이 꼭 있다. (물론 그들은 회사가 성공하는 경우에는 엄청난 이익을 본다.)

보통 내 수중의 얼마 안 되는 돈과 창업 멤버들의 비슷한 돈, 3F들의 적극적인 도움으로 설립 자본금이 마련된다. 요즘은 최소 자본금 요건이 없어져 너무 다행이라고 생각한다. 옛날에는 회사 설립을 위해 5천만 원을 하루 동안 빌려주고 큰 이자를 받는 회사들이 엄청 많았다. (일종의 고리대금업자다.) '주금 가장 납입'이라 부르는 행위로, 회사의 시작 단계부터 분실 회계를 만드는 주범이다. 법인 설립의 최소 자본금 완화는 10년이 넘는 업계의 줄기찬 건의로 중소기업청과 벤처기업협회가 함께 이룬 훌륭한 제도 개선이다.

설립 자본금을 1천만 원이든, 2천만 원이든 만들어 설립을 하고 나면 그 돈을 금방 쓴다. 그러고 나면 다시 돈을 마련해올 필요가 있다.

회사가 돈이 떨어져 돈을 마련하는 방법

첫째, 상품을 팔아 돈을 버는 방법이다. 즉, 매출이다. 그러나 스타트업은 아직 갖다 팔 상품이 없는 경우가 많다.

둘째, 투자를 더 받는 방법이다. 다시 지난번에 안 만난 3F들을 찾아다니며 투자를 조금 더 받는다. 이 단계에서는 이제 3F들의 소개로 전혀 모르는 사람들에게도 사업 설명을 하며 투자를 받으려 노력한다. 내가 가진 아이디어나 아이템에 설득력이 있다면 열심히만 돌면 반드시 투자할 사람은 생긴다. 또한 이 단계에서 많이들 프라이머나 매쉬업엔젤스, 스파크랩스와 같은 스타트업 인큐베이터의 인큐베이션 프로그램에 지원하게 된다. 그러면 3천만 원에서 5

천만 원 내외의 초기 투자금과 함께 훌륭한 교육 프로그램 및 인적 네트워크를 얻을 수 있어 매우 권장한다.

셋째, 돈을 빌려오는 방법이다. 투자를 받으면 주식을 주어야 하는데 그러면 내 지분율이 떨어진다. 아직 제품 나오지도 않았는데 내 지분을 줄이기 싫다면 어디서 돈을 꿔오면 된다. 아직 제품도 없는 스타트업에게 돈을 빌려줄 사람들은 다시 3F밖에 없다. (그래서 평소 인간관계가 참 중요하다.)

정말 다행인 것은 이런 문제를 해소하기 위해 나라에서 훌륭한 기관을 세워 놓았다는 것이다. 우리나라에는 기술보증기금이라는 기관이 있다. 여기서는 창업자가 자기가 가진 기술에 대한 평가 신청을 하면 소정의 평가 과정을 거쳐 은행에 대신 보증을 서준다. 즉, 은행이 담보도 없고 신용도 없는 신생 스타트업에 대출해줄 리 만무하므로 기술이 있는 국민들의 창업을 돕기 위해 대출을 받는 길을 열어준 것이다. 물론 보증을 받으려면 특허나 창업 팀의 배경 등 소정의 기술을 입증할 수 있는 사업계획서를 제출하고 심사를 받아야 한다. 요즘은 특히 청년창업 특례보증, 지식재산 평가보증 등 더욱 세분화된 보증 프로그램을 마련해 문호를 개방하고 있으니 창업자로서는 고려해볼 만하다.

잊지 말아야 할 것은 이건 어디까지나 빚이다. 정말 우리가 계획한 사업을 잘 운영해 일정 기간 이후 착실히 갚아나갈 수 있는지 따져본 후에 돈을 써야 한다. 또한 이 단계에서 돈을 너무 많이 빌려도 문제가 된다. 기술이 괜찮아 2억 원짜리 보증서가 나왔더라도 필요한 자금이 5천만 원이라면 일단 그만큼만 대출을 일으켜야 한다. 회사가 통장에 너무 많은 돈을 가지고 있으면 필시 부주의와 과

소비가 동반된다. 주주가 준 자본금도 마찬가지다. 통장에 투자를 너무 많이 받아 들고 있으면 올챙이 때 기억 금방 까먹고 과소비를 하게 된다. 심지어 매출도 없는데 투자금을 까먹으면서 말이다. 따라서 대출을 받든 투자를 받든 항상 살짝 배고픈 정도가 유지될 만큼만 통장에 쌓아두고 있기를 권한다.

초기 스타트업 자금 조달의 마지막 방법은, 각종 지원금을 타는 방법이다. 스타트업 경진대회에 나가 상금을 받거나 대학교나 정부, 인큐베이터 등으로부터 각종 지원금을 받는 방법이 있다. 상금으로 대표되는 이런 지원금은 창업 팀의 지분율이 줄어드는 투자도 아니고 갚아야 하는 빚도 아니기 때문에 대단히 이상적인 돈이다. 하지만 상이라는 것이 우리가 계획한다고 받을 수 있는 것도 아니고 돈이 필요할 때 딱 나타나주는 것이 아니기 때문에 사실상 우리가 적극적으로 고려할 수 있는 유형의 돈은 아니다. 그러나 스타트업 초기에는 어떤 식으로든 살아남아야 하기 때문에 상금이나 지원금을 받을 수 있는 모든 행사나 이벤트, 대회에는 적극적으로 도전해보는 것도 좋다고 생각한다. 물론 대회에 집중하느라 정작 사업 추진을 못하는 주객전도가 일어나서는 안 되겠지만 말이다.

지분을 어떻게 나눌 것인가?

창업 멤버가 여럿이고 대부분 첫 창업인 경우 지분을 어떻게 나눌지가 매우 민감한 문제가 된다. 한 가지만 기억하기를 바란다. 사장이 많이 가져야 한다. 셋이 공동 창업했다고 셋이 33%씩 나누면 둘만 마음먹으면 언제든 사장을 바꿀 수 있다. 그런 지분 구조를 가진 스타트업은 불안해서라도 VC(벤처투자회사)가 잘 투자하지 않는다. 따라서 사장이 다른 공동 창업자보다 가지는 업무의 역할과 책임이 많은 만큼 당연히 지분도 더 많이 가져야 한다. 물론 초기 설립 자본금을 낼 때 사장은 돈이 별로 없어 적게 내고 공동 창업자는 여유가 있어 더 많이 낸 경우도 있을 것이다. 이러면 애초부터 불안 요소를 지닌 지분 구조가 된다. 공동 창업자가 나가면 어떡할 것인가? 회사 밖에 1대 주주가 있는 것이다. 그런 회사에 어떤 VC가 안정감을 갖고 투자를 하겠는가?

꼭 기억해야 할 것은, 낸 돈의 액수를 떠나 팀을 모았고 앞으로 이끌어야 할 대표가 실질적으로 가장 큰 지분을 가져야 한다는 것이다. 가장 큰 지분의 기준은 무엇인가? 나는 나머지 창업 멤버들이 가진 지분을 모두 합쳐도 대표를 마음대로 바꿀 수는 없는 수준이 딱 VC가 선호하는 안정적인 지분 구조라 생각한다. 즉, 세 명이 창업하는 경우 40:30:30은 여전히 불안한 구조이지만 52:24:24는 그나마 납득 가능한 구조라는 것이다. 이는 투자자마다 생각이 조금씩 다를 수 있다. 정말 투자하고 싶은 회사라면 사실 33:33:33이어도 투자를 할 것이다. 나는 어디까지나 초기 스타트업 지분 구조의 안정감 있는 정석을 이야기할 뿐이다. 판단은 창업 팀 각각의 사정에 맡긴다.

좋은 투자자의 유형과 구성

법인 설립은 쉽다

――――――― 초기 자본과 지분 구성도 정했다면 이제 법인을 실제로 설립할 수 있다. 법인 설립 실무는 직접 진행하거나 법무사에게 맡기는 방법이 있다. 법무사에게 맡기면 보통 50~100만 원 가량의 수수료가 발생하는데 속도와 번거로움을 크게 줄일 수 있다. 예전에 루비콘게임즈 법인 설립을 수수료 아끼려고 직접 진행했다가 서류 하나가 빠져 나중에 100만 원 가량의 과태료를 문 적도 있다. 시간은 시간대로 쓰고 돈도 쓰게 되었으니 오히려 더 큰 낭비였다. 어차피 설립 업무 외에도 증자나 등기 변경, 공증 등 법무사와 일할 일이 꽤 많다. 설립 때부터 안면을 터서 꾸준히 거래 관계를 만들어가는 것도 괜찮다. 법무사 비용을 아끼고자 하는 창업자는 중소기업청이 운영하는 온라인 법인설립시스템https://www.startbiz.go.kr의 도움을 얻을 수 있다. 매뉴얼대로 따라 하다 보면 나처

럼 실수하는 일 없이 직접 법인 설립을 진행할 수 있다.

동아리에도 회칙이 있듯이 회사에도 회사의 규칙을 정해놓은 정관이 있다. 모든 법인은 정관을 가지고 있는데 이 내용은 법인마다 조금씩 다 다르다. 초기 스타트업은 법인 설립을 대행하는 법무사에게 기본 양식이 있기 때문에 그대로 이용해 우선 설립을 하게 된다. 이 과정에서 대표는 주식 한 주의 가격을 얼마로 할지, 자본금을 얼마로 할지, 회사의 공시를 어느 신문에 할지 등 몇 가지 내용만 정해주면 법무사가 알아서 정관을 만든다. 온라인으로 직접 법인을 설립하는 경우에는 검색엔진 등에서 손쉽게 법인 정관 양식을 구해 설립할 수 있다. 어차피 스타트업에 첫 VC 투자가 들어올 때 VC의 요청에 의해 정관은 대대적인 수정을 하게 된다. 따라서 그때부터가 진정으로 우리 회사만의 정관이 되는 것이지, 그전에는 설립 단계의 아주 원시적인 정관이라고 생각하면 된다.

모든 법인은 설립 단계에서 이사회도 구성을 해야 한다. 처음에는 멤버가 별로 없기 때문에 보통 대표이사와 공동 창업자 한 명 정도가 형식적으로 이사회 멤버가 된다. 그러다 첫 VC 투자를 받게 되면 VC의 요청에 의해 VC 심사역이나 임원 한 사람 정도가 이사회에 들어오기도 한다. 회사가 아직 작을 때에는 이사회가 형식적인 것이 대부분이다. 스타트업이 좀 규모가 커지면 그때는 여러 VC에서 이사를 선임하기도 하고 가끔 한두 명의 무급 사외이사를 선임하기도 한다.

미국 스타트업들은 이사회가 실제로 주요 경영사안을 결정하는 기구로서 상대적으로 잘 기능한다. 하지만 아직 우리나라 회사들은 사외이사의 사내이사 견제 기능이 떨어지고 이사들이 투표보다 합의로 의사 결정하는 것에 익숙하기 때문에 이사회 기능은 회사가 아주 커질 때까지는 다소 소극적이라 할 수 있다. (이는 비단 스타트업 이사회만의 문제가 아니라 우리나라 기업들의 전통적인 문제다.) 하여 나는 개인적으로 스타트업도 이사회의 역할과 기능을 강화하는 쪽으로 가는 것이 장기적으로 바람직하다고 생각한다. 대표가 혼자 의사 결정하는 문화에 워낙 오랫동안 익숙해서 그렇지, 이사회가 경영 현안을 토론과 표결로 정하는 문화를 정착시킨다면 내부 검증의 좋은 필터가 마련될 것이다. 또한 스타트업의 주주총회 역시 일 년에 한 번 대표에 우호적인 주주들이 모여 가볍게 회의하고 밥 먹는 자리가 될 때가 많다. 이런 형식적인 자리가 아니라 정말 모든 주주가 참여해 표결로 경영진을 감시하고 견제할 때 비로소 소유와 경영이 각자의 영역에서 제대로 일을 하는 건강한 스타트업이 될 것이다.

초기 투자자 구성이 중요하다

법인 설립을 마치면 이제 설립 자본금을 쓰며 본격적으로 일을 하게 된다. 설립 자본금이 대부분 크지 않기 때문에 일을 하다 보면 금세 돈 걱정이 되기 시작한다. 제품이 빨리 나오면 괜찮은데 출시 때까지 자본금에 여유가 없을 것 같으면 창업자는 초기 투자 유치를 고려하게 된다. 사실 초기 스타트업이 투자자를 골라서 맞이하기는 현실적으로 어렵다. 하지만 돈만 준다고 다가 아니다. 회사 가치를 아주 높게 책정해준다고 덥석 받을 일도 아니다. 투자하는 주체가 누구인지 우리 쪽에서도 최대한 따져보고 생각하여 받아야 한다. 왜냐면 투자자라는 것이 한 번 들어오긴 쉬워도 다시 나가긴 어렵기 때문이다.

초기 투자자를 고려할 때 참고할 만한 몇 가지 좋은 투자자의 유형을 소개한다.

첫째, 창업자에게 부족한 인적 네트워크와 배움을 줄 수 있는 투자자다. 앞서 인큐베이터들이 초기에 좋은 투자 주체라 소개했다. 만약 우리 회사가 너무 괜찮아서 2~3개 인큐베이터를 동시에 주주로 맞이할 수 있다면 여러 네트워크와 교육 프로그램을 다 활용할 수 있어 좋을 것이다. 물론 이때는 인큐베이터 간의 케미스트리(화학반응)도 중요하므로 서로 관계가 좋은 곳을 택하는 것이 좋다. (보통 과거 몇몇 회사에 같이 투자한 인큐베이터와 VC들이 관계가 더 좋다.)

둘째, 기존 피투자사들로부터 호평과 존경을 받는 투자자다. 간혹 보면 투자를 받은 회사들로부터 호평을 넘어 존경까지 받는 투자자들이 있다. 그런 분들이나 그분들이 이끄는 회사에서는 투자를 받을 기회가 있다면 받는 것이 좋다. 적어도 투자자가 몽니를 부려 창업자가 피곤한 상황은 안 생길 것이기 때문이다. 평판이라는 것은 상호적인 것이다. 투자자의 평판이 좋은 데에는 이유가 있다. 보통 평판이 좋은 투자자는 창업자가 열심히만 했다면 비록 실패해도 관대하게 이해해준다. 무슨 소송을 걸거나 이해할 수 없는 행동을 하는 투자자는 하나 같이 평판이 안 좋다. 그러니 이미 투자 받은 회사들로부터 투자자에 대한 평판을 체크해보기 바란다.

셋째, 긴 안목으로 투자할 수 있는 투자자다. VC들이 가진 펀드는 대부분 청산일이 정해져 있다. 따라서 청산일이 임박한 (보통 청산일이 2년 이내이면 임박한 것으로 생각한다.) 펀드에서 투자가 집행되는 경우 투자자는 2년 이내에 우리 투자를 회수해야 한다. 따라서 2년 내에 촉박하게 상장을 추진하거나 우리가 알 수 없는 다른 회사에 지분을 팔아야 한다. 즉 우리 회사의 주요 지분(보통 VC가 들어오면 2대 주주 내지는 3대 주주가 된다.)이 시장에 급매물로 나올 가능성이 있는 것이다. 또한 지분을 좋은 조건에 처분하기 위해 투자자가 회사에 무리한 실적 견인을 요구할 수도 있다. 이처럼 불확실성이 커지므로 가급적 청산이 임박한 펀드에서는 투자를 지양하는 것이 좋다고 생각한다. 과거 위자드웍스에 투자했던 한 VC 펀드도 만기가 임박해 여러 번 마음 졸였던 기억이 난다. 그 펀드는 우여곡절 끝에 두 번 청산이 연기되었지만 우리 지분이 어디로 넘어갈지 알 수 없는 상황에서 불안함이 컸었다.

넷째, 직접적으로 사업에 도움을 줄 수 있는 투자자다. 업계에서는 금전적 수익을 주로 바라는 투자자를 재무적 투자자FI, Financial Investor라 하고, 사업적 협력 관계 등을 주로 바라는 투자자를 전략적 투자자SI, Strategic Investor라 일컫는다. 보통 VC라 함은 FI를 말하며 위에 열거한 고려 사항들도 주로 FI를 들일 때 해당되는 내용이라 보면 된다. 반면 SI를 들이는 것은 더욱 복잡하다. 단순히 돈만 놓고 투자하는 관계가 아니기 때문이다. 좋은 SI는 우리에게 판로를 뚫어주기도 하고 노하우를 공유해주기도 한다. 예를 들어, 홈쇼핑 회사가 SI로 참여했다면 우리 제품을 자사 홈쇼핑 채널을 통해 팔아줄 수 있을 것이다. 모바일 앱을 만드는 스타트업에 통신사가 SI로 참여한다면 해당 통신사 고객 수백만 명에게 앱을 홍보해줄 수 있을 것이다. 스타트업 입장에서는 자기 손으로 열기 어려운 큰 마케팅 채널과 판로를 얻을 수 있기에 SI 투자를 긍정적으로 고려하게 된다. 그러나 SI 투자는 단점도 많다. 대표적으로 대기업의 경우 투자 부서와 실무 부서의 입장이 다를 수 있다. 투자 부서에서 시너지를 고려해 투자를 해도 실무 부서에서는 해당 앱을 띄워주는 데 관심이 없을 수 있다. 실무진에서는 자사 홈쇼핑 채널에 검증되지 않은 스타트업 제품을 판매하는 것을 꺼릴 수 있다. 또한 한 번 SI가 들어오면 다른 SI가 들어오기 쉽지 않다. 한 통신사가 주주로 들어와 있는데 경쟁 통신사가 주주로 들어오기 어려운 것처럼 말이다. 하나의 SI라도 들어와 있으면 FI를 새로 들이고자 할 때도 해당 스타트업에 대한 자사의 영향력이 줄어들 것을 우려해 SI가 반대할 수도 있다. 따라서 SI의 스타트업 투자가 서로 목표한 시너지를 내기는 생각보다 어려울 수 있으므로 신중히 따져보아야 한다.

다섯째, 좋은 엔젤들이다. 스타트업에 투자하는 개인 투자자들을 업계에서는 흔히 '엔젤'이라고 부른다. 엔젤들은 고액 자산가들도 많지만 몇 년간 꼬박 월급을 저축해 모은 쌈짓돈을 투자하기도 한다. 초기 스타트업은 돈이 항상 쪼들리기 때문에 투자를 하겠다고만 하면 엔젤을 가릴 형편이 아닐 것이다. 그래도 선택의 여지가 있다면 우리 투자금이 해당 엔젤의 전체 자산 중 적은 비중을 차지하는 투자자를 고르라 말하고 싶다. 만약 우리 주식이 해당 엔젤이 가진 자산의 큰 비중을 차지한다면 우리 회사의 성패에 따라 한 가정의 인생과 평화가 좌우될 것이기 때문이다. 이런 경우는 스타트업 사장에게 매우 부담스럽다. 사업에 집중하기도 바쁜데 개인 엔젤들의 가정 걱정까지 하며 일할 수는 없다. 이따금씩 투자금을 돌려 달라거나 경영 방향에 꼬투리를 잡고 몽니를 부리는 이해할 수 없는 일도 벌어진다. 가까운 한 회사는 연예인이 엔젤투자자로 참여했다가 이미 계약한 투자금 입금을 차일피일 미루고 나중에 협박까지 당해 결국 투자 받은 돈을 그대로 돌려준 적도 있다. 그런 피곤한 일로 시간 소모를 안 하려면 엔젤 역시 이미 여러 스타트업에 투자해 좋은 평판을 확보하고 있는 사람을 택하는 것이 좋다. 또한 우리 사업에 도움이 될 수 있는 사람을 많이 소개할 수 있는지도 중요한 요소다. 나는 기존 엔젤들이 새로운 엔젤을 데려와 큰 도움을 받았다. 다행히 위자드웍스는 엔젤들이 아주 좋았지만 15명 정도로 꽤 많았다. 이런 경우에 단점은 사장이 이들과 한 달에 한 번씩만 통화해도 이틀에 한 번꼴로 같은 말을 반복해야 한다는 점이다. 나는 그래서 나중에 아예 정기적으로 주주 레터를 썼다. 주주가 많을 때는 그런 식으로 사장의 시간을 절약하는 것도 괜찮을 것이다.

지금까지 스타트업에 들일 수 있는 좋은 투자자의 대표적인 유형들을 살펴보았다. 사실 이론은 그렇지만 실제로는 남들이 좋다는 투자자가 우리와는 상극일 수도 있고 반대로 남들이 별로라는 투자자가 의외로 우리와는 죽이 잘 맞을 수도 있다. 따라서 직접 시행착오를 겪으며 자신들에게 맞는 투자자를 잘 만나는 것이 중요하다고 생각한다. 여기서는 운도 어느 정도 작용한다. 좋은 회사와 좋은 투자자가 만나면 회사의 성공률은 크게 올라간다. 투자자가 한 번 들어오면 나가는 것은 쉽지 않으므로 결혼 상대를 정한다 생각하고 매우 신중하게 판단하길 바란다.

어떤 사업을 할 것인가?

정답은 없다

——— 대부분의 스타트업은 회사를 세우기 전에 이미 무슨 일을 할지 정해놓는다. 가끔 좋은 멤버를 우선 모으고 회사를 세워놓은 후부터 무슨 일을 할지 찾는 스타트업도 있다. 아이템이 확고한 전자가 나을 수도 있지만 멤버부터 견고하게 모으고 시작하는 후자가 나을 수도 있다. 창업의 정석과 같은 순서는 없다고 생각한다. 자기 상황에 맞는 시작을 하면 되는 것이다. 아이템을 추진할 경우 돈을 버는 데 오래 걸릴 것 같은 경우가 있을 것이다. 그래서 우선 돈 되는 사업을 하나 세팅해놓고 나중에 하고 싶은 일을 하자고 결정할 수도 있다. 그런 회사를 많이 보았고 우리도 비슷했다. 그런데 캐시 카우Cash cow(성장성은 떨어지지만 회사에 안정적으로 돈 벌어주는 일)를 만드는 일은 생각보다 오래 걸린다. 이런 생각은 자칫하면 하고 싶은 일을 영원히 못하게 만들 수도 있다.

어려워도 처음 하고 싶었던 일을 그대로 실행에 옮겨보라고 조언하고 싶다. 잘 만들면 돈이 떨어져도 투자 기회가 있을 것이고, 만들다 보면 스스로 생각보다 이 일이 그리 유망한 일이 아님을 스스로 깨닫고 접을 수도 있다. 캐시 카우부터 만들어놓고 나중에 하고 싶은 일을 하면서 깨닫는 것보다 훨씬 사업의 시간을 절약할 수 있다. 스타트업이라는 것이 처음부터 무일푼으로 몸뚱아리 하나 가지고 시작했다고 해서 결코 잃을 게 없는 것이 아니다. 사장과 멤버들은 가장 소중한 시간을 잃고 있다. 그 시간은 다른 일을 해서 훨씬 더 잘될 수도 있는 시간이다. 시간은 공짜가 아니다. 아주 비싼 비용 치르며 하루하루 스타트업을 하고 있는 것이다.

시간을 낭비하지 않는 방법은 그 팀이 하고 싶은 일을 빨리 실행에 옮겨보는 것이라 생각한다. 돌고 돌아갈 시간이 없다. 물론 여기에는 조건이 있다. 냉정하게 따져볼 때 현재 시장 상황에서 우리 회사가, 우리 멤버들이 정말 경쟁력 있는 제품을 만들 수 있는지를 판단해야 한다. 사장은 그 답이 '아니다'라면 차라리 이상은 접고 캐시 카우 만드는 일에 집중해야 할지도 모른다. 그리고 캐시 카우 만드는 일도 벌리고 하고 싶은 일도 하면서 세계적인 경쟁력을 갖춘 제품을 내놓을 자신이 없다면 스타트업은 아예 안 하는 것이 낫다. 우리가 들어가려는 작은 특정 분야에서만큼은 전 세계에 현존하는, 앞으로 나올 어떤 스타트업보다 뛰어날 수 있다는 확신이 있어야 한다. 그래야 적어도 남의 돈 쓰면서 내가 하고 싶은 일을 해볼 자격이라도 있는 것이다. 그런 확신도 없이 남들이 어렵게 벌어 십시일반으로 투자한 돈 쓰는 것은 심각한 도덕적 해이다.

외주 일감의 딜레마

——————— 만약 회사는 이미 만들어놓았고 매달 고정비는 나가는데, 하고 싶은 사업은 세계적인 경쟁력이 안 나올 것 같을 때는 어떻게 할까? 대부분의 창업자는 회사를 청산하지는 못한다. 자존심 문제도 있고 주주들 보는 눈도 있고 해서 일단 시작된 회사는 여간해선 스스로 망하게 하지 않는다. 아마 살 방법을 찾아 나설 것이다. 여윳돈이 있으면 신사업을 찾겠지만 대개 신규 투자도 이루어지지 않고 회사 곳간이 비어가고 있을 때는 어쩔 수 없이 외주 일감이라도 찾게 된다.

외주 일감이란 다른 회사가 큰 일감을 받아서 그 중 일부 일감을 우리에게 하청 주는 것이다. 또는 누군가 만들고 싶은 제품이 있을 때 그것을 우리가 대신 만들어주고 제작비를 받는 일이다. 이런 일을 하게 되면 현금 흐름이 원활해지는 효과가 있지만 우리가 고생해서 만든 제품이 남의 회사 이름으로 시장에 나간다. 이런 일을 반복하다 보면 회사의 제작 공정이 이미 외주 일감에 최적화되어 나중에 우리 제품을 만들려고 해도 업무가 생소해진다. 이를테면 남의 브랜드 제품의 생산만 대행하다 보면 생산은 잘해도 점차 자체 브랜드를 만들고 가꾸는 일은 어떻게 하는지 모르게 되는 것과 같은 이치다.

과거 우리 회사도 처음에는 우리가 하고 싶은 일을 하다가 나중에 돈이 떨어져 외주 일감을 잔뜩 받아서 했다. 그 덕분에 회사는 다시 풍요롭게 살게 되었지만 금세 모든 부서와 업무 과정이 다 외주 개발에 최적화되어 딱히 자체 사업을 하고 싶어 하는 멤버도, 노하우도 사라졌다. 그 상태에 만족한다면 계속 외주만 하고 살아도 괜찮겠지만, 당시 나는 아직 혈기왕성한 20대였다. 하여 어느 날 일부러 외주 일감 수주를 중단하고 다시 자체 사업을 시작했다.

외주 개발로 먹고사는 많은 회사를 보면 처음부터 그 일을 꿈꾸고 창업한 것은 아니었다. 살려고 하다 보니 그 일에 최적화되었고 아예 그 일이 전업이 된 것이다. 지금은 카카오와 합병한 예전 다음도 창업 초기 돈이 안 될 때 인트라넷을 외주 개발하며 먹고살았다고 한다. 모바일 게임으로 유명한 게임빌 역시 창업 멤버로부터 창업 초기에는 외주 개발을 했다고 들었다. 이처럼 누구는 외주 개발을 하다가도 자기 사업을 일으켜 큰 회사가 되고 누구는 외주 개발사에 머문다. 그 차이는 내가 볼 때 팀인 것 같다. 팀의 어느 한두 사람이라도 외주 개발을 하면서도 우리가 원래 하고 싶은 것, 하려던 것은 이게 아니라는 생각을 유지할 때, 그리고 호시탐탐 기회를 노릴 때 비로소 언젠가 다시 자기 사업을 해볼 기회가 열리는 것이다.

따라서 모두가 생존을 위해 외주 업무에 최선을 다할 때에도 조직에 살아 있는 '우리 일을 하고 싶은 욕구'를 사장은 잘 발견하고 살려둘 필요가 있다. 그리고 면밀히 판단해 그 불씨가 단순히 개인적인 욕구가 아니라 정말 의미 있는 시도라고 판단이 되면 작은 팀을 꾸려 시도해볼 수 있게 해주는 것이다. 게임빌도 초기에는 온라인게임 제작사였으나 모바일 게임을 만들고 싶어 하던 소수의 멤버들이 있었다. 회사에서 그들이 모바일 게임을 만들어볼 수 있도록 배려함으로써 지금의 세계적인 모바일 게임 제작사가 될 수 있었다. 이처럼 작은 불씨를 가진 사람들이 정말 제품을 잘 만들 수 있다는 판단이 되면 사장은 그 소수의 팀을 지원해줄 수 있다. 그런 식으로 외주 제작사는 다시 자기 일을 할 수 있는 기회를 얻게 된다.

스타트업 사장들은 이것을 잊어서는 안 된다. 실제로 초기에는 많은 스타트업들이 외주 개발을 함께하기 때문이다. 나는 실력도 없으면서 남의 돈 투자 받아 어설프게 자기 사업을 하는 것은 극렬히 말린다. 다만 실력 있는 팀이 형편이 어려워 지금 남의 일을 하고 있는 경우에는 조직 내의 한두 사람이 꿈꾸는 기회를 잘 살피라고 말하고 싶다. 그런 꿈이 남아 있는 사람들이 어려움에 처한 회사를 항상 다음 단계로 이끈다.

시장 전환기의 일시적 기회

——— 한편으로 내가 해주고 싶은 이야기는 시장 전환기의 일시적 기회를 이용해 돈을 버는 법이다. 자기 일을 하면서 부득이 남의 일을 해야 할 때에는 남의 일에 들어가는 시간을 최대한 줄이면서 벌어들이는 돈은 극대화해야 한다. 그럴 때에는 우리 말고 다른 회사는 만들어줄 수 없는 것을 만들어주면 고가를 받을 수 있다. 그러려면 새로 시작되는 분야에서 외주를 하면 된다. 위자드웍스는 2009년 위젯이 처음 마케팅 매체로 반짝 뜰 때 마케팅 위젯 개발 대행을 시작했다. 가로 세로 4센티미터도 안 되는 작은 네모 상자 하나의 가격을 1800만 원씩 받았다. 그래도 날개 돋힌 듯 팔렸다. 2011년 한국에 아이폰이 처음 나온다는 이야기를 듣고 얼른 앱 개발 대행 사업을 시작했다. 역시 다른 회사들보다 훨씬 높은 가격에 수백 종의 앱을 만들었다.

그러나 이런 시장은 금방 꺾인다. 그야말로 시장 전환기의 일시적 기회인 것이다. 이런 시장이 2013년으로 치면 스마트TV 시장이고, 2015년으로 치면 웨어러블 시장이다. 2016년부터 VR 콘텐츠를 외주 제작하는 회사들이 아주 비싼 값을 받았다. (이미 VR 콘텐츠 외주 제작사가 아주 많아져 가격은 빠르게 낮아지고 있다.) 2017년 현재 비싼 값을 받을 수 있는 외주 일감은 AR이나 핀테크, AI 스피커 같은 곳에서 나올 것 같다.

1~2년이면 성장세가 금방 꺾임에도 불구하고 시장 전환기의 기회를 활용하는 것이 의미 있는 이유는 일시적으로 돈이 쏟아지기 때문이다. 최소 수십억에서 수백억의 일감이 유행하는 기술에 쏟아진다. 그런 특정 기술을 언급했을 때 딱 떠오르는 회사가 될 수 있다면 외주 개발만으로도 100억 원대 매출을 노려볼 수 있다. (물론 일시적이므로 미래를 대비해야겠지만.) 그러니 당장 자기 사업이 어려워 헤매고 있는 스타트업이라면 시장 변화의 일시적 기회에 관심을 기울여보는 것도 좋을 것이다. 일단 생존이 있고 자아실현도 있는 것이지, 생존 없는 자아실현은 여러 사람 밥 굶기기 십상이기 때문이다.

사장은 때론 승부사가 되어야 한다

최대한 객관적으로 스스로를 돌아보았을 때 정말 세계적인 제품을 만들 수 있다는 자신감이 든다면 외주 비중을 줄이거나 중단해서라도 자기 일을 시작해야 할 것이다. 그렇게 승부를 걸고 열심히 만들다 보면 다시 확보해놓은 돈이 떨어져가는 모습이 보일 것이다. 이럴 때는 이제 관리를 잘 해야 한다. 승부를 걸어보고자 시작한 일, 중간에 돈 떨어진다고 포기할 수는 없다. 반드시 제품은 세상의 빛을 봐야 한다. 시장의 평가도 받기 전에 중간에 어그러지면 그만큼 한스러운 것이 없다. 개발 중인 제품이 중간에 멈추는 일이 없도록 사장은 돈을 꿔오든 투자를 받든 일부 팀을 떼어내 외주를 최소한으로 돌리든 해야 한다. 자금 일정에 맞는 적절한 자금 흐름을 설계하고 준비하는 것이 하고 싶은 사업을 할 때 사장에 신경 써야 하는 가장 중요한 부분이다.

어떨 때 승부를 걸고 어떨 때 2보 전진을 위해 1보 후퇴하느냐를 계획하는 힘이 내가 볼 때 사장이 회사를 잘 이끌어가는 힘이다. 항상 승부를 걸려고만 하다가는 판(시장)이 안 좋을 때 안 좋은 패(사업)를 들고 있음에도 올인하는 것과 같다. 아닌 판에 아닌 패를 들고 있을 때는 다음 판에 더 좋은 패를 들고 등판하기 위해 몸을 사릴 줄도 알아야 한다. 그것이 스타트업이 오래 버티는 방법이요, 지금 어떤 일을 할 것인가에 대한 나의 의견이다. 뒤에도 여러 번 이야기하겠지만 사업을 잘 하려는 사장은 이것을 잊지 말기를 바란다. 잔잔한 바다에 10년 만든 항공모함 띄우는 것보다, 집채만 한 파도에 단출한 뗏목 하나 띄우는 것이 훨씬 더 멀리 간다. 무슨 일을 할 것인가? 그것은 전적으로 '우리는 누구인가?', '지금은 어떤 때인가?' 에 먼저 답을 해야 결정할 수 있는 문제다.

어떤 제품을 만들 것인가?

어떤 사업을 할지 정하고 첫 제품을 만들 때에는 어떤 과정을 거치게 되고 무엇들에 주의해야 할까? 나는 인터넷/모바일 서비스 업계에 있는 관계로 모바일 제품을 만드는 과정을 예로 들어 설명해 보겠다. 결코 정답이라 할 수는 없지만 제품 개발이라는 막연한 과정을 간접적으로나마 경험하는 데 참고가 될 수 있을 것이다.

모바일 키보드 아이템 개발 사례

———————— 가장 최근의 사례인 '테마 키보드' 개발 과정을 말하겠다. 테마 키보드는 안드로이드폰에서 사용하는 키보드 앱이다. 2014년 12월 출시되어 한국 구글 플레이 무료 인기 순위 전체 2위를 차지했다. (당시 1위는 개복치 게임이었다.) 지금까지 800만 다운로드를 기록했으며 2017년 1월 현재 하루 100

만 명이 테마 키보드를 쓰고 있다.

나는 신사업을 고민하다가 모바일 키보드에 미래가 있다고 생각했다. 왜냐면 음성인식은 지하철 등 공공장소에서 쓰기 민망하고 뇌파인식은 실현되려면 멀었으므로 오랜 시간 스마트폰에서 키보드는 없어지지 않을 필수 기능이었기 때문이다. 또한 키보드는 사람들이 검색엔진이나 쇼핑 앱에 어떤 검색어를 입력하는지 중립적으로 알 수 있는 유일한 앱이다. 따라서 키워드 광고 시장에 진입할 수 있었다. 키워드 광고 시장 규모는 2014년 기준 1조 4천억 원으로 국내 온라인 광고 시장에서 가장 큰 비중을 차지하고 있었다. 또한 모바일 키워드 광고 시장은 매년 급격히 커지고 있었다. 그런 기회를 보고 2015년 내내 해당 사업을 준비했다.

가장 먼저 한 일은 변리사에게 연락해 모바일 키보드를 활용한 키워드 광고 사업 특허를 출원한 일이다. 관련 아이디어가 아직 실현된 적이 없으므로 지적재산권을 확보하는 일이 급선무라 판단했다. 한편으로는 해당 비즈니스가 법적으로 문제가 없는지 확인하기 위해 로펌에 법률 검토를 의뢰했다. 초기 아이디어는 검색엔진이나 쇼핑 앱 위를 살짝 덮고 우리 광고를 보여주는 것이었다. 다툼의 여지가 있어 타이핑을 위해 우리 키보드가 올라와 있을 때에만 광고가 노출되도록 바꿨다. 기획을 변경하자 법률적으로도 아무런 문제가 없었다. 보통 신제품을 만들 때 비싼 비용이 들어가는 법률 검토를 진행하지는 않지만 이 사업은 기대가 컸기에 돌다리도 두드려 보기로 했던 것이다.

사업 모델을 기획한 후에는 키보드를 처음부터 우리가 직접 만들 것인지 아니면 이미 많이 배포된 키보드와 제휴할 것인지를 결정했다. 다행히 600만 다운로드를 기록한 한국의 1등 키보드 앱을 개발한 아이커넥트라는 회사가 우리 회사와 몇 년 전부터 친분이 있었다. 대화를 해보니 그 회사도 키보드가 주력 사업이 아니어서 관리를 제대로 못하고 있었다. 서로 필요가 맞아 우리가 그 키보드를 개선해 다시 출시하기로 했다. 추후 발생하는 수익은 서비스가 존속하는 한 양사가 영구적으로 나누기로 했다. 그렇게 기존에 있던 키보드를 우리가 제휴 형태로 인수해 새로 개발했다. 기존 키보드의 핵심 기능이었던 2만 종의 무료 테마 기능을 더 강화하기 위해 우리 기술을 더해 고객들이 테마를 보다 쉽게 다운받을 수 있게 바꿨다. 사용성을 다듬고 디자인을 크게 개선했다.

기획은 6주 정도 소요되었고, 개발에는 8주 정도 소요되었다. 그렇게 2014년 12월 '테마 키보드'가 새로 출시되었다. 테마 키보드는 기존 사용자들이 유입되는 바람에 출시 3일 만에 한국 구글 플레이 전체 2위에 일주일간 랭크되었다. 키보드 앱으로는 유일무이한 기록이고 12월 말에는 앱을 실행한 동시 접속자가 구글 어날리틱스Google Analytics(구글에서 제공하는 모바일 앱/웹서비스 통계 도구) 기준 10만 명을 기록했다.

아이템을 고르는 기준

나는 평소 신문과 잡지를 구독하고 전시회나 컨퍼런스도 다니며 신규 아이템을 찾는다. 물론 신문에 날 정도의 아이템은 이미 누군가 하고 있다. 하지만 뜨는 산업은 느낄 수 있다. 뜨는 산업 안에는 아직 신문에 난 아이템 말고도 할 게 많기 때문에 생각할 거리를 준다. 잡지는 보통 〈포브스Forbes〉나 특정 산업을 집중 조명하는 전문지들을 구독하는데 여기는 해외 비즈니스들이 많이 소개돼 역시 영감을 준다. 또한 관심이 생긴 분야는 책을 여러 권 사서 우선 쭉 읽어본다. 얼마 전에는 보험 GA업에 관심이 생겨 보험과 관련된 책을 모조리 구매해 읽어보았다. 이렇게 하다 보면 자연스레 더 오래 들여다볼 것, 아닌 것이 필터링된다.

좋은 아이템을 발견하는 가장 효과적인 방법은 항상 새로운 사람을 만나는 것이다. 당장은 나랑 별로 상관없는 일을 하는 것 같은 사람도 가깝게 교류하다 보면 재밌는 아이디어를 가지고 있다. 보통 그런 아이디어들은 나와 내 주변 사람은 아예 상상도 못한 것일 가능성이 높다. 왜냐면 출신 업종이나 관심사들이 판이하게 다르기 때문이다. 따라서 일부러라도 나는 다른 업종, 다른 관심사를 지닌 사람들과 교류하기를 즐긴다.

그런 식으로 문헌 조사나 사람들과 교류하며 나온 괜찮은 아이디어들은 이제 최종적으로 두세 개로 추려 파트너들에게 가지고 간다. 첨예한 토론 끝에 그중 한 가지가 채택되기도 하고 아니면 다시 좀 더 찾아보기로 결론 나기도 한다. 나름대로 오래 준비해 가져간 아이디어가 반려되면 속이 상하지만 그런 과정을 통해 가장 좋은 아이템만이 살아남게 된다.

사업을 하면서 좋은 아이템 보는 안목이 없어 안될 아이템을 오래 붙들고 있었다. 그 결과 이제는 내 나름대로 세운 기준들이 있다. 여전히 부족하지만 지금 내가 아이템을 고를 때 가장 중요하게 생각하는 것들은 다음과 같다.

먼저 '시장의 크기'다. 일단 만들 제품을 써줄 시장이 커야 한다.

요즘은 당연히 세계 시장을 생각한다. 우리나라는 이미 OECD 1위의 저출산 국가다. 2018년부터 생산 가능 인구가 줄어들기 시작해 2040년에는 총인구가 정점을 찍고 감소하기 시작한다. 천지개벽할 사건이 아니고서는 이는 확정된 미래다. 따라서 좋은 물건을 만들어도 이제 내수 소비자 자체가 줄어든다. 장기적으로 볼 때 이는 제품 개발을 고려하는 회사에 전혀 바람직한 사실이 아니다. 반드시 세계 시장의 규모를 고려해야 한다.

둘째는 '시장의 성장성'이다. 지금은 시장이 크더라도 성장성이 죽었을 수 있다. 대표적으로 한국과 미국 등 선진시장에서 스마트폰은 포화 상태지만 인도나 중국은 여전히 성장 여력이 크다. 여기 딸린 앱 시장도 선진 시장 고객들은 새 앱을 별로 내려 받지 않는다. 따라서 시장 전체의 성장성은 물론 들어가려는 지역별 성장성도 함께 고려해야 한다.

셋째는 '사업의 지속 가능성'이다. 시장이 크고 현재는 성장성도 뛰어나지만 수명이 짧을 수 있다. 요식업으로 예를 들자면 한때 우후죽순으로 생겨났던 '불닭'이나 '어묵바'들이 생각난다. 지금 유행하는 빙수나 생과일주스도 언젠가 그 전철을 따르지 알 수 없는 일이다. (다행히 우리나라는 매년 더 더워지고 있어 지속 가능성 면에서는 긍정적이다.) 지속 가능성이 없다면 몇 년간 열심히 해온 사업이 통째로 사라지는 아픔을 겪을 수도 있다.

넷째는 '사업 규제'다. 우리가 들어가려는 사업에 현재 어떤 규제가 있는지, 그 규제가 우리 사업에 득이 될지 실이 될지, 규제가 사라지거나 추가될 경우 우리 사업은 어떻게 될지를 잘 따져봐야 한다. 여러 시나리오의 경우에도 사업에 큰 피해가 갈 가능성이 적어야 한다. 최근 이런 사례가 있었다. 통신 3사 휴대폰을 다단계로 파는 회사들이 거둔 수익이 2014년 기준 연간 2042억 원이었다. 다단계라는 것은 항상 중간 수수료 때문에 고객에게 과도한 부담이 갈 수밖에 없다. 2016년 10월 국정감사에서 문제가 제기되었고 결국 통신 3사는 모두 다단계 영업을 중단하기로 했다. 기존 업체들은 생존을 위해 다양한 노력을 펴겠지만 그럼에도 핵심 사업은 규제로 인해 큰 타격을 입을 수밖에 없다. 사회적으로 규제가 필요하거나 예상되는 사업은 주력 사업으로 검토하기는 어려울 것이다.

마지막으로 '내가 좋아하는 일'이다. 모든 사업은 생각보다 오래 해야 한다. '1~2년 안에 결론이 나겠지' 하고 뛰어들지만 그 안에 결론이 나는 사업은 절대로 없다. (다른 회사에 매각이 되어도 보통 2~3년은 계속 인수된 회사에서 일을 해주어야 한다.) 따라서 내가 진정으로 좋아하는 일이 아니고서는 꾸준히 할 수가 없다. 예전에 소셜 네트워크 게임이 뜰 것 같아서 관련 게임 개발사를 차린 적이 있다. 그때 뼈저리게 느꼈다. 나 스스로가 게임 매니아가 아니면 경쟁사의 신작을 보는 것은 스트레스였다. 내가 진정으로 게임을 즐길 수 있어야 경쟁사의 신작을 보고도 도전 정신이 느껴지고 더 열의에 불타게 될 것이다. 내 경우는 좌절감이나 의욕 저하, 스트레스로 다가왔다. 따라서 시장이 크고 지속 가능하며 큰돈을 벌 기회가 있다 하더라도 내가 오래 좋아할 수 없는 일은 앞으로 하지 않기로 마음먹었다.

이 같은 기준들을 원칙으로 추리면 살아남는 아이디어는 사실 몇 개 안 된다. 하여 어릴 때 창업을 무턱대고 할 때보다 요즘 아이템을 고르기는 훨씬 더 어렵다. 너무 고민을 오래 하게 될 때에는 '차라리 아무것도 모를 때가 나았다'는 생각도 든다. 하지만 깊은 고민 없이 아이템을 골라 3~4년을 허비하는 것보다는 차라리 1년 동안 천천히 아이템을 신중하게 고르는 게 나을 것이다. '준비, 탕!' 하면 그때부턴 전력질주다. 따라서 어차피 100% 동력으로 몸과 정신을 굴릴 거라면 기왕이면 더 좋은 아이템을 신중히 고르는 편이 나을 것이다.

매력적인 브랜드 만들기

브랜드 선정의 기준

신중히 아이템을 선정하고 나면 나는 가칭이라도 이름부터 짓는다. 제품 출시 직전에 지어도 무방하지만 내가 명색이 도메인업자(중학교 3학년 때 내가 시작한 첫 회사가 도메인 회사였다.) 출신이기에 이름을 짓고 그 이름의 권리를 미리 확보하기 위해 가장 좋은 도메인부터 등록한다. 이름 짓는 노하우에는 여러 가지가 있지만 요즘 내가 가장 중시하는 기준에는 다음과 같은 것들이 있다.

먼저, 국내는 물론 해외에서도 이해하고 부르는 데 문제가 없어야 한다. 영어 일반명사 한 단어로 된 제품이 모바일에서는 가장 깔끔하다고 생각한다. 최근 사례로는 스노우, 토스Toss, 리멤버Remember, 비트Beat 같은 앱들이 이에 해당한다.

둘째, 음절 역시 짧아야 각인이 잘 된다. 한국어로는 4음절을 초과하는 이름은 지양한다. 구글Google, 페이스북Facebook, 애플Apple, 삼성Samsung 같은 메가 브랜드는 모두 4음절 이내다. 물론 인스타그램Instagram 같은 예외도 있기는 하다.

셋째, 한국/미국/중국/일본 등 주요국 상표 출원이 가능한 이름이어야 한다. 주로 일반명사는 이 기준에서 많이 불리하지만 이름 자체가 아니라 로고 그래픽을 중심으로 출원하면 등록 가능성이 있다. 한국의 경우 한국특허정보원이 운영하는 키프리스http://kipris.or.kr 사이트에 가면 무료로 누구나 등록 또는 출원되어 있는 상표를 검색해볼 수 있다. 나는 브랜드를 검토할 때 항상 기존 상표를 찾아본다. 설사 같은 이름의 상표가 이미 등록되어 있더라도 내가 하려는 사업군에 대한 권리도 포함되어 있는지 살필 필요가 있다. 예를 들어, 내가 '솜노트' 상표를 인터넷정보서비스업에는 등록해놓았으나 문구업에는 등록해놓지 않았다면 다른 사람이 문구업 쪽에 '솜노트' 상표를 등록해 사업을 할 수 있다.

넷째, 앱스토어와 검색엔진에 해당 이름을 검색해본다. 애플 앱스토어와 구글 플레이의 검색창에 해당 브랜드를 입력하면 기존에 내가 생각한 이름과 비슷한 앱이 있는지 확인할 수 있다. 만약 너무 비슷한 이름의 앱들이 많거나 혐오감을 줄 수 있는 앱이 있다면 이름을 바꾸는 것을 검토해볼 수 있다. 마찬가지로 구글이나 네이버 등 검색엔진에 해당 브랜드를 검색해 예전에 혹시 잘되다 망한 브랜드인지, 이미 사람들에게 인지가 높은 비슷한 브랜드가 있는지, 아니면 검색엔진에 이미 해당 브랜드로 검색 결과가 너무 많아 우리가 새로 나와도 검색엔진 상위에 노출하기 어려울지 등을 종합적으로 검토한다. 가장 이상적인 이름은 검색 결과가 별로 없고 특별히 나쁜 검색 결과가 없는 이름이 새로 사용하기에 좋다. 아직 가치중립적이므로. 이제 검색엔진은 우리가 만들어내는 기사와 블로그 글 등을 중심으로 채워질 것이다.

그밖에, 도메인을 확보하기 용이한 이름인지(요즘은 사람들이 굳이 닷컴.com을 선호하지 않고 검색엔진에서 검색해 들어가기 때문에 중요성이 많이 떨어졌다.), 적절한 부제와 어울리는 브랜드인지(예를 들면, 마이리얼트립Myrealtrip이 '현지 여행의 모든 것'이라는 부제를 사이트와 앱에서 동일하게 사용하는 것처럼), 발음이 쉬운 지, 기억하기에 용이한 지, 혹시 해외 다른 나라에서 해당 브랜드가 나쁜 의미를 뜻하지는 않는지 등을 종합적으로 검토해 결정한다.

마지막으로, 회사 이름과 제품명을 동일하게 갈 것인지 검토한다. 솜노트에 집중할 때 회사 이름을 아예 ㈜솜노트로 바꿀까 고민했었다. 고객들에게 한 번이라도 더 제품명을 노출하는 게 중요했기 때문이다. 회사명은 입사를 고려하는 사람 외에는 사실 별로 중요하지 않다. 투자자도 회사 이름이 멋있어 투자하지 않는다. 따라서 회사명과 제품명 중 더 중요한 것은 제품명이다. 특히 스타트업은 고객에게 이름을 알릴 기회가 많지 않다. 회사명도 생소하고 제품명도 생소하면 고객이 혼란스럽다. 더 중요한 제품명으로 회사명을 통일해주는 것이 의미가 있다고 생각한다. 괜히 페이스북Facebook 서비스를 만드는 회사명이 Facebook Inc.가 아닐 것이다. 구글도 최근에야 지주사로 개편해 Alphabet Inc.가 되었지만 창업 후 근 15년간 회사명이 Google Inc.이었다. 제품명과 회사명이 동일했던 것이다. 물론 제품명보다 회사 이름이 더 중요한 경우도 있다. 제품은 신제품인데 반해 회사는 오래 되어 업계의 인지도를 확보하고 있는 경우가 그렇다. 우리의 경우 ㈜솜노트이기보다 ㈜위자드웍스일 때 더 채용에서 유리했다. 회사가 10년 되어 업계에서 나름의 인지가 있었기 때문이다. 따라서 제품명을 회사명과 동일하게 갈지는 정답이 있는 게 아니라 상황에 맞는 판단이 필요하다.

브랜드 선정 후의 검토 사항

여러 사항을 종합적으로 검토하여 브랜드를 정했다면 나는 팀원들과 입 밖으로 소리내어 자꾸 불러준다. 부르다 보면 입에 착 감기는 이름이 있고 안 달라붙는 이름이 있다. 후자인 경우 다시 정한다. 이런 식으로 보통 한두 달 정도 브랜드를 만든다. (물론 다른 일도 동시에 한다.) 그 과정에서 검색엔진과 앱스토어를 수백 번 검색해보고 도메인도 한 열 개쯤 미리 등록을 해둔다. 어차피 등록비도 얼마 안 할 뿐더러 (개당 만 원 내외) 여러 과정을 거쳐 최종 후보가 되었다는 것은 나중에라도 다시 쓸 일이 있을 수 있기 때문이다. (솜노트 이름을 정할 당시 최종 후보는 봄노트, 손노트가 있었다.) 브랜드를 이미 정해 가고 있는데 나중에 좀 후회하게 되는 경우도 있다. 개발 중이면 바꾸면 되는데 이미 출시해서 마케팅비가 적잖이 집행된 후에 후회할 때도 있다. 솜노트가 사실 그랬는데 만들 때는 이름이 예뻐서 좋아하다가 미국에 진출할 때 크게 후회했다. 따뜻하고 포근한 느낌을 주고자 '솜이불' 할 때 그 '솜'이었으니 미국 사람들은 뜻을 전혀 몰랐던 것이다.

위자드웍스의 맨 처음 제품이었던 위자드닷컴은 비슷하지만 약간 다른 문제가 있었다. 내가 개인적으로 가지고 있던 도메인 WZD.

COM을 쓰고자 하여 억지로 여기에 '위자드닷컴'이라는 이름을 붙인 것이다. 한글 발음상 첫 음절인 '위'에서 W를, '자'에서 Z를, '드'에서 D를 연상할 수 있었기 때문이다. 그러나 이는 명백한 콩글리시였다. 미국 사람들이 모음을 빼는 표기를 인정한다고는 하나 그러려면 Wizard에서 모음인 I와 A만을 빼고 WZRD.COM이어야 했다. WZD.COM을 가지고 '위자드닷컴'이라 부르는 것은 한국에서만 통할 일이었다. 그러다 미국에서 아시아 200대 유망 벤처로 선정이 되면서 곤란을 겪었다. 미국 사람들이 이를 뭐라고 읽어야 하는지 몰랐던 것이다. 하여 우리는 영문 브로셔의 WZD.COM 이름 옆에 괄호를 치고 'Wizard.com이라 읽으면 됨Pronounced Wizard.com'이라 써야만 했다.

급변하는 환경에서의 기획과 개발

고객 편의와 회사 수익 사이에서

앞선 과정들을 통해 어떤 사업을 할지 정하고 나면 초기 제품 기획을 시작한다. 거의 모든 멤버들이 참여해 제품에 어떤 기능을 담고 어디서 돈을 벌지 대략적인 방향을 정한다. 이후 화면을 실제로 그리는 상세 기획에서 앞선 초기 기획의 허점들이 발견된다. 이를테면 초기 기획 단계에서는 광고로 수익을 내기로 했는데 막상 화면을 그리다 보니 광고 붙일 곳이 생각보다 작다거나 하는 것이다. 그러면 초기 기획을 수정하거나 제품 방향을 조금씩 틀어 합리적인 안을 찾아간다. 처음에는 너무 돈독 오른 것 같던 기획도 점차 고객 지향적으로 바뀐다. 거꾸로 너무 고객 지향적이었던 것도 조금은 수익 창출이 가능한 방향으로 오기도 한다. 테마 키보드의 경우 초기 제품 기획 당시 키워드 광고를 위해 다른 수익 모델은 일절 붙이지 않았다. 그러나 상세 기획을 하면서 키워드 광고가 생각보다 오래 걸릴 수 있다는 판단을 했다. 출시 직후부터 수익을 내려면 다른 수익 모델을 만들어야 했다. 하여 많은 토론 끝에 키보드를 쓸 때마다 화면 상단 혹은 하단에 띠 배너 광고를 달기로 했다. 그 결과 앱 출시 첫 달부터 수천만 원의 광고 수입을 바로 올릴 수 있었다. 이처럼 초기 제품 기획이 반드시 옳은 것은 아니다. 상세 제품 기획 단계에서 멤버들이 논리적으로 토론하며 서비스의 편리함과 수익 창출의 적절한 선을 잘 찾아야 한다.

예전에는 고객의 사용성은 절대 해치면 안 된다는 주의였지만 요즘은 많이 바뀌었다. 고객이 이탈하기 전까지는 매출을 먼저 생각해야 한다는 쪽이다. 돈 한푼 못 버는데 사용성 생각하는 스타트업이 의미가 있을까? 자아실현이나 사회봉사 이외에는 별 의미가 없을 것이다. 우선 우리가 살고 제품이 있고 사용성이 있는 것이지, 만드는 사람들은 손가락 빠는데 남들만 편한 제품은 좋은 제품이 아니다. 제작자들이 자기 실력 뽐내는 예술 하라고 사장이 월급 주는 것 아니고 투자자들이 어렵게 번 돈 투자하는 것이 아니다.

기획을 처음 해볼 때는 스토리보드라든가, 제품 기획서의 정확한 문법이나 양식을 잘 모를 수 있다. 그런 것은 크게 상관없다. 스토리보드 그리는 방법은 조금만 해보면 금방 아는데 시중에 책도 많이 나와 있다. T아카데미https://tacademy.sktechx.com나 패스트캠퍼스http://www.fastcampus.co.kr 같은 곳에서도 금방 배울 수 있다. 예전에는 문서나 프레젠테이션 파일로 많이 만들었는데 요즘은 기획을 쉽고 빠르게 할 수 있는 도구들도 많아졌다. 대표적인 국내 기획 도구로는 네이버에서 제공하는 프로토나우http://dev.naver.com/projects/prtnow와 카카오에서 제공하는 오븐https://ovenapp.io이 있다. 해외 기획 도구로는 파워포인트 프로그램에 플러그인 형태로 설치해 쓰는 파워목업 https://www.powermockup.com이나 웹서비스인 목업스https://moqups.com 등이 있다.

나는 개인적으로 여전히 종이에 기획하는 것을 좋아한다. 사람마다 기획하는 방식은 다 다르다. 여기에 정석이 있다고 생각하지 않는다. 그냥 자기가 가장 빨리 그릴 수 있고 다른 팀원들과 소통할 수 있는 방법을 택하면 된다고 생각한다. 나는 종이로 그려 팀원들에게 복사해주는 것이 가장 빠르다. 머릿속에서 그려지고 하루 이틀이면 제품의 대략적인 모습을 제시할 수 있다.

그렇게 각자의 방식으로 기획안이 나오고 나면 이를 팀원들과 공유한 후 의견을 수렴해 기획을 조정한다. 보통 우리는 한 달 정도 시간을 잡고 기획안 초안을 계속 바꿔가며 서너 번 고쳐 완성본을 내놓는다. (실제론 기획서 '버전 1.0'이라 하지만 여기선 독자들의 이해를 쉽게 하기 위해 완성본으로 설명한다.) 완성본은 개발이 시작되면 현실을 반영해 또 많은 부분이 수정되지만 디자인과 개발에 착수할 수 있는 초기의 '합의된 기획'이 만들어진 것이다. 물론 내가 온라인이나 모바일 서비스를 만드는 과정을 예로 들고 있기 때문에 업종에 따라 제품 개발의 순서는 판이하게 다를 수 있다.

제품은 누가 만드는가?

합의된 최초의 기획안이 나오면 이를 바탕으로 디자인 작업을 시작한다. 이때 개발을 동시에 들어가기도 한다. 우리나라는 많은 온라인 회사들이 '기획-디자인-개발-출시-마케팅'으로 이어지는 단계별 개발을 진행한다. 실리콘밸리에서는 단계별로 이루어지는 법이 없다. 기획은 개발자와 디자이너가 같이하고 기획자란 업종 자체가 많이들 없다. 우리나라에는 기획자라는 직업이 엄연히 존재한다. 네이버, 카카오를 비롯한 온라인 대기업과 많은 스타트업에 기획자 직군이 따로 있다. 이는 우리나라 온라인 서비스업이 대부분 남의 사이트를 대신 만들어주는 웹에이전시업에서 시작된 데서 기원을 찾을 수 있을 것이다. 남의 사이트를 빨리 만들어주려면 직군을 분리해 공장처럼 운영하는 것이 효율적이었다. 이 개발 방식이 익숙해 인터넷에 처음 웹에이전시업이 등장한 지 20여 년이 지난 지금까지도 우리나라는 직군이 뚜렷이 분리되어 프로젝트도 단계별로 진행이 많이 된다.

많은 스타트업들이 그 경계를 허물고 미국을 따라 한다고 기획자 직군을 없애고 있다. 무엇이 옳고 무엇이 그르다고는 생각지 않는다. 기획자 직군이 별도로 존재하면 프로젝트의 문서화가 용이해 진행이 효율화된다는 장점은 분명히 있다. 개발자와 디자이너가 모두 의견을 적극적으로 개진하고 반영할 수 있다는 점에서 같이 기획하는 것의 장점도 분명히 존재한다. 스타트업 대표라면 무엇이 조직에 더 좋을지 잘 판단해서 개발 방식을 정할 필요도 있다. 그 기준은 돈 되는 제품이 얼마나 적시에 시장에 던져질까 하는 것이어야 한다. 모든 팀원들의 평화도, 모든 업무의 완벽한 문서화도 아니다.

디자인과 개발은 시행착오와 노하우의 내재화를 위해 자체적으로 진행하는 것을 권장하지만 외주로 진행할 수도 있다. 이는 내부에 사람이 없어 어쩔 수 없는 경우도 있고 아니면 굳이 그 기능을 내재화 할 필요가 없어서일 수도 있다. 우리 업의 본질이 무엇인지 잘 생각해봐야 한다. 예를 들어, 커머스 사이트(쇼핑몰)의 경우 오랜 세월 업의 본질은 개발력보다 '얼마나 좋은 제품을 싸게 떼어올 수 있느냐'였다. 요즘은 상품이 점점 보편화되며 어느 때보다 커머스업의 본질이 기술로 옮겨가고 있다. 빅데이터로 상품을 추천하고 결제를 더 쉽게 해주며 배송을 1초라도 빠르게 할 물류 알고리즘 만드는 일 같은 것들이다. 이는 최근 몇 년간의 변화로 오랜 세월 커머스업의 본질은 기술이 아니었다. 그랬기 때문에 스타일난다나 임블리, 멋남 같은 쇼핑몰들이 타사가 만든 쇼핑몰 솔루션을 쓰면서도 수백억 매출을 낼 수 있었을 것이다. 이처럼 우리 업의 본질이 무엇일지 잘 판단하여 빌려 쓸지, 사서 쓸지, 외주를 줄지, 직접 만들지를 결정해야 한다.

무엇이든 다 직접 만들려고 하면 제품 출시가 아주 늦어질 것이다. 따라서 나는 꼭 필요한 것만 직접 만들고 나머지는 외부 조달한 후 우선순위를 따져 천천히 내재화하는 것이 바람직하다 생각한다. 사업이란 게 생각대로 안 될 수도 있고, 막상 출시 후 보면 중요하다 생각하는 게 아닐 수도 있고, 거꾸로 생각하지 못한 게 중요해질 수 있다. 따라서 우선 출시 전까지 최소 비용, 최대 효용을 낼 수 있는 자체 개발-외부 조달 구성을 잘 맞출 필요가 있다. 모바일 앱만 예로 들더라도 요즘은 빌려 쓸 수 있는 것이 되게 많다. 예전에는 서비스 하나 출시하려면 서버를 직접 사서 IDC라 불리는 서버 호텔에 실제로 설치를 해서 가져다 놓아야 했다. 요즘은 클릭 한 번에 서버를 잠깐 빌려 쓰다 원할 때 언제든 반납할 수 있다. 반납도 역시 클릭 한 번에 이루어진다. 예전에는 사용자가 몇 명이 들어오고 얼마나 체류하고 하는 통계 도구도 자체적으로 만들어야 했지만 이제는 코드 한 줄 삽입만으로 사용자의 이용 행태를 면밀히 분석할 수 있다. 역시 코드 한 줄로 모바일 앱에 알림 보내는 기능을 구현할 수도 있고 게임의 경우 코드 한 줄로 랭킹이나 게임 내 채팅 기능을 붙일 수도 있다.

이처럼 이제는 무료 또는 저비용으로 제품을 구성하는 일부 기능을 쉽게 빌려 쓸 수 있는 시대가 되었다. 스타트업이 초기 제품을 만들 때는 처음부터 모든 기능을 다 구현하려 하지 말고 좋은 서비스는 빌려 쓰는 지혜가 필요하다. 그것이 돈도 절약하고 시간도 아낄 수 있는 방법이다.

제품 개발 실무 과정에서 유의할 점들

기획이 끝나고 실제 제품을 개발하는 과정에서 참고가 될 만한 배움들은 다음과 같은 것들이 있었다.

개발 방법론이나 프로젝트 진행 방법론을 가지고 씨름하지 말라

방법론이란 프로젝트를 어떻게 진행해야 효율성이 올라간다는 일종의 업무 절차 또는 일하는 방식이다. 위자드웍스를 하는 동안 온갖 개발 방법론들이 반짝 유행을 탔다. 2006년쯤에는 애자일Agile 방법론이 처음 한국에 소개되어 유행하더니 어느 순간 짝 프로그래밍Pair programming이 알려졌다. 2009년쯤에는 이슈 트래킹Issue tracking을 통한 일 처리가 효율적이라 알려지며 이를 도와주는 도구인 레드마인Redmine 같은 프로그램을 스타트업들이 유행처럼 사용했다. 사내에 위키를 도입해 지식경영을 해야 한다는 이야기도 나와 많은 회사들이 사내에 위키를 도입했다. 2010년대에 들어 린 스타트업Lean startup이라는 스타트업 창업 방법론도 나왔다. 급기야는 우리가 이미 20년 전부터 일하던 단계별 개발 방식에 이른바 '폭포수Waterfall' 개발 방법론이라는 그럴듯한 이름도 붙여졌다. 최근에는 AARRR이라는 지표 관리론도 나왔다. 모두가 그저 이론이고 각자의 시대를 풍미하다 다음 방법론에 자리를 넘겨주는 유행일 뿐이다. 몇 년 전부터 '우린 린 스타트업을 지향한다'거나 '린 스타트업 방법론을 따른다'고 하는 팀이 많아지는 것을 보고 실소를 금치 못했다.

방법론이나 무슨 성공 모델이라고 하는 것들이 다 지나가는 유행이기 때문에 맹신하지 말라. 성공에 무슨 모델이 있다면 그것을 따라해 누구나 성공했을 것이다. 성공한 것들을 모아 모델이 만들어지지만 모델을 그대로 따라 한다고 성공하는 것은 아니다. 오히려 자기만의 모델을 만들어라. 돌아보니 사장과 팀장들이 자꾸 방법론과 모델에 기대는 이유는 자기들도 답을 모르기 때문이다. 모르는 것을 모른다 말하지 못하니 자꾸 남의 성공 모델에 쉽게 기대려는 욕구가 생기는 것이다. 모델에 끼어 맞추면 그래도 지금 무엇을 해야 하는지 좀 길이 정리되니까.

할 일을 억지로 모델에 끼워 넣지 않기를 바란다. 돌아보면 우린 애자일하게 만드는 게 중요했던 게 아니라 그냥 좋은 제품 만드는 게 중요했다. 개발자랑 기획자랑 또는 두 개발자가 곁에 앉아 대화하며 개발하는 짝 프로그래밍이 필요했던 게 아니라 셋이 손 잡고 하든 드러누워 무슨 라이 다운lie down 프로그래밍을 하든 그냥 우리에게 좋은 것을 하면 되는 것이었다. 처음에는 그것을 잘 모르니 자꾸 어디 실리콘밸리에서 유행하는 스타트업 방법론을 절대 진리인 양 추종하게 되는 것이다. 그냥 맘대로 해라. 살아남아서 돈을 벌어라. 그러면 그때 가서 무슨 방법론을 멋지게 적용한다고 하면 사람들이 더 박수 쳐줄 것이다. 실체도 없으면서 무슨 방법론만 잘 갖췄다 하면 그건 회삿돈으로 실리콘밸리 놀이를 하고 있는 것이다. 방법론이나 모델들은 그것이 왜 나왔는지, 왜 유행하는지, 그 이유와 취지만 잘 이해하고 꼭 필요한 부분만 참고하면 된다.

한 제품에는 한 가지 핵심 기능만

만드는 사람은 아무래도 넣고 싶은 기능이 많다. 오래 생각하다 보면 자꾸 생각이 커져 이것도 넣어야 할 것 같고 저것도 빠지면 안 될 것 같다. 그러다 보면 핵심 기능이 모호해지고 이것도 가능하고 저것도 가능한 '엣지egde 없는' 제품이 되고 만다. 스타트업은 가진 게 별로 없는 다윗이다. 우리가 하는 일이 가치 있는 일이라면 앞으로 큰 회사들이 들어올 공산이 크다. 이미 기존 거인들이 많을 수도 있다. 우리 제품을 써야 하는 이유가 뚜렷해야 한다. 공격하는 쪽은 창이 날카로워야 한다. 이것을 명심하라. 적당한 창과 적당한 방패와 적당한 칼을 두루 차고 전장에 나가면 그럭저럭 살아는 남아도 1등 장수는 될 수 없다. 돈도 없고 백도 없는 스타트업이 뭘 수 있는 가장 명백한 방법은 우리 창이 가장 날카로워야 한다는 것이다. 한 가지 명확한 기능은 우리가 세상에서 1등이다 말할 수 있을 때 소비자들 사이에서도 입소문 타기가 쉬워진다. "거기 그거 하나는 그냥 끝내줘요!"라는 말이 돌 수 있는가 스스로 물어봐야 한다.

재미가 있거나 필요가 있거나

수많은 제품 중 우리 것을 써야 하는 이유는 둘 중 하나다. 꼭 필요하거나 다른 것에 비해 재미있거나다. 필요에 대응하는 방법은 두 가지다. 기존에 잠재하지만 아직 기업들이 또는 소비자 스스로도 인지하지 못한 필요를 충족시켜주는 것이다. 재미 역시 기존에 존재하는 것들보다 더 재미있거나 아니면 아직 사람들이 잘 모르는 재미를 새로 제시하는 것이다. 둘 다 부합하면 좋겠지만 (예를 들어, 영상이 재미도 있고 볼 필요도 있는 유튜브(YouTube)처럼) 하나라도 제대로 부합하면 충분히 좋은 제품을 만들 수 있다.

수익 모델은 처음부터 생각해야 한다

보통 스타트업들이 제품을 만들 때 구체적인 수익 모델은 나중으로 미루는 경향이 있다. 일단 만들고 싶은 것을 만들어보고 싶은 마음이 더 크기 때문이다. 그렇게 되면 1~2년 신나게 만든 후에 출시하고 후회와 함께 망할 가능성이 너무 높다. 그런 스타트업을 너무 많이 봤고 우리도 그렇게 시간과 돈을 허비한 적이 있다. 제품을 만들 때는 처음부터 수익 모델에 대한 확실한 계획이 있어야 한다. 요즘은 수백, 수천만을 모아서 거기에 광고를 붙여 수익을 내겠다는 식의 모호한 계획은 계획 축에도 못 낀다. 모바일 제품의 경우 스마트폰 초기 때에는 앱스토어에 가만히 올려만 두어도 몇 백만 다운로드는 그냥 했다. 요즘은 백만 다운로드만 일으키려 해도 돈이 적게는 수백만 원에서 많게는 억 단위까지 든다. 이러니 수백만 사용자를 모아 광고로 먹고살겠다는 것은 '나는 영원히 먹고살 생각이 없소'와 같은 말이다. 단 수백 명의 고객에게라도 의미 있는 매출을 낼 수 있는 사업을 고려하는 게 훨씬 현실성이 있다. 수백 명이 우리 제품에 돈을 내고 있다면 그 수를 수천 명으로 늘리는 것은 상대적으로 쉽다. 그러나 수백만 명이 우리 제품에 돈을 안 내고 있다면 그중 일부라도 돈을 내게 하는 것은 더 어렵다. 왜? 돈 받는 방법을 모르므로. 그러니 초기 제품의 현실적 목표는 수십만 다운로드가 아니라 돈 버는 방법을 깨닫는 것이어야 한다고 나는 생각한다. 그랬을 때 회사가 더 오래 살아남고 성장할 수 있을 것이다.

세계 시장에서의 소비를 고려하라

온라인과 모바일 서비스는 이제 국경의 경계가 완전히 허물어졌다. 스마트폰 등장 전까지는 미국에서 유행하는 서비스를 그대로 베껴 한국에서 서비스하면 어느 정도 독자적으로 먹고살았다. 실리콘밸리 서비스 모델을 빠르게 베껴 유럽에서 서비스하는 로켓 인터넷Rocket Internet 같은 회사도 크게 성장했다. 스마트폰 이후로는 전 세계 서비스 국경이 완전히 사라졌다. 불과 2~3년 전까지만 해도 기획자들끼리는 우리나라 사용자에게 해시태그 사용은 너무 생소하고 어렵다고들 이야기했었다. 오늘날 인스타그램Instagram은 우리나라 20, 30대 여성들이 가장 많이 쓰는 모바일 서비스 중 하나가 되었다. 해시태그는 어찌 그리 잘 붙이는지 놀라울 따름이다. ('#넘나좋은것', '#세젤예' 같은 것들이다.)

우리나라 서비스도 해외로 나가기 매우 용이해졌다. 이미 모바일 메신저 라인과 얼굴 인식 사진 앱 스노우 같은 앱들이 해외에서 큰 인기를 끌고 있다. 사진 앱 레트리카Retrica나 픽스플레이PicsPlay 같은 한국 앱들은 전 세계에서 수천만 다운로드를 상회하며 큰 인기를 끌고 있다. 우리나라는 장기 저성장에 들어섰고 인구 절벽도 예정되어 있다. 이제는 한국에서 시작해 규모 있는 사업으로 키우고자 한다면 반드시 해외에서 팔 생각을 해야 한다.

앱스토어와 같은 세계 공용 플랫폼이 시장 기회를 확 열어주었지만 그만큼 전 세계 제작자들과 무한 경쟁해야 하므로 한 차원 더 높은 실력을 요구한다. 단지 미국에서 유행하는 서비스를 남들보다 빨리 알고 얼른 비슷하게 만들어 출시하던 때와는 아예 다르다. 이제는 세계 최정상의 실력이 있는 팀이 다 먹는 세상이 되었다. 한국 1등이 한국서 먹고, 미국 1등이 미국서 먹고, 태국 1등이 태국서 먹는 게 아니다. 그냥 셋 중 1등이 나머지를 다 먹는다. 따라서 제작 과정에서 세계 최고급의 제품 품질을 추구해야 한다. 위에서 언급한 대로 개발 방식이나 과정이야 우리가 편한 대로 하는 게 제격이지만 타협할 수 없는 것은 품질이다. 세계 1등을 못하겠거든 세계가 동일하게 싸우는 플랫폼이 아닌 곳에서 사업을 하면 된다. 앱스토어가 아니라 동네 카페를 여는 편이 더 경쟁력 있다고 판단되면 그리해야 된다. 누구나 무한 경쟁의 플랫폼에서 싸울 필요는 없고 그래서도 안 된다. 자기 팀의 역량을 잘 알고 거기에 맞는 사업, 맞는 제품을 만드는 것이 더 바람직한 전략일 것이다.

제품 출시에 앞서 해야 할 일들

알파 버전과 베타 버전 그리고 출시 버전

——— 제품 개발이 끝나고 출시가 임박해지면 해야 할 일이 점점 더 많아진다. 우리 같은 경우 개발이 어느 정도 끝나서 직원들이 테스트할 수 있는 수준이 되면 먼저 사내에 배포한다. 이를 알파 버전Alpha version(기능 구현이 끝났지만 아무런 테스트를 거치지 않은 날것 그대로인 것)이라고 부른다. 알파 버전에는 문제가 많다. 처음 합의된 기획이랑 다른 부분도 지적이 되고 버그도 많이 발견이 된다. 프로젝트 매니저Project Manager(프로젝트 진행을 총괄하는 담당자를 말한다. 이하 'PM' 이라 한다.)는 지적된 버그와 개선 사항들을 엑셀 문서나 온라인 시트로 빼곡히 정리한다. 정리된 개선점들은 프로젝트 팀의 논의를 거쳐 버그는 모두 수정을 하고 개선점은 우선순위를 나눈다.

지적된 개선점을 모두 제품에 반영하려면 시간이 너무 오래 걸리기 때문에 출시 후에 개선해도 되는 것들은 뒤로 미룬다. 정리된 개선점들을 모두 고치고 나면 다시 한 번 사내에 배포된다. 이때가 베타 버전Beta version(실제 시장에 내기 직전의 내부 테스트 버전이다. 모든 기능 구현과 초기 테스트를 마쳤지만 여전히 버그가 존재할지도 모르는 버전)이다. 시기적으로 보통 정식 출시 한 달 전쯤 우리는 사내 베타 테스트Beta test(베타 버전을 가지고 하는 테스트)를 실시한다. 그럼 또 전보다는 적지만 여러 사항이 지적된다. 이 단계에서는 직원들 외에 별도의 절차를 통해 선발한 외부 베타 테스터들이 참여하기도 한다. PM은 다시 개선점을 정리하고, 프로젝트 팀은 베타 버전에 대한 지적 사항들을 제품에 반영해 출시 버전을 완성한다.

출시를 2주 가량 앞두고는 QAQuality Assurance(품질 확인) 절차에 돌입한다. QA 단계에서는 현존하는 대부분의 휴대폰에서 앱이 정상 작동하는지 일일이 다양한 폰에 앱을 설치해 테스트한다. (스타트업은 당연히 가진 폰이 별로 없다. 서울 역삼동 D.camp(무료)와 현대카드 스튜디오블랙(입주사 전용) 같은 공간에 스타트업이 쓸 수 있는 모바일 테스트 베드가 마련되어 있다.) 폰을 가로로도 써보고 세로로도 돌려본다. 앱을 쓰다가 저장 안 한 채 배터리를 분리도 해보고 갑자기 비행기 모드로도 전환한다. 온갖 발생 가능한 악조건에 대한 테스트를 다 해본다. 그러다 보면 다른 폰에서는 다 정상 작동하는데 특정 폰에서는 오류가 발견된다. 잘 되던 기능이 비행기 모드에서는 먹통이 되기도 한다. 다양한 환경에서 온갖 극한의 테스트를 해보면 알파와 베타 버전 때 한 번도 발견되지 못한 버그도 새로 발견되곤 한다. 문제점들을 PM이 다시 정리한다. 프로젝트 팀이 이를 다시 수정하고 그렇게 출시 버전이 완성된다. 완성된 출시 버전은 앱스토어 심사를 신청해 최장 2주 이내에 출시가 이루어진다. 이 과정에서도 한 번에 심사를 통과하지 못할 수도 있다. 그러면 지적된 개선 사항을 고쳐 재심사를 요청해 승인이 이루어진다.

고객과의 소통에 대한 완벽한 준비

앱스토어 심사가 언제 끝나 앱이 출시될지 모르기 때문에 출시 보도자료를 미리 준비해놓을 필요가 있다. 홈페이지의 공지사항도, 회사 블로그의 출시 글도 마찬가지다. 앱 출시가 이루어지면 우리의 경우 보통 당일이나 직후에 보도자료를 낸다. 그러려면 출시 예상일 며칠 전에는 보도자료를 미리 써놓고 이를 누구에게 보낼지도 정리해놓으면 좋다. 보통 스타트업의 첫 제품에 대한 보도자료에는 사람들이 별로 관심이 없다. 연습 차원에서라도 보도자료를 직접 써보고 배포해보는 것은 좋은 경험이라고 생각한다. 반복하다 보면 어느새 요령이 생겨 좀 더 나은 보도자료를 쓸 수 있게 된다.

또한 반복해서 배포하다 보면 결국 누군가는 우리 제품에 관심이 생기게 된다. 그러다 보면 언젠가는 기사가 나온다. 처음에 관심을 못 받는다고 포기하지 말자. 처음에는 누구나 겪는 무관심이다. 제품이 출시된 후부터는 단 한 번이라도 제품이 관심받을 수 있는 기회가 있다면 무엇이든 해야 한다. 우리 제품에 관심 가질 만한 사람들이 모여 있는 커뮤니티에 글을 올릴 수도 있다. 다른 인기 있는 앱을 검색할 때 우리 앱이 같이 노출되게 할 수도 있다. 한 번이라도 남들에게 더 보여질 수 있다면 무엇이든 해봐야 한다. 누구나 첫 제품의 히트는 생각보다 오래 걸린다. 조급해 말고 다양한 시행착오를 겪어가며 우리 제품에 맞는 홍보 방식을 발견해야 한다.

제품 출시 전에는 정책에도 신경을 써야 한다. 이용약관이나 개인정보취급방침이 잘 구비되어 있는지 확인해야 한다. 그러지 않으면 나중에 모든 회원에게 메일을 보내 따로 개정해야 하는 불편이 따르기 때문이다. 또한 탈퇴 절차도 마련해주어야 한다. 가입은 쉬운데 탈퇴할 수 없다면 소비자는 우리를 신뢰할 수 없을 것이다. 공지사항과 Q&A 같은 도움말도 잘 되어 있어야 서비스가 준비된 것처럼 보인다. 만약 이 같은 세세한 부분에 대한 꼼꼼함이 부족하면 제품을 잘 만들어놓고도 고객들에게 신뢰를 주지 못할 것이다. 이미 많은 테스트를 거쳤지만 출시 후에도 계속 앱의 모든 기능을 직접 눌러가며 숨겨진 버그가 없는지 샅샅이 찾아야 한다. 앱을 업데이트한 이후 없던 버그가 생기기도 한다. 버그를 소비자가 찾으면 이는 제작자로서 책임을 방기한 일이다. 반성할 필요가 있다.

앱스토어 리뷰를 하루에도 수십 번씩 살피면서 초기 사용자들이 어떤 의견을 남기는지 봐야 한다. 의견들 중에 공통적으로 나오는 것이 있다면 그 기능을 최우선으로 만들어주어야 한다. 만들 때는 우리끼리 결정하지만 출시되면 고객과 함께 만들어가는 것이기 때문이다. 필요하면 고객들이 모여서 대화하고 소통할 수 있는 고객 커뮤니티를 만들어놓는 것도 좋다. 이들은 우리에게 강력한 우군이자 동지가 될 것이며 나중에 자기 일처럼 서비스 개선을 도와준다. 잊지 말아야 할 것은 제품은 고객과 같이 개선해도 사업은 우리가 하는 것이라는 점이다. 따라서 수익 모델을 훼손할 수 있거나 우리가 정한 일정이 크게 변동되는 소비자 요청은 때때로 걸러서 들어야 할 때도 있다.

고객 지원에 대한 준비도 미리 되어 있어야 한다. 어디로 고객 지원을 받을 것인지, 누가 대답을 할지도 정해놓아야 한다. 스타트업에게는 단 한 명의 초기 고객이라도 매우 소중하다. 불편을 느낀 고객은 최대한 빠르게 답변을 받을 수 있어야 한다. 이를 위해 사장부터 나서서 새벽이든 주말이든 직접 답변하고 앱스토어 리뷰에 댓글을 달아야 한다. 피나는 노력 없이 우리 편은 생기지 않는다.

첫 제품이지만 이례적인 관심을 받아 사용자가 폭증할 수도 있다. 우리도 2006년 첫 제품인 위자드닷컴 출시 일주일 만에 운 좋게도 일본의 유명 IT 매체인 〈ZDNet〉에 기사가 나면서 서버가 다운됐었다. 첫 제품이 그렇게 갑작스런 관심을 받고 감당할 수 없는 트래픽을 받을 수도 있다. 게임 회사를 할 때도 게임 출시 당일에 10만 명이 넘게 몰려 준비한 서버가 모두 다운된 적도 있다. 요즘은 그때와 다르게 보통 서버를 클라우드 환경에서 가상으로 마련한다. 서버가 추가로 필요하면 빠르게 늘릴 수 있다. 제품 개발 과정에서 트래픽에 따라 탄력적으로 서버를 추가할 수 있게 미리 개발을 해놓아야 한다. 그런 고려 없이 출시했다가 갑자기 트래픽이 몰리면 행복해야 할 순간에 괴로울 수가 있다. 따라서 서버 인프라를 탄력적이고 신속하게 조정할 수 있도록 출시 전에 PM이나 대표가 반드시 챙겨놓아야 한다.

한편 개발자들이 제품 업데이트에 집중할 수 있도록 일상적인 관리는 다른 멤버들이 할 수 있으면 좋다. 서비스 내의 문구나 이미지를 손쉽게 교체할 수 있는 관리자 모드를 출시 전에 만들어 놓으면 좋다. (물론 관리자 모드를 개발하는 데 추가적인 시간이 발생한다.)

지적재산권 확보

———————— 마지막으로 제품 출시 전 대표가 꼭 신경 써야 하는 부분이 바로 지적재산권 확보다. 위자드웍스가 2000년대 중반 위젯 사업을 하는 동안 위젯 관련 특허를 촘촘하게 출원해놓은 것이 훗날 후발 주자들이 시장에 진출하는 데 방패 역할을 했다. 그래서 최근에 테마 키보드를 만들 때도 특허를 여러 건 내어놓았다. 버즈빌이라는 회사는 제휴한 다른 앱들이 잠금화면 기능을 손쉽게 추가할 수 있는 버즈스크린이라는 서비스를 출시하기에 앞서 관련 특허를 내놓았다. 이 특허가 등록되어 지금 유사 사업을 다른 회사들이 할 수 없도록 해자(垓字, 성 주위에 둘러 판 못) 역할을 톡톡히 하고 있다. 이처럼 스타트업이 제품 출시 전 좋은 아이디어나 구현 방식은 특허로 보호해놓을 필요가 있다. 등록까지 가지는 못하더라도 출원만으로도 경쟁자들이나 후발 주자들에 비해 상대적으로 유리한 고지를 점할 수 있다.

모바일 마켓 등록 및 운영

Tip!

모바일 앱을 출시할 때 마켓에 어떻게 올릴지가 대단히 중요하다. 이에 대해 우리가 배운 것들은 다음과 같다.

앱 제목 옆에 부제 설정을 고려하라

처음 나온 앱은 제목만으로는 뭐하는 앱인지 고객들이 잘 모른다. 앱 이름 옆에 간단히 부제나 설명을 달면 좋다. 구글 플레이를 검색해 보니 앱 제목 옆에 다음과 같은 부제들이 달려 있다. '솜노트 – 국민 노트앱', '스노우 – 셀카, 얼굴 인식 스티커, 뷰티 카메라', '브랜디–오직 예쁜 옷만', 'PicsPlay – 올인원 포토에디터' 같은 것들이다. 최근 애플은 앱스토어의 앱 제목 옆에 과도하게 긴 부제를 단 앱은 퇴출한다는 정책을 발표했다. 간략한 부제를 붙이도록 하자.

앱스토어가 요구하는 이미지는 모두 제작해 올려라

앱스토어에서는 앱 등록 시 단순히 정사각형 모양의 앱 아이콘 이미지만 요구하지 않는다. 가로로 긴 띠 형태의 이미지도 있고 조금 큼직한 직사각형 모양의 이미지도 있다. 이런 것들은 추후 앱스토어 프로모션에 사용할 이미지들이다. 우리 앱이 프로모션에 포함될지는 지금으로선 알 수 없지만 적어도 그들이 요구하는 모든 이미지를 잘 만들어 올려놓으면 기회는 더 올라간다. 앱 업데이트 시에도 계속 관련 이미지들을 더 최신으로, 더 아름답게 개선해가는 것을 추천한다. 프로모션을 위한 앱 소개 글도 최선을 다해 쓰라.

검색에 자주 노출되도록 하라

앱이 처음 나오면 아무도 모르므로 검색에 자주 노출되어야 한다. 그러려면 앱 소개 글과 앱 제목에 우리 앱과 관련된 키워드를 잘 적어 넣어야 한다. 당연히 해외에서도 검색에 잘 걸리도록 우리가 원하는 키워드를 각국 언어로 번역해 나라별 앱 소개 글에 잘 포함해야 한다.

우리는 앱 소개 글을 길게 작성해 그 안에 앱과 관련된 다양한 키워드를 담음으로써 여러 키워드로 검색했을 때 한 번이라도 더 앱이 노출되도록 노력했다. 이를테면 솜노트의 경우 앱 소개에 '노트 작성, 일기 쓰기, 다이어리, 가계부 작성, 할 일, 공부 계획' 등 솜노트로 할 수 있는 다양한 일들을 모두 적어 넣은 것이다. 이런 경우 해당 키워드들로 누군가 검색할 때 한 번이라도 더 노출될 가능성이 있다. 그런 식으로 앱스토어 검색에 계속 최적화를 해가는 것이다. 물론 앱스토어 검색 알고리즘은 계속해서 변하므로 우리도 거기에 대응해 자주 테스트를 해가며 다른 시도를 해갈 필요가 있다.

플랫폼의 변화에 신속하게 대응하라

양대 모바일 마켓을 운영하는 애플과 구글은 매년 서로 새로운 버전의 모바일 OS를 내놓는다. OS가 변함에 따라 양사가 바라는 앱의 디자인과 사용성도 계속 달라진다. 이때 앱 개발사들에게 배포하는 앱 개발 가이드라인이 바뀐다. 이 새로운 가이드라인에 따라 빠르게 앱의 화면과 기능을 바꾼 개발사가 당연히 추천의 기회를 얻는다. 마켓 메인화면에 추천되면 다운로드는 급격히 증가한다. 따라서 스타트업 입장에서는 플랫폼의 지시 사항이 바뀔 때 이를 최대한 빨리 적용하고 따라가는 것이 1%라도 성공 가능성을 높이는 지름길이다.

또한 애플 워치나 안드로이드 워치처럼 플랫폼이 스마트폰 외에도 스마트워치용 개발 가이드를 내놓는 경우도 있다. 이런 것도 플랫폼 마음에 들 절호의 기회다. 스마트워치가 아직 많이 안 팔려 실제 매출에는 큰 도움이 안 될 수도 있다. 하지만 그들이 하고자 하는 신사업에 가장 먼저 착 달라붙어 열심히 좋은 앱을 만들어주다 보면 언젠가는 보답을 해준다. (여기서 반드시 고려할 점이 있다. 플랫폼은 좋은 비게임 앱을 좋아한다. 게임이 워낙 많기 때문이다. 그렇다고 비게임 앱을 추천받기 위해 만들어서는 안 된다. 비게임 앱은 게임처럼 뚜렷한 매출원이 없기 때문에 수익 모델을 잘 고려하지 않으면 마켓 좋은 일만 시키고 만다. 개발사가 망한다고 플랫폼이 보상해주지는 않는다.)

소비자들이 남긴 앱스토어 리뷰에 적극적으로 응답하라

도합 1억 다운로드를 넘긴 한국을 대표하는 사진 앱 개발사 젤리버스에 갔다가 아주 큰 인상을 받은 적이 있다. 사장부터 직접 전 세계 고객들의 리뷰에 직접 댓글을 달아준다는 것이었다. 모르는 언어는 구글 번역기를 돌려서라도 반드시 모든 리뷰에 댓글을 남긴다고 하였다. 이는 밤이든 낮이든 주말이든 상관없이 항상, 반드시 이뤄지는 일이었다. 전 세계에서 오는 모든 문의 메일에도 역시 사장과 부사장이 직접 일일이 정성껏 대답을 해왔다고 했다. 세계적인 개발사가 괜히 만들어지는 것이 아니라는 생각을 하게 한 계기였다. 이후 나부터 나서서 솜노트와 테마 키보드 리뷰에 댓글을 직접 달고 많은 노력을 기울였다. 확실히 사장이 직접 댓글부터 일일이 챙길 때와 그러지 않을 때의 실적은 하늘과 땅의 차이를 가져온다. 담당자가 일을 못해서가 아니라 사장이 고객의 목소리를 자주 듣고 사업의 방향을 개선해갈 수 있기 때문이다. 스타트업의 고객 응대는 담당자가 따로 정해진 것이 아니라는 사실을 명심하자.

CHAPTER 4

스타트업의 실전 마케팅

스타트업 마케팅의 최대 목표는 밖에 있는 모두가 우리 회사가 잘되고 있다고 신뢰하게 만드는 것일 테다. 그렇게 되면 좋은 인재가 모이고, 주가가 오르며, 고객도 제 발로 찾아온다. 이 목표 달성을 위해 앞서 소개한 모든 마케팅 채널을 잘 섞어 사용해야 할 것이다. 이 과정에서 거짓은 용서가 안 되지만 반 발짝 앞서가는 것은 용납이 된다. 무언가 준비하고 있고 이를 조직 내에서도 믿고 있다면 그것을 바깥의 사람들과 공유해도 괜찮다. 조직은 희망을 먹고 살기 때문이다. 회사가 지금 좀 어려워도 이 상황을 반전시키고 앞으로 나아가려면 기회가 필요하다. 그 기회는 우리에 대한 안팎의 사람들의 기대와 믿음에서 온다. 마케팅의 목적은 항상 정직에 기반해 기대와 믿음을 만드는 것에 있어야 한다.

저비용으로 활용도가 높은 마케팅

제품을 출시한 뒤에는 본격적으로 마케팅을 진행하게 된다. 아무래도 스타트업은 돈이 별로 없기 때문에 광고비를 쓰는 마케팅보다 입소문과 미디어 노출에 의한 마케팅에 치중하게 되는 것이 일반적이다. 다양한 사례와 함께 우리가 초기 제품 마케팅에 어떤 수단들을 쓸 수 있고 어떤 것들을 주의해야 하는지 살펴보자. 앞으로 소개할 모든 전술은 위자드웍스가 지난 10년간 실제로 모두 사용하며 직접 겪고 배운 것들이다. 스타트업이 실제로 저비용으로 현장에서 활용하기에 적절하다 싶은 것만 골라 내가 배운 것들 위주로 정리했다.

실제 스타트업의 마케팅 캠페인 설계 시에는 마케팅 믹스Marketing mix라고 하여 모든 수단들을 효과적으로 섞어서 집행해야 할 것이다. 또한 제품 출시기와 둔화기, 리뉴얼기 등 상황에 맞게 어떨 때는 더 힘을 주고, 어떨 때는 힘을 쫙 빼어 완급 조절을 잘 해야 한다는 사실을 명심하길 바란다. 항상 힘만 주다 보면 정작 힘을 주어야 할 때 사람들의 관심을 받지 못한다.

핵심이 분명한 보도자료

앞서 잠깐 언급한 것처럼 보도자료 쓰는 연습을 대표부터 해보아야 한다. 처음 보도자료를 쓸 때는 우선 잘된 보도자료를 많이 보고 베껴 써보아야 실력이 는다. 보도자료는 어디에나 널려 있다. 네이버 뉴스 사이트에서 유사 업종 기업들과 관련된 기사를 검색해보자. 보통 회사의 특정 소식을 여러 언론사가 중복으로 보도한 경우는 십중팔구 해당 업체가 보도자료를 낸 경우다. 따라서 그런 기사를 열어 열심히 읽고 따라 써보길 바란다. 우리 회사 보도자료도 다른 회사 보도자료와 비슷한 형식과 순서로 작성해본다. 첫 보도자료는 우선 대표가 써본 후 주변에 첨삭을 맡겨도 좋다. 내가 낸 보도자료와 나중에 실제 기자가 고쳐서 보도한 기사를 비교해보면 내 문장이 어떻게 바뀌었는지 확인할 수 있다. 그런 것들을 잘 파악해 다음에 보도자료 낼 때는 핵심을 좀 더 분명히 드러내고 사족은 빼는 등 개선해가면 된다. 그러다 보면 어느새 보도자료를 아주 잘 쓰게 된다. 나중에 돈이 생기면 홍보대행사에 맡기면 되지만 처음에는 대표가 직접 챙겨야 한다.

기자들은 하루에도 수십 통의 보도자료를 받기 때문에 우리 제품 출시 소식이 기자의 관심을 끌기는 어렵다. 따라서 기사로 나올 가치가 있는 기능이나 특징을 잘 강조해 써야 한다. 만약 제품에 새로운 특징이 별로 없다면 대표나 창업 팀의 특징을 강조하는 것도 좋다. 어떻게든 보도자료는 튀는 회사, 튀는 제품으로 보여야 한다. '특별할 것 없는 스타트업이 하나 더 나왔다'는 인식을 주지 않으려면 보도자료를 낼 때마다 독보적인 특징을 잘 찾아 강조할 필요가 있다.

배포는 기자 한 명, 한 명에게 메일로 하며 절대 전체 수신으로 보내지 않도록 한다. 무례해 보이기 때문이다. 보낼 때는 본문을 한글이 아닌 워드 파일로 보내고 (한글로 보내면 읽지 못하는 PC가 많다.) 내 경우 PDF 버전을 같이 보내 의도한 문서의 디자인 형식이 깨지지 않도록 한다. 또한 이미지가 있는 경우 이를 기사에 바로 첨부할 수 있도록 크기별로 우리 서버에 올려놓고 링크를 보내는 노력을 기울인다. 제목과 본문에서 한 명, 한 명 기자들의 이름을 직접 호명하고 거의 항상 내가 직접 메일을 썼다. 그런 정성과 꼼꼼함이면 한 번이라도 더 보도될 기회가 더해진다. 그러니 보도자료의 작성과 발송, 보도 이후의 팔로업(보통 감사 인사 메일을 나는 따로 보낸다.)까지 극도로 세심한 주의를 기울일 필요가 있다. 내가 대충 준비하면 상대도 나에게 대충 한다. 스타트업을 할 것이라면 잊지 말기를 바란다. 내가 모르는 분야이더라도 배워서 극진한 노력을 할 때 성과가 난다.

누구에게 보도자료를 보낼까?

보도자료를 배포할 기사 명단을 만드는 것도 중요하다. 처음에는 인연이 없기 때문에 네이버에서 우리 업종에 해당하는 제품명을 친다. 나 같으면 솜노트 보도자료를 처음 낼 때 '카카오톡'과 '모바일앱'을 검색했다. 그럼 당시 카카오톡과 모바일 앱에 관해 기사를 쓰는 기자들의 이름과 이메일을 알아낼 수 있다. 그들에게 보도자료를 보내되 한 매체에는 단 한 명의 기자에게만 자료를 보내는 것이 예의다.

우리의 경우 미리 준비한 보도자료 배포 대상 기자들에게 자료를 발송한 지 3시간 정도 후에는 뉴스와이어http://newswire.co.kr에 보도자료를 공개적으로 배포하기도 한다. 뉴스와이어는 언론인과 파워블로거들이 기업과 정부의 보도자료를 받아보는 사이트다. 기업들은 유료로 보도자료를 등록할 수 있다. 우리가 일일이 검색만으로 커버할 수 없는 기자들에게까지 보도자료를 보낼 수 있어 뉴스와이어 이용은 유용하다.

초기 스타트업은 기사가 많이 보도되지 않고, 단 한 건의 언론 보도라도 의미가 있기 때문에 이렇게 이중으로 보도자료를 배포하는 노력을 기울이는 것도 필요하다고 본다. 주의할 것은 뉴스와이어 등록 시간을 우리가 메일로 보낸 시간보다 몇 시간 늦추는 것이다. 그것이 우리가 메일로 따로 자료를 보낸 기자들에 대한 예의다. 그런 에티켓들을 잘 파악해 미디어를 존중한다면 반드시 미디어도 우리를 한 번 더 보게 될 것이다.

코마케팅과 크로스 프로모션

초기에는 형편이 비슷한 다른 스타트업과 공동 프로모션을 많이들 한다. 현실적으로 대기업이나 이미 큰 스타트업과 공동 프로모션을 하기는 어렵기 때문에 사용자 수나 매출이 비슷한 규모의 회사들끼리 공동 프로모션을 많이 한다.

보통 이런 공동 프로모션은 다른 사업 분야를 영위하는 2개 또는 3개 이상의 회사가 참여하게 된다. 보통 A사의 고객은 A사 서비스만 쓰고 B사 고객은 B사 제품만 쓰고 있는 경우가 많으므로 만약 A사가 B사에 자사 고객을 몰아주고 B사 역시 자사 고객을 A사로 보내주면 이론상 양사 모두 고객이 2배 증가하게 된다. 그러면서도 A사와 B사는 서로 다른 사업을 영위하므로 고객이 자사 제품을 떠날 일도 없다.

실제로 해보면 아무리 유도해도 고객이 모두 옮겨가지는 않는다. 양사 모두 아직 영세하기 때문에 트래픽이나 매출에 지대한 영향을 끼치지도 못한다. 그렇다고 갓 시작한 스타트업과 쉽게 제휴해줄 회사를 찾기도 힘들기에 안 하는 것보다는 무엇이라도 해보는 것이 낫다. 한 번의 프로모션 효과는 비록 크지 않더라도 비슷한 프로모션을 줄기차게 열 번 정도 하면 의미 있는 실적 변화가 일어날 수도 있기 때문이다. 스타트업은 일말의 가능성이라도 있으면 일단 도전하고 보아야 어떻게든 다음 기회가 주어진다.

온라인 마케팅 채널들(소셜 네트워크, 비디오)

많은 스타트업들이 페이스북, 인스타그램, 카카오스토리 등 소셜 네트워크 채널을 통해 마케팅을 진행한다. 일단 계정을 만들고 홍보하는 데 비용이 발생하지 않기 때문에 가장 선호된다. 요즘은 카카오 옐로ID를 만들어 카카오톡을 통해 홍보를 하는 스타트업도 있다. 영상 제작 능력이 되면 유튜브에 다양한 비디오를 올려 홍보하는 스타트업도 보인다. 많은 스타트업의 마케팅 담당자들이 이 같은 채널을 개설해 저마다의 콘텐츠를 개발하고 사용자들과 소통한다.

하다 보면 여기에도 비용이 들어간다. 아무래도 기업 계정에 올라온 콘텐츠를 사용자가 적극적으로 공유하고 반응해주지 않다 보니 이들을 띄우기 위해 광고 집행을 고려하게 된다. 한때 기업들이 페이스북 페이지를 운영해 '좋아요'를 많이 받았지만 요즘은 글마다 적당한 광고비를 지불하지 않으면 '좋아요'가 아무리 많아도 실제로 사용자들에게 게시 글이 잘 보이지 않는다. 인스타그램 역시 '좋아요'를 많이 받아야 타임라인의 상위에 노출되는데, 역시 기업 계정의 콘텐츠면 공감을 받기 힘들어진다. 이 때문에 해당 기업 대신 인스타그램 팔로워들의 사진에 대신 '좋아요'를 눌러주는 유료 서비스들도 여럿 생기고 있다. 카카오톡 옐로ID 역시 개설은 무료지만 일정 부분 이상 광고를 보내려면 비용이 발생한다. 따라서 이제는 소셜 네트워크 마케팅도 적절한 예산을 집행하지 않으면 고객을 만나고 의미 있는 공감을 유발하기 대단히 어려워지고 있다.

이들 매체를 활용한 마케팅을 잘하려면 우선 고객들의 공감을 유발하는 감각 있는 담당자로 하여금 운영을 맡길 필요가 있다. 담당자들이 요즘 트렌드에 맞는 콘텐츠를 개발해 운영할 수 있도록 돕고 필요할 경우 최소한의 예산 집행은 가능하도록 해주어야 한다. 그러나 너무 많은 예산을 소셜 네트워크 채널에 집행하는 것은 주의가 필요하다. 일단 이 채널들에서 반응하는 소비자가 과연 실제 구매로 이어질 수 있는가에 대한 면밀한 검토가 이루어지지 않았다. 또한 이들이 반응한다 해도 반응한 콘텐츠에 대한 일시적 감응일 뿐 이것이 우리 회사와 제품에 대한 장기적 선호로 이어질지도 알 수가 없다. 따라서 소셜 네트워크 채널을 활용한 마케팅은 스타트업들이 가장 만만하게 생각하는 활동이면서도 실제로 훌륭한 성과를 달성하는 기업은 아주 드물다.

팔로워나 '좋아요'가 많더라도 이를 매출로까지 연결한 회사는 손에 꼽는다. 실제 우리 제품을 구매하는 소비자는 소셜 네트워크에 없을 수도 있다. 그런 점을 면밀히 검토해 불필요한 활동이라면 안 하는 것이 맞다. 만약 우리 고객이 100% 기업인데 소셜 네트워크 계정에서 개인들에게 흥미로운 콘텐츠를 제공해서 무슨 의미가 있겠는가? 그냥 '우리도 온라인 마케팅을 이 정도는 해' 하는 자위에 지나지 않을 것이다. 스타트업의 사장과 마케팅 책임자는 정확히 우리 고객이 누구고 그들이 어디에 주로 있는가부터 따져본 후에 일을 시작해야 한다. 우리가 잘할 수 있고 하고 싶다고 해서 그냥 하는 것은 마케팅이 아니다.

소비자를 유혹하는 행사들

목적에 따른 이벤트 프로모션

제품 안팎으로 출시와 관련된 다양한 이벤트를 주최한다. 제품 내에서는 초기 고객들에게 오픈 기간 동안 추첨을 통해 선물을 지급하는 이벤트를 예로 들 수 있겠다. 이벤트를 기획할 때는 목적 설계를 잘해야 한다. 신규 가입자 유치가 목적인지, 기존 가입자들의 재방문이 목적인지, 첫 구매가 목적인지를 분명히 해야 한다.

만약 신규 가입자 유치가 목적이라면 이벤트 기간 동안 가입한 사람들 전원에게 특정 선물을 제공할 수 있다. 게임에서 특히 많이 하는 방식으로 오픈 기간 동안 가입해 일정 기간 또는 레벨까지 플레이하면 게임 내 아이템 꾸러미를 제공한다. 목적이 기존 가입자의 재방문이라면 스탬프 이벤트 같은 것을 고려해볼 수 있다. 오프라인 상점에서 제품 구매 시 스탬프 카드를 주는 것도 그렇고 온라인에서 일주일 또는 30일 스탬프 이벤트 같은 것을 하는 이유도 같다. 또한 목적이 첫 구매라면 특정 기간 동안 첫 구매 고객 모두에게 선물을 증정하는 이벤트 등을 고려할 수 있다. 이런 이벤트들을 통해 실제로 첫 구매가 비약적으로 신장하곤 한다.

어디에 목적을 둘 것인지 정하기 위해 우리 제품의 상태와 특성을 잘 파악할 필요가 있다. 우리 제품이 나온 지 얼마 안 된 초기 제품이라면 아직 구매보다는 가입이나 재방문 이벤트를 통해 우리 제품의 효용성을 충분히 알릴 필요가 있다. 또한 재방문할 콘텐츠가 충분치 않은데 단지 재방문 지표만을 위해 재방문 유도 이벤트를 한다면 이는 억지로 오는 꼴밖에 안 된다. 실제로 고객이 재방문해 할 일이 있어야 한다.

우리 제품 안에서 하는 이벤트 외에도 다른 제품과의 제휴를 통해 진행하는 이벤트도 있다. 두 제품이 서로 도움을 주고받기 위한 제휴 이벤트는 앞서 언급한 대로 주로 체급이 맞는 다른 스타트업과 진행하게 된다. 그 외에 다른 회사나 제품에 돈을 내고 이벤트를 진행할 수도 있다. 예를 들어 우리 게임을 내려 받으면 카카오톡에서 쓸 수 있는 이모티콘을 제공하는 이벤트를 예로 들 수 있겠다. 만약 이모티콘이 예쁘면 카카오톡을 더 즐겁게 쓰기 위해 우리 게임을 다운 받을 것이다. 그래서 이 상품은 실제로 많은 게임사들이 카카오톡에 돈을 내고 쓰는 유료 이벤트 상품이 되었다.

이처럼 다양한 이벤트를 통해 목표한 기간 동안 일시적으로 원하는 지표 상승을 꾀해볼 수 있다. 다만 이벤트에는 필연적으로 돈이 든다. 고객들이 흥미를 느낄 만큼 많은 상품이 걸린 이벤트를 항상 할 수는 없다. 또 이벤트를 상시 할 경우 이벤트의 효과가 떨어진다. 따라서 이벤트 프로모션을 고려할 때는 이 두 가지를 기억하기 바란다. 첫째, 목표한 특정 지표를 올리기 위한 목적으로 할 것. 둘째, 지표 상승을 원하는 특정 기간 동안 일시적으로 진행할 것.

그밖에 회사를 하다 보면 이미지 홍보를 위한 사회 공헌 이벤트에 제품을 협찬해달라는 요청도 받고 언론사로부터 자사가 개최하는 행사에 우리 제품의 이벤트 부스를 (우리 돈으로) 차리라는 제안도 받는다. 대기업이나 정부에서 개최하는 이벤트에 무료로 참가해 우리 제품을 홍보할 기회도 종종 오곤 한다. 그러나 이 모든 것들이 지금 우리의 목적에 부합하는 것인지 미리 따져볼 필요가 있다. 그러지 않고 주어지는 기회에 모두 응할 경우에는 회사의 가장 중요한 '시간 자원'을 까먹고 만다. 우리 직원 서너 명이 일주일씩 코엑스에 교대로 가서 부스 전시 서는 것은 그 부스가 무료로 주어졌다 하더라도 결코 무료가 아니다. 서너 명의 시간과, 그 시간 동안 제품을 고도화할 기회를 잃게 되기 때문이다.

다목적 오프라인 이벤트

오프라인 이벤트는 회사가 신제품 출시, 인수 합병, 메이저 업데이트, 설립 5주년, 매출 천억 원 달성 등 아주 특별한 마일스톤milestone(이정표)을 달성했을 때 이를 좀 더 세게 과시하기 위해 이용할 수 있다. 목적은 여러 가지가 있는데 경쟁사를 두렵게 하는 것, 잠재적인 구직자들에게 좋은 회사임을 홍보하는 것, 사장의 개인적인 욕구, 대언론 홍보용 등이 있다.

위자드웍스가 오프라인 이벤트를 개최한 것은 2007년 위자드닷컴 2.0 출시, 2009년 위젯 플랫폼 위자드팩토리 출시, 2012년 솜노트 출시, 2015년 아이지에이웍스 피인수 등이다. 일반적으로 중요 제품의 출시 때 오프라인 이벤트를 열 필요를 느끼는데 이는 더 떠들썩한 출시를 위해서다. 일시적으로나마 업계의 관심을 우리에게 집중시키는 데 효과적이기 때문이다. 물론 빈 수레가 되어서는 안 될 것이다.

오프라인 행사는 충분히 의미가 있지만 과할 경우 누군가는 회의의 눈초리를 보낼 수도 있다. 필요할 때는 과감히 하더라도 너무 비싼 장소, 체급에 맞지 않는 규모는 과감히 지양하라고 말하고 싶다. 누구나 강남의 아주 좋은 장소를 빌려서 최고의 멋진 행사를 개최하고는 싶어 한다. 그러나 현실을 명확히 들여다보고 '오버' 하지 않는 것이 중요하다. 스타트업 사장이 투자도 많이 받고 여기저기서 찾으며 방방 뜰 때에는 순간 자기가 '오버' 하는 것인지 잘 안 보이게 마련이다. 자기가 생각해도 '이래도 될까?' 싶을 때는 안 하는 것이 좋다. 회삿돈도 아끼고 괜히 긁어 부스럼 만들 필요가 없기 때문이다. 회사에 투자해준 사람들도 그런 데 돈 쓰라고 투자해준 것 아니고 직원들도 그런 행사를 한다고 회사에 자부심을 느끼지 않는다. 실리콘밸리에서도 요즘 스타트업이나 벤처캐피털이 세 과시를 위해 샌프란시스코 남쪽에 위치한 야구장인 'AT&T 파크'를 빌려 회사 행사를 개최하는 것을 두고 말들이 많다.

우리 같은 경우 두 번의 출시에서 런칭 당일 오전에 기자간담회를 개최하고 저녁에는 블로거들과 사용자들, 멤버들의 지인들을 초대하는 런칭 파티를 열었다. 하루에 두 오프라인 행사를 여는 것은 결코 만만한 일이 아니지만 런칭 효과를 극대화하기 위해 위자드팩토리(훗날 네이버와 제휴해 위젯 업계 1위가 되었다.)와 솜노트(훗날 한국 노트앱 1위가 되었다.) 때 이 같은 방식을 썼다. 아무래도 품이 많이 가는 것은 런칭 파티다. 기자간담회는 참가자가 기자들로 한정되어 있고 한 번이라도 면식이 있는 기자들을 중심으로 초대하여 최대 15명을 넘지 않도록 했다. 내가 위자드웍스 창업 전 몸담았던 조직이 액센추어 마케팅팀이었고 내 일이 바로 기자간담회 주최와 같은 것이었다. 그러니 위자드웍스는 창업 초기부터 이 같은 행사를 여는 데 나름의 노하우가 있었다고 하겠다.

예전에는 보통 기자간담회를 호텔에서 많이 했다. 점심식사를 겸해 앞에서 대표가 신제품 발표를 하고 끝나고 그 신제품이나 기념품, 그리고 보도자료가 담긴 USB를 패키지로 준비해 기자들이 나갈 때 제공했다. 요즘은 김영란법 시행 이후 이 같은 관행이 많이 변하고 있다. 식사도, 기념품도 제공하기 서로 부담스럽기 때문에 간담회가 많이 줄지 않을까 생각한다. 열어도 구성이 단출해질 것이므로 아주 보도 가치가 크지 않고는 참석도 줄어들 것으로 예상한다. 기자들과는 평소에 관계를 더 쌓고 만약 내가 지금 신제품을 낸다면 차라리 런칭 이벤트는 저녁으로 일원화하여 런칭 파티 행사를 키우는 것을 고려할 것이다. 저녁 행사는 최소 수십에서 수백 명이 참석하므로 개인별 선물은 어렵고 케이터링이나 축하 뮤지션 등 프로그램의 질에 더 신경을 쓸 것이다.

사장이 항상 기억해야 하는 것은 오프라인 행사의 2차 이용이다. 비싼 돈 내며 기자간담회하고 저녁에 런칭 파티 폼 나게 하고 끝나면 얼마나 돈이 아까운가. 그래서 사진을 잘 남겨야 하는 것이다. 런칭 파티야 밤이니 어두워 잘 안 나온다 하더라도 기자간담회는 보통 멋진 장소에서 말쑥하게 정장 차려 입고 하니 사진도 멋있게 잘 나온다. 우리가 항상 하던 것은 기자간담회 사진을 찍어서 행사 종료 직후 보도자료에 담아 기자들에게 같이 배포한 것이다. 그날 그 멋진 사진이 다양한 매체에 보도가 된다. 경쟁사 입장에서도 상당히 두려움이나 위협을 느끼게 된다. 그런 2차 활용을 하려고 굳이 멋진 장소에서 행사를 하는 것이다.

저녁의 런칭 파티도 항상 포토그래퍼에게 부탁해 멋진 사진 콘텐츠로 만든 후 이를 회사 블로그 등에 게재했다. 자기 얼굴이 나온 사람들은 이를 소셜 네트워크 등으로 퍼갔고 네티즌들은 '와, 저 회사가 이런 멋진 행사를 열었구나' 하고 신제품에 관심을 가졌다. 지금은 런칭 파티가 익숙해졌고 심지어 스타트업들끼리 한 달에 한 번 저녁에 모여 맥주와 DJ가 있는 파티도 여는 것으로 알고 있다. (조속한 'Exit(회사 매각)'를 원하는 스타트업 멤버들이 매월 마지막 주 목요일에 모여 여는 파티라고 해서 'Thursday Exit Party'라고 한다.) 그러나 이때는 10여 년쯤 전이다. 처음 보는 미국식 파티 사진에 네티즌들이 참가자들을 부러워했고 많은 사진이 2차로 공유 확산됐다.

우리가 의도했던 신제품 출시 홍보 극대화는 우선 오프라인 행사에 참가한 유명 인사들과 기자들, 파워블로거들이 우리 신제품에 기대감을 갖게 됨으로써 1차로 달성되었다. 또한 그들이 집으로 돌아간 후 생산, 유통한 콘텐츠를 본 네티즌들에 의해 2차로 달성되었다. 이처럼 오프라인 행사는 회사와 사장이 특정한 목적을 갖고 힘을 줄 필요가 있을 때 사용된다. 이벤트 프로모션과 마찬가지로 너무 자주 열면 효과가 떨어지며 자칫 낭비벽이 있는 회사로 비쳐질 수 있다. 항상 과유불급이다. 명심하길 바란다.

연쇄효과가 있는 마케팅

메신저가 되어줄 마케팅 서포터즈

위자드웍스는 2007년 업계 최초로 대학생 마케터를 선발했다. 회사 이름에 마법사가 들어가는 것에 착안해 이름을 '마법학교'라 지었다. 이렇게 탄생한 위자드웍스 마법학교는 2012년까지 다섯 차례 진행되었고 2010~2012년 네이버 '대학생 대외 활동' 검색 순위에서 현대차와 LG그룹 프로그램에 이어 세 번째로 대학생이 선호하는 프로그램이 되었다. 단지 스타트업에서 만든 프로그램치고 괜찮은 수준이 아니라 대중소기업을 통틀어 가장 높은 선호를 보인 프로그램을 만들었다는 자부심이 있었다. 그만큼 우리는 마법학교 운영에 많은 공을 들였다. 당시 대학생들이 조엔 롤링의 '해리 포터' 시리즈를 보고 자란 점이 주요했다. 그래서 일부러 수료식에는 할로윈 코스튬 업체에서 구해 망토를 입히고 사진을 찍었다. 해리 포터 극 중 호그와트 마법학교에 나오는 연회장을 닮은 장소를 섭외해 마치 극 중에 들어와 있는 듯한 연출도 가미했다.

운영 과정에서는 우리 회사 제품의 온라인 홍보를 학생 서포터즈들이 돕도록 했다. 조를 짜서 주로 대학 내에서 제품을 확신시키는 방법에 대해 팀별로 발표한 후 코멘트를 주었다. 그러면 한 학기 동안 실제로 학생들이 소정의 예산을 받아 학교와 대학가에서 학생들을 대상으로 하는 마케팅 활동을 벌여나갔다. 1기 때는 우리도 운영상의 정책이 없었기 때문에 학생들 간의 경쟁이 과열되어 파워블로거에게 홍보 글을 써달라는 청탁을 하는 사건도 일어난다. (사건의 내막은 본문 227쪽에서 자세히 소개한다.) 이후 내가 직접 나서 사과했고 2기 때부터는 학생들의 홍보 가이드라인을 마련해 유사 사건은 발생하지 않았다.

보통 선발은 기수별로 20명에서 많을 때는 60명까지 뽑았는데, 지원 경쟁률은 평균 80대 1을 상회했다. 우리는 면접 기간에 대학교 강의실을 여러 개 빌려 전 직원이 면접을 보아야 했는데 지금 생각해보면 이것이야말로 전형적인 주객전도의 상황이라고 생각한다. 그때는 어려서 그것이 매우 중요하다고 생각했는데, 지금은 생각이 많이 바뀌었다. 마케팅팀이 감당할 수 있는 운영 규모가 아니라면 안 뽑는 게 맞다. 개발자들까지 시간 빼앗겨 대학생들 면접 보는 것이 무슨 의미가 있을지 잘 모르겠다. 반드시 대학생들이 써야 하는 제품(대학생 시간표나 대학가 맛집 추천 등)이 아니라면 회사의 자원을 일정 기간이나마 효용이 입증되지 않은 곳에 집중하는 것은 잘못인 것 같다.

그런 운영상의 애로 사항으로 인해 2012년을 끝으로 마법학교는 더 이상 운영하지 않는다. 그 사이 어쨌든 200여 명의 학생들이 배출되었고 그중 3분의 1 가량은 IT업계로 들어와 좋은 회사들에서 훌륭히 일하고 있는 것으로 안다. 스타트업을 창업했다는 친구도 여럿 되고 마법학교로 인해 진로를 바꿔 IT업계에 입문하게 되었다는 학생들도 수십 명이 된다. 좋은 인재들을 면접을 통해 선발하고 IT업계 최고 선배들을 강사진으로 하여 앞선 교육을 제공해온 점은 분명 업계 전반에 작게나마 기여했다고 생각한다.

그러나 분명히 그것은 우리가 하기에는 너무 큰 규모의 일이었다. 학생들의 마케팅 활동이 분명 제품에 도움이 되었지만 그렇다고 사업 성패에 절대적 영향을 미쳤냐 하면 그것은 잘 모르겠다. 운영의 묘를 살려 한 기수를 마치는 데 드는 총 비용을 700만 원 내외로 끊었던 점을 생각하면 비용 대비 효과는 적절했다고 생각한다. (직원들이 면접 등에 동원된 기회비용은 제외하고) 마법학교 프로그램에 대한 평가는 '일장일단이 있었다'고 하는 편이 적절할 것이다. 만약 이런 프로그램을 운영하려는 스타트업이 있다면 운영의 목적을 명확히 하면 좋겠다. 우리는 '온라인 마케팅에 도움을 받는다'는 추상적인 목적이 있었을 뿐 그들이 해주기를 바라는 정확한 활동과 그들이 올려주기를 원하는 명확한 지표가 없었다. 한 학기 동안 매주 만나서 밥 먹고 교육하고 했지만 학생들이나 우리에게 무엇이 보람으로 남았는가 하면 그저 '추억'이라고밖에 답할 수 없다.

그럼에도 마케팅 서포터즈 운영은 매력이 있다. 일단 우리 제품이나 회사의 든든한 우군이 생긴다. 그들은 회사를 대신해 고객에게 답을 줄 수도 있고 회사와 고객 사이에서 정보를 전달하는 일상적인 메신저가 되어줄 수도 있다. 다만 그 규모를 회사가 감당 가능한 수준, 감당 가능한 기간에 한정하는 게 필요할 것이다. 또한 서포터즈들을 너무 착취해서도 안 될 것이다. 합당한 보수를 제공할 수 없으면 요구하는 일도 그만큼 적어야 한다. 아무래도 운영은 하면 할수록 는다. 필요하다고 판단해 시작했으면 여러 차례 운영을 해야 비로소 실질적인 효과를 볼 것이다.

후광효과가 큰 수상과 선정

위자드웍스는 수상과 선정에 대체로 인연이 많았다. 창업 이듬해인 2007년 미국의 유명 정보기술 매체에서 '아시아 200대 유망 벤처기업'으로 선정이 됐다. 그 덕에 초기 홍보에 아주 유리했다. 한국이 아닌 미국에서 선정이 되었으므로 우리나라 사람들이 한 번 더 돌아보는 효과가 있었다. 이후 2009년에는 내가 위젯 시장 개척 공로로 미국 〈비즈니스 위크〉로부터 '아시아를 대표하는 젊은 기업가 25인'에 이름을 올렸다. 2012년에는 솜노트가 한국과 미국 등에서 상과 선정을 휩쓸어 5관왕을 했다. 2013년에는 솜노트가 미국 뉴욕에서 '인터넷의 오스카상'으로 불리는 '웨비상'을 덜컥 받았다. 옛날에 정말 말로만 듣던 상이다 보니 감회가 남달랐다. 그밖에도 회사나 개인적으로 받은 온갖 수상과 선정은 지난 16년간 여기 다 열거하기 어려울 정도로 많다.

어떻게 위자드웍스는 처음부터 국내뿐 아니라 해외에서 존재감을 알리게 되었을까? 비밀은 하나다. '그만큼 많이 지원했다'는 것이다. 우리는 기회가 되는 모든 수상과 선정에 도전했다. 아는 회사가 어떤 상을 받았다면 거기를 물어봐 다음 기회에 도전했다. 우리가 떨어진 상과 선정이 붙은 것보다 수십 배는 더 많다. 사람들은 결과만 보니까 마치 우리가 가만있는데 상을 이해할 수 없을 정도로 많이 받는 것으로 보는 것이다.

또한 미국에서 작은 선정(예를 들어, 미국의 어느 매체로부터 '안드로이드를 위한 세계 3대 노트 앱' 같은 기사에 솜노트가 소개된 적이 있다.)이라도 되는 경우에는 이것이 한국에서 훨씬 더 크게 알려졌다. 이 같은 후광효과를 본 뒤로 우리는 큰 상이 아니라 입상이라도 가능한 행사들에는 적극적으로 지원하게 되었다. 그런 노력들이 시간의 힘으로 쌓이다 보면 누적 효과로 다음에는 더 큰 상을 받을 수 있게 되는 것이다. 이러한 수상과 선정의 장점은 한국 대중들과 미디어가 특히 공신력을 좋아한다는 것이다. 본인이 써서 편한 것보다 남들이 좋다는 것에 더 귀를 기울인다.

수상과 선정에 너무 노력한 나머지 주객이 전도되면 안 된다. 이따금씩 상은 많이 받았다는데 막상 써보면 별로인 제품이 있다. 그런 케이스가 되지 않으려면 '본질에 집중한 결과 수상과 선정으로 이어졌다'가 되어야 한다. 본질은 어디까지나 실제 서비스 지표와 매출이 늘어나는 것이다. 거기 집중하는 것은 당연하고 그 과정에서 마케팅 수단으로써 선정과 수상에 지원하는 것이 바람직하다.

한 가지 팁이 있다면, 선정과 수상 시장에는 정보 비대칭이 엄연히 존재한다. 이를테면 한국에서는 어려워 보이는 상인데 막상 해외에서는 별로 지원자가 많지 않은 경우가 있다. 거꾸로 국내 상일 뿐인데 경쟁이 엄청 치열한 경우도 있다. 어디에 지원해 어떤 결과를 얻을 것인가? 내 경우 전자라고 보는데 많은 스타트업이 한국밖에 보지 못하니 수상 기회가 그만큼 적어진다.

스타트업을 하다보면 돈 내면 상 준다는 유혹이 심심찮게 들어온다. 보통 몇 백만 원 정도 내면 '2017년 인기 제품'이나 '소비자가 뽑은 대상' 등에 선정을 해준다는 내용이다. 그런 유혹을 취할 것인가 하는 결정은 역시 사장의 몫이다. 누군가는 협찬이라는 것을 대번에 알지만 대부분은 '와, 저 제품이 진짜 좋은가봐?' 하고 놀라서 다시 보게 된다. 남의 인정에 워낙 관심이 많기 때문에 돈 내고 상을 받아도 분명히 누군가는 혹한다. 사실 돈만 내면 할 수 있는 게 되게 많다. 여러 케이블 채널의 '우수 벤처기업' 소개 방송도 돈만 내면 찍을 수 있다. 이런 게 국내에만 있냐 하면 그렇지 않다. 해외에는 더 많으면 많았지 적지 않다. 실리콘밸리도 마찬가지다. 실리콘밸리에서의 수상과 선정도 100% 곧이곧대로 믿을 것은 못되는 것이다.

비용 없이 전문력을 쌓는 방법들

전문지 기고

———— 스타트업이 돈 없이 제품이나 회사를 알리는 데 있어서 기고와 강연, 출판, 방송 활동도 나름대로 의미가 있다. 먼저 기고에 대해 이야기해보자. 어느 스타트업이 갖고 있는 전문성이 업계에 소문이 나면 그때부터 해당 분야의 전문 잡지나 출판물에 정기적 또는 비정기적으로 원고 의뢰가 들어온다. 그러면 보통 기술 관련 임원이나 대표가 회사 이름을 내걸고 직접 기고를 하게 된다. 기고는 기업을 대상으로 영업하는 B2BBusiness to Business(즉 우리 핵심 상품의 타깃 고객이 개인이 아닌 기업일 경우를 말한다.) 회사일 경우 영업에 큰 도움이 된다. 왜냐하면 같은 업계의 전문가들이 신뢰하고 구독하는 잡지에 글을 게재하게 될 경우 공신력이 그만큼 오르기 때문이다.

나도 위젯 마케팅을 적극적으로 팔고 다니던 2010년에 월간

〈IM〉('Internet Marketing'이란 뜻이었다.)이라는 잡지에 '위젯 마케팅의 모든 것'을 주제로 5개월간 연재했다. 이 잡지는 당시 떠오르기 시작한 인터넷 마케팅을 공부하는 사람들에게는 굉장히 유용한 잡지였다. 꽤 인기가 있었고 거기에 차세대 광고 매체로 위젯 마케팅을 소개할 수 있었으므로 공짜 광고가 되었다. 캠페인 성공 사례는 우리가 진행한 프로젝트 위주로 소개하고 우리가 추구하는 프로젝트 전략을 위젯 마케팅 필승 전략으로 소개했다. 당연히 우리 영업이 크게 개선되었고 업계 관계자들의 머릿속에 '위젯 마케팅 = 위자드웍스'라는 등식을 자연스레 심는 데 성공했다. 이처럼 업계 관계자들이 보는 전문지에의 기고는 회사에 굉장히 큰 도움이 된다. 또한 기고 활동을 통해 굉장히 전문성 있는 회사라는 이미지가 만들어지기 때문에 인재 채용에도 도움이 된다. 우수한 인재들이 '잡지에 기고까지 하는 회사라면 훌륭한 멤버들이 많겠지' 하고 생각해 더 신뢰가 가기 때문이다.

고객이 기업이 아니라 대중인 경우에는 사실 업계 전문지에 아무리 연재를 해봐야 실제로 지표에 도움이 안 될 수 있다. 그리고 기고를 했는데 내용이 부실하면 안 하느니만 못하다. 밑천을 드러내 보일 수 있기 때문이다. 따라서 업계 전문가들이 보는 매체에 글을 싣는 거라면 신중하게 결정할 필요가 있다. 요새는 굳이 다른 매체에서 지면을 주지 않더라도 스타트업들이 자체적으로 '기술 블로그'라든지, '디자인 전략 블로그' 등과 같은 지면을 만들어 글을 올리기도 한다. 이 역시 자사 기술이나 디자인 역량을 고객에게 홍보하고 외부 구직자들에게 회사의 실력을 과시하는 효과가 있다. 이 역시 역량이 부족한데 글을 올리는 경우나 글이 자주 올라오다 갑자기 뜸해지는 경우에는 '이 회사 우수 인력이 다 나갔나?' 하는 추측을 불러일으킬 수 있으므로 운영에 신중을 기해야 한다.

대중 강연

——— 강연은 보통 모교에서 '선배 창업자로서 경험을 들려달라'는 식으로 시작된다. 강의를 듣던 입장에서 하는 입장이 되면 좀 떨리지만 그래도 감사한 일이라 대부분 응한다. 거기서 강의를 잘하게 되면 다음에 또 요청이 온다. 누군가 내 강의를 들은 사람이 자기네 학교에 와서도 해달라고 요청이 온다. 어느 날에는 학교가 아니라 작은 모임에서도 이야기를 들려달라고 연락이 온다. 컨퍼런스나 세미나에서도 한 꼭지를 맡아달라는 요청이 온다. 점점 강의나 강연이 꼬리에 꼬리를 물고 쏟아진다. 물론 계속 안 올 수도 있다. 그 차이는 '강의가 좋았는가'이다. 강의도 상품이랑 똑같이 차별성과 경쟁력이 있으면 지속적으로 소비된다.

나는 사업을 하면서 일단 '내게 주어진 일은 무엇이든 최고여야 한다'는 강박증이 있어서 강의 준비에도 최선을 다했다. 그리고 위젯 사업을 하는 동안은 내가 한 모든 강연이 위젯과 위젯 마케팅의 효용에 관한 것이었으므로 강의하는 족족 영업이 이루어졌다. 그렇게 사업에 큰 도움이 되었기 때문에 점점 더 열심히 준비를 했고 강의의 질도 조금씩 개선됐다. 그럴수록 불러주는 곳도 더 많아졌다. 그러다 보니 위젯 외에 창업이나 회사 이야기를 하는 날은 오히려 평소보다 훨씬 더 수월하게 임할 수 있었다.

처음에는 청중들 앞에서 제대로 말 한마디도 못하고 땀만 뻘뻘

흘리다 내려온 날도 있었다. 그러다 이것도 나의 일, 대표가 잘해야 하는 일이라 마음먹고 계속하니 조금씩 나아졌다. 내 인생의 첫 강의가 2003년이었다. 이래저래 7, 8년을 하니 유머도 조금 할 줄 알게 되고 청중과 웃으며 소통도 가능하게 되었다. 2010년쯤에는 여러 큰 IT 컨퍼런스에 키노트 스피커Keynote Speaker(그날 행사의 가장 중요한 연사로 프라임 타임에 가장 긴 시간을 배정 받는다.)로 초대 받기도 하고, 급기야 대중 위젯 강연에 대한 평가에서 '한국 최고의 프리젠터'란 표현까지 나오게 되었다. 2011년에는 대학생 3천여 명이 모인 부산 행사에서 진중권, 김난도 교수와 함께 강연을 했는데 그날 강의 평가에서 두 분 교수를 제치고 내가 1등을 했다고 하니 참으로 격세지감이 아닐 수 없었다.

사장이 언제까지고 강의만 다닐 수는 없는 법. 이것 때문에 나중에는 욕도 많이 먹었다. 처음에는 영업에 도움이 되니까 시작한 일인데 부르는 곳이 너무 많아 나중에는 걷잡을 수 없게 된 것이다. 2011년 이후로는 의도적으로 강의를 모두 끊었다가 나중에 솜노트가 나오면서 다시 홍보를 위해 조금씩 시작했다. 솜노트 3년차에 우리가 다른 영업을 모두 중단하고 솜노트만 만들다 회사가 어려워진 적이 있다. 그때는 생계 목적으로 강의를 다녔다. 강사료가 괜찮은 곳이면 최대한 많이 다녔는데 그렇게 한 달에 천만 원씩 만들어 회사에 고스란히 갖다 바쳤다.

강의는 회사 마케팅에 분명히 큰 도움이 된다. 왜냐면 청중들이 '뭐가 있으니까 재가 저기서 강의를 하겠지' 하고 생각하기 때문이다. 강의를 듣고 공감하는 부분이 있으면 우리 회사나 상품에 대해 찾아보게 된다. 상담을 요청하기도 하고 마침내 구매로 이어지기도 한다. 우리 회사를 아는 한 명이 아쉬운 스타트업으로서 강연은 동시에 수백 명의 사람들—그것도 업계 관계자들—에게 우리 회사와 제품의 경쟁력을 알릴 절호의 기회다.

위젯 시장이 한창 달아오를 때 웹 기술 기반이냐, 설치 기반이냐를 놓고 다른 큰 회사와 주도권 싸움을 한창 하고 있었다. 다른 회사는 심지어 투자도 100억 가량 받아서 고작 5억 투자 받은 우리는 비교가 안 됐다. 그때 우리가 낸 전략이 위젯 컨퍼런스를 개최해 광고주를 집결하는 것이었다. 하여 이벤트 회사와 손잡고 한국에서 가장 큰 위젯 컨퍼런스를 3회 가량 개최했다. 여기에 크고 작은 광고주 모두를 초청해 해외 사례를 소개하며 앞으로 위젯의 미래는 웹 기반이 될 것이라 단언했다. 결국 많은 광고주가 웹 기반을 선택했고, 몇 년 뒤 경쟁사는 망하고 만다. 이렇듯 강의의 효과는 무섭다. 대중이 우리 제품보다 우리 분야 자체를 생소해 할 때 또는 우리 제품이 채택한 기술이 다른 기술과 경쟁 중일 때에는 대대적인 강연 마케팅을 고려해보아야 한다. 또한 강연 개최 후 모든 발표 자료를 무료로 공개해 누구나 다운 받고 퍼갈 수 있게 해주어야 한다. 그럼으로써 시장은 우리가 원하는 대로 흘러간다.

출판의 생명력

———— 출판 역시 효과적인 마케팅 수단이다. 앞서 언급한 대로 사내외 컨퍼런스나 세미나 발표 자료를 외부에 무료로 공개하는 일, 직접 논문을 쓰거나 연구자의 논문에 우리 제품의 데이터를 제공하는 일, 우리 사업 분야와 관련된 책을 쓰거나 책을 쓰는

사람에게 관련 자료를 제공하는 일 등이 모두 여기에 포함된다. 회사가 영위하는 사업 분야 또는 기술에 관심이 생긴 사람이 검색을 해보았을 때 책이든, 논문이든, 세미나 자료든 다 우리 회사와 관련된 자료밖에 찾을 수 없다면 어떻게 될까? 결국 우리 회사의 전문성을 인정하고 연락할 수밖에 없을 것이다.

강의와 방송은 일회성이고 잡지 기고 역시 매달 새로 나오기에 시의성이 크다. 그러나 출판물의 생명력은 상대적으로 매우 길다. 최소 6개월, 길면 수십 년을 간다. 따라서 우리는 위젯을 할 때 컨퍼런스 개최와 발표 자료의 무료 공개 등을 통해 분위기를 고조시키는 한편, 관련 논문을 쓰는 연구자들에게 우리가 가진 양질의 위젯 관련 자료를 제공했다. 위젯 전문 서적을 준비 중인 집필자에게 우리가 가진 각종 위젯 사진과 데이터를 제공해 위젯 전문 서적에 우리 자료가 비중 있게 다뤄지도록 했다. 논문은 또 다른 논문에 인용되므로 계속 우리 사례는 연구자들 사이에 참고되었다. 우리가 제공한 자료로 써진 논문을 나중에 내가 컨퍼런스 발표 자료에서 다시 인용하는 일도 생겼다. 결국 완벽히 생태계를 기획하고 활용하게 된 것이다.

나중에 스마트폰의 등장으로 위젯 마케팅이 타격을 받으며 시장이 사라지고 말았지만 적어도 위젯 시장이 건재할 때에는 우리가 만들어놓은 전방위적인 그물이 매우 큰 해자가 되었다. 당시 존재하던 경쟁자들을 없앤 것은 물론, 그 이후 신규 사업자는 사실상 진입을 못하는 구조를 짜놓아 영업에 매우 유리하게 작용했다. 이처럼 출판물 기획은 역시 기업 고객을 대상으로 영업할 때 공신력을 높이는 수단으로 아주 효과적으로 작동했다.

방송에 대하여

──────── 요새는 스타트업을 다루는 방송 프로그램이 여럿 있어 열심히 일을 하다 보면 우리 회사를 촬영하고 싶다는 연락도 종종 받게 된다. 협찬비나 테이프 값 같은 보상이 없는 것을 꼼꼼히 따져보고 나서 정말 무료라면 요청에 응하게 된다. 회사에 촬영을 오면 연출도 해야 해서 대표가 혼자 할 수 있는 신문 인터뷰보다는 훨씬 직원들의 시간을 많이 빼앗는다. 그러나 방송이 되고 나면 유튜브 등에 올라가기도 해서 나중에 찾아보면 회사를 소개하는 좋은 참고 자료가 된다.

우리 회사 사무실이나 멤버들의 면면을 보고 싶은 구직자가 우리 영상 자료를 참고할 수도 있다. 우리를 반신반의하는 고객이 있다면 영상 자료 링크를 첨부할 수도 있다. 방송은 실제보다 더 멋지게 포장을 해주기 때문에 쓰임새가 많다. 만약 공중파나 종편 등 시청률이 비교적 높은 채널에 방영될 기회가 있다면 실제 사업 성과로 이어지기도 한다. 우리도 과거 위젯의 성과를 소개하는 방송이 나간 뒤로 영업에 도움이 되었다.

그러나 역시 과유불급이다. 실속도 없으면서 자꾸 방송에 나가는 것은 팀의 시간을 너무 많이 뺏는다. 우리 고객은 주로 기업들인데 기업 담당자가 TV를 시청할 리 없는 아침방송에 출연하는 것은 투자 대비 효용이 떨어지는 일일 것이다. 또한 회사 대표가 예능에 나가는 것도 극히 위험하다고 생각한다. 아무리 구멍가게 같은 스타트업이지만 기업인이 방송인은 아니기 때문이다. 마냥 커버리지 Coverage가 많다고 회사에 도움이 되는 것은 아니다. 도움이 될 방향으로 생각을 잘 해야 한다. 나도 여러 예능 프로그램에서 섭외가 왔지만 지금껏 일절 거절했다. 오로지 회사와 제품의 도전 이야기와 메시지를 무게감 있게 소개할 수 있는 시사, 교양, 토론 프로에만 출연했다. 뭐 하나만 눈에 나도 욕먹는 분위기에서 특히 작게라도 사업하는 사람은 선을 넘지 않는 방법을 배워야 한다.

공신력도 쌓고 알파(α)도 얻는 방법

정부 지원사업 수행

――――― 우리나라는 연간 14조 원이 넘는 정부 연구개발 예산이 민간 부문에 지원된다. 이 자금은 미래부, 산업부, 중기청 등 다양한 주관 기관의 공모와 심사를 거쳐 배정된다. 과제에 따라 여러 기업이 경쟁을 벌이는데, 여기 선정되면 이를 마케팅에 활용할 수 있다. 아무래도 외부에서 보았을 때 해당 과제와 관련된 기술과 사업성 면에서 타사 대비 우리 회사에 경쟁력이 있는 것으로 보이기 때문이다. 하물며 그 검증을 정부에서 한 것이라면 공신력 면에서 큰 신뢰가 생긴다.

정부 과제를 수행하는 것은 자금 지원의 혜택도 있지만 스타트업 입장에서 홍보에 분명히 도움이 된다. 특히 요새는 큰 회사가 아니더라도 신생 단계부터 지원 가능한 다양한 정부 과제가 준비되어 있다. 정부 과제로만 먹고사는 이른바 '좀비' 스타트업이 되어서도 안 되겠지만, 만약 필요에 따라 받게 되었다면 이를 홍보에 잘 이용하면 좋다. '정부 R&D 과제 선정 수행 기업'이라는 타이틀이 아무것도 없는 것보다는 훨씬 더 믿음이 가기 때문이다.

정부 연구 개발 과제 외에도 해외 전시회를 보내주는 경우도 있고, 제품의 마케팅비를 지원해주는 사업도 있다. 제품의 해외 서비스를 위한 서버 시스템을 정부에서 보조해주기도 한다. 찾아보면 정부의 스타트업 지원 사업이 무궁무진하게 많다.

특허 등록과 인증 취득

특허를 취득(등록)한 것도 회사에 신뢰를 줄 수 있는 좋은 소재다. 특허 출원은 비교적 쉽게 할 수 있지만 등록은 얘기가 다르다. 출원 후 등록까지 보통 1년 반 가량 소요되며 등록률은 민간과 정부 R&D를 합쳐 50%를 갓 넘는 수준이다. 둘 중 하나는 기다려도 심사를 통과하지 못하는 것이다. 따라서 등록 특허를 여러 개 가지고 있는 것은 스타트업으로서는 큰 자랑이다. 이런 부분을 홈페이지나 회사소개서, 보도자료 등에도 어필하는 것이 가진 자원을 마케팅에 활용하는 지름길이라 하겠다. 스타트업은 자랑할 만한 게 단 한 가지라도 있으면 그걸로 최대한 홍보를 해야 한다. 그런 작은 것들이 모이고 쌓여서 회사의 가치를 높여주고 한 단계 위로 올려주는 것이다.

각종 인증 취득도 공신력을 높여 회사 홍보에 도움을 줄 수 있다. 가장 많이 받는 인증이 벤처기업 확인이다. 과거 벤처기업 인증이라 불렸으나 인증 조건이 완화되면서 벤처기업 확인제도로 이름이 바뀌었다. 그밖에 이노비즈 인증, 메인비즈 인증과 같이 조금 더 실적이 있는 벤처기업이 도전할 수 있는 것들도 있다. 중견기업들은 ISO 인증 등을 따서 회사의 역량을 공인 받기도 한다. 식품과 의약품 제조업의 HACCP 인증도 제조 시설과 과정을 정부에서 공인하는 것이다. 이런 인증을 통해 안전하게 제조된 먹거리라는 인상을 소비자에게 줄 수 있다. 브랜드가 취약하고 역사가 짧은 회사들은 이 같은 외부 인증을 통해 회사의 제품과 공정이 우수함을 보여줄 수 있다. 모두 공신력을 확보해 제품 판매와 홍보에 도움을 얻기 위한 수단들이다.

인큐베이터 활용

인큐베이터와 엑셀러레이터의 후광을 받는 것도 마케팅 효과가 크다. 인큐베이터가 유명한 곳이면 우리 팀의 공신력도 얼마만큼 생길 것이다. (물론 그래봐야 그 인큐베이터가 키우는 수십 개 중 하나이긴 하겠지만.) 또한 인큐베이터들은 키우는 회사들 간의 오프라인 이벤트를 자주 연다. 업계 관계자들을 초대하는 데모 데이Demo day(자기가 키우고 있는 회사들을 외부에 소개하는 일종의 합동 회사 설명회)를 열고 언론 매체와 합동 인터뷰를 주관하기도 한다. 무엇이 되었건 참가하면 우리 회사를 알릴 작은 기회라도 더 얻게 된다. 엑셀러레이터나 인큐베이터에 속하는 것이 이럴 때는 작더라도 무조건 도움이 된다.

만약 여러 인큐베이터와 좋은 관계를 맺어놓을 수 있다면 더욱 좋다. 여러 행사에 중복으로 참여해 더 많은 커버리지를 확보할 수 있기 때문이다. 스타트업 지원 기관들과의 관계를 꾸준하고 다양하게 유지하고 발전시키는 것은 무조건 도움이 된다. 정부 기관과의 관계도, 출신 대학과의 관계도 마찬가지다. 일단 좋은 관계를 유지만 하고 있어도 어떤 식으로든 기회가 온다. 온 기회를 거절하는 것은 선택이지만 기회를 얻지 못하는 것은 그저 무능한 일이다.

CSR(기업의 사회적 책임) 프로그램

위자드웍스는 2007년 백혈병 환아 돕기 캠페인에 참가한 이래 다양한 CSR 프로그램에 참여해 왔다. 농림부와 우리 쌀 소비 캠페인 위젯, 서울시와 불우 이웃 지원 위젯을 개발해 성과를 올렸다. 태안에 기름 유출이 되었을 때는 자체적으로 태안 돕기 위젯을 배포, 실질적인 성금 모금과 봉사자 모집에 이바지했다. 여러 차례의 대선과 총선에서는 무료로 후보 정보 위젯을 개발, 배포하기도 했다. 굿네이버스 등 NGO 위젯을 저비용으로 개발해 NGO 마케팅을 지원한 적도 있고 한글날에는 서체 업체와 함께 한글 서체를 무료로 배포하기도 했다. 이처럼 사업을 하며 제안을 받기도 하고 거꾸로 제안을 하기도 해서 다양한 CSR 프로그램에 참여했다. 우리가 위젯으로 안정적인 수익을 낼 때는 회사의 일정한 공력과 수익을 좋은 일에 쓰는 것이 타당하다고 생각했다.

수익이 전혀 없을 때에도 CSR을 하느라 정작 돈 되는 일을 미뤄둔 적도 있었다. 시간이 지나 생각해보니 이런 경우는 문제가 될 수 있다. 사회적 기업이 아닌 이상 우리에게는 주주가 있다. 주주들은 다른 투자 대상과의 비교 끝에 우리 회사를 선택한 것이기 때문에 우리는 주주의 기대 수익에 부응할 의무가 있다. 그것이 주식회사 제도의 존재 이유이자 운영 매커니즘인 것이다. 스타트업이 가장 먼저 달성할 것은 일단 스스로 먹고사는 구조를 만드는 것이다. 회사가 안정적으로 존재하고 나서 CSR이 있는 것이지, CSR 다음에 회사가 있는 것이 아니다. (외부 주주가 없고 내부 주주 전원이 CSR부터 하자고 합의한다고 해도 직원들의 고용 안정성을 우선하는 것이 중요하다.) 회사가 일단 안정적이어야 그 회사가 참여하는 CSR 프로그램도 더 안정적일 수 있다.

우리가 그랬듯 스타트업들은 시작부터 많은 CSR 프로그램으로부터 참여 요청을 받을 것이다. 그럴 때 사장은 먼저 장기적으로 지속 가능한 수익 구조를 만들었는지를 따져보는 것이 좋다. 만약 그 대답이 '아니오'라면 주위에서 욕을 하더라도 우선은 일에 집중해야 한다. 그래야 장기적으로 더 큰 사회 공헌을 할 수 있을 것이다. 집중이 흐트러지면 사회에 작은 도움은 될지언정 압도적 변화를 줄 힘은 얻지 못할 공산이 크다.

마케팅의 목표와 자세

지금까지 스타트업으로서 할 수 있는 마케팅들을 살펴보았다. 각자 장점도 있고 단점도 있다는 것을 이해했으리라. 모든 전술들의 공통점은 과함이 적음만 못하다는 것이었다. 언론 보도도 실제 가진 것보다 너무 많이 나가게 되면 사람들이 불신하기 시작한다. 기고도 집필도 방송도 강의도 다 제각기 효용이 있지만 너무 잦아지면 그 효과가 떨어진다는 것을 함께 살펴보았다.

이제는 스타트업 마케팅에 있어 기억해야 할 자세와 목표를 짚어보도록 하자. 다양한 전술은 있으되 큰 그림의 전략이 없으면 안 된다. 목표와 자세라는 것은 결국 전략에 관한 것이다. 어떤 전략으로 임해야 우리 제품이 살아남을 수 있을 것인가? 우리 회사만이 다른 회사를 다 무찌르고 우뚝 설 수 있을 것인가?

우리가 잘되고 있다고 믿게 할 것

————————— 솜노트를 만드는 동안 어려운 일이 참 많았지만 모든 마케팅 채널을 통해 솜노트는 항상 잘되는 것처럼 분위기를 만들었다. 심지어 내 페이스북을 통해서도 솜노트의 좋은 소식을 끊임없이 올렸다. 나중에는 페이스북 친구들이 귀찮아 할 정도였다. 사람들이 불편할 것을 알면서도 일단 살고 보자고 한 일이었다. 사람들이 우리가 안된다고 생각하기 시작하면 다음 기회는 결코 오지 않는다고 생각했다. 사실 진짜 잘나가는 회사는 사장이 굳이 자기 소셜 네트워크에 자랑할 이유가 없다. 스타트업 대표가 소셜 네트워크에 자기 제품 잘된다는 이야기만 쓰면 '아, 이 회사가 요즘 꽤 힘에 부치는 모양이구나. 그래도 열심히 하니 한번 도와주어야겠네' 하고, 사장의 고군분투로 이해하고 응원해주면 좋겠다.

스타트업 마케팅의 최대 목표는 밖에 있는 모두가 우리 회사가 잘되고 있다고 신뢰하게 만드는 것일 테다. 그렇게 되면 좋은 인재가 모이고, 주가가 오르며, 고객도 제 발로 찾아온다. 이 목표 달성을 위해 앞서 소개한 모든 마케팅 채널을 잘 섞어 사용해야 할 것이다. 이 과정에서 거짓은 용서가 안 되지만 반 발짝 앞서가는 것은 용납이 된다. 무언가 준비하고 있고 이를 조직 내에서도 믿고 있다면 그것을 바깥의 사람들과 공유해도 괜찮다. 조직은 희망을 먹고 살기 때문이다. 회사가 지금 좀 어려워도 이 상황을 반전시키고 앞으로 나아가려면 기회가 필요하다. 그 기회는 우리에 대한 안팎의 사람들의 기대와 믿음에서 온다. 마케팅의 목적은 항상 정직에 기반해 기대와 믿음을 만드는 것에 있어야 한다.

압도하지 못하면 반드시 압도당한다

어느 날 경쟁사가 새로운 기능을 만들어 공격적으로 치고 나오면 어떻게 할까? 가만히 앉아 당하고만 있어서는 안 된다. 마케팅은 인식의 싸움이다. 경쟁사 제품이 우리 것보다 나아졌다는 생각을 고객이 갖게 하면 안 된다. 그 강점을 상쇄하기 위한 대응 소재를 마련해야 한다. 우리도 같은 기능을 만들어 경쟁자의 차별점을 무력화시키는 방법도 있다. 더 좋은 기능을 새로 만들어 우리 제품의 경쟁 우위를 유지하는 방법도 있다. 계속해서 상대가 마음먹고 준비한 모멘텀을 약화시킴으로써 끝내는 전의를 상실케 해야 한다. 왜냐면 스타트업은 경쟁자를 압도하지 못하면 상대가 나를 압도하는 냉정한 공간이기 때문이다. 시장이 크지 않기에 둘 중 하나는 약화되거나 사라져야 한다.

경쟁자와 함께 살 수 있을까? 시장이 크다면 그럴 수 있을지도 모른다. 그러나 그런 협의를 해야 할 때도 내 점유율이 더 높아야 한다. 내가 가진 경쟁 우위가 더 커야 한다. 그래야 유리한 입장에서 논의를 할 수 있기 때문이다. 스타트업 마케팅의 목적은 모든 마케팅 채널을 동원해 우리 제품이 가장 좋다는 것을 고객에게 인식시키는 데 있어야 한다. 우리는 과거 위젯 업계 1등을 할 때 2, 3등 업체와 같이 회식도 하고 친하게 지냈다. 그러나 마케팅 할 때는 본분을 잊지 않고 우리 제품의 강점을 극대화했다. 결국 제품력의 차이와 공격적인 마케팅으로 2, 3등 업체는 모두 업종을 바꿨다. 남의 업종을 바꾸게 하지 못하면 우리가 업종을 바꿔야 한다. 그러니 정신 단단히 차리고 마케팅에 임해야 한다.

지켜야 할 선을 넘지 말자

———————— 제품의 경쟁 우위를 유지하고 1등 자리를 지키는 과정은 사실 매우 엄격하고 단호하다. 결과가 안 나면 아무리 착하고 주위를 따뜻하게 했어도 아무도 기억하지 않는다. 그래도 지켜야 할 선은 분명히 존재한다. 경쟁 상대를 인신공격하거나 부정한 방법으로 1등을 차지해서는 안 된다. 점유율을 높이거나 경쟁 우위를 유지하기 위해 비양심적으로 해서도 안 된다. 요즘은 세상이 워낙 투명하기 때문에 엄격한 도덕적 잣대가 요구된다. 마케팅 과정에서 어떤 잘못을 저질렀다면 덮으려 하지 말고 대표부터 나서 즉각 사과해야 한다.

이를 위해 회사에서는 마케팅 원칙이나 가이드라인 같은 것을 마련해두어도 좋다. 아무리 치열하게 싸워도 경쟁에서 이기기 위해 이런 짓까지 해서는 안 된다는 사내 지침 같은 것이다. 원리 원칙이 있어야 동시다발적으로 진행되는 여러 마케팅 활동이 일정한 윤리적 틀 안에서 집행될 수 있다. 1등을 하긴 해야 하지만 우리가 사업을 한 번만 하고 말 것은 아니다. 따라서 신용과 도덕을 잃어서는 안 된다. 지금 1등을 못하되 다음 사업을 위한 신의를 지킬 수 있다면 나는 미련 없이 1등을 포기할 것이다. 잊지 말자. 성과와 주위의 인정을 위해 천박한 사람이 되지는 말자.

지표 관리와 제품 개선

아래에 이어질 글은 솜노트 2.0 버전이 출시된 지 백여 일이 지난 시점에 블로그에 쓴 것이다. 벌써 5년이 지났지만 여전히 스타트업의 제품 개선과 지표 관리에 있어 좋은 사례가 될 수 있다고 생각한다. 우리 팀이 얻은 배움들 역시 여전히 유효한 메시지라 생각해 소개한다.

솜노트 2.0으로 100일간 배운 것들

——————— 오늘로 솜노트 2.0이 출시된 지 104일이 지났다. 1.0 버전이 나온 지 2년 만의 메이저 체인지였다. 모든 화면을 뜯어 고쳤고 사용성도 보다 직관적으로 고쳤다. 유료 기능도 과감히 무료로 풀었고 자잘한 기능 개선과 버그 개선이 100여 가지에 이르렀다. 1.0 버전도 사용하는 데 큰 문제가 있는 것

은 아니었지만 올가닉Organic(자생적) 성장이 거의 없었다. 절치부심하고 2.0을 만들어 왔지만 걱정이 많았다. 이것도 안 되면 어쩌나 하는 생각들. 어쩌면 노트 카테고리 자체가 불가능한 것은 아닌가 하는 생각도 들었다.

결론적으론 하락세에 있던 솜노트를 완전히 반등시켰다. 이제 스스로도 만족하며 쓸 만한 제품이 되었다. 트래픽뿐만 아니라 설치 기기 수, DAUDaily Active Users(일일 활성 사용자), 결제전환율 등 모든 부분에서 100일 만에 2배가 되었다. 1.0 버전이 1년 8개월 걸린 것들이다. 물론 2.0만의 힘은 아니다. 이미 1.0 때부터 차곡차곡 쌓아온 소비자들의 신뢰, 브랜드 인지도 같은 것이 바탕이 되었다. 그러니 무엇을 크게 잘했다보다는 어려운 체크포인트를 무사히 지났다 정도로 말할 수 있을까?

다른 것보다 2.0으로 오면서 달라진 점은 우리가 (정확히 말하면 나부터) 지표를 면밀히 살피기 시작한 것이다. 부끄럽지만 그동안 우리는 그로스 해킹Growth hacking(성장 목표를 지표화하여 단계별로 달성해가는 일)을 제대로 하지 못했다. 안 한 게 아니라 못했다는 표현이 더 솔직하리라. 그것을 어떻게 하는 건지 잘 몰랐다. 그러니 해야 한다는 것은 익히 들어 알고 있으면서 막상 시작을 하지 못했다. 총론에 대해선 글을 좀 읽어 이해하더라도, 막상 어떻게 시작하는지 몰라 실제 제품에 녹이지 못했다.

해외에서 잘하고 있는 젤리버스라는 회사에 찾아가 어떻게 하는지 배울 기회가 있었다. 많은 교훈의 요점은 '사장이 바뀌는 게 시작'이라는 것이었다. 그날로 구글 플레이Google play와 애플 앱스토어Apple AppStore 관리자 화면을 비롯해 자체 관리자 페이지, 구글 애널

리틱스Google Analytics, 플러리Flurry, 앱애니AppAnnie 등 여러 통계 도구를 직접 살피기 시작했다. 사용자 댓글도 직접 달고 경쟁 제품이 아니라도 나라별 앱스토어 인기 제품이 무엇인지 들여다보기 시작했다. 물론 젤리버스가 하는 노력에 비하면 절반도 못하고 있다. 글로벌에서 잘하는 회사들이 앱 개발 외에도 앱 마케팅과 사용자와의 대화에 들이는 정성은 생각보다 훨씬 더 집요하다.

그들은 왜 편리한 기능을 없앴을까?

좀 의아했던 것이 경쟁 제품인 에버노트Evernote가 어느 날 튜토리얼Tutorial(사용자가 제품 사용법을 단계별로 따라가며 배울 수 있게 한 일종의 매뉴얼)을 없애는, 제품적으로 보면 일종의 퇴행을 했다. 튜토리얼이 있을 때에는 사용자가 에버노트를 이용해 공부도 할 수 있고, 업무도 볼 수 있고, 레시피를 따라가며 요리도 할 수 있다는 식의 사용 설명서를 보여주었다. 그리고 나서 회원 가입과 로그인 창을 띄웠다. 그런데 별안간 그렇게 잘 만들어놓은 튜토리얼을 없앤 것이다. 에버노트를 설치하면 처음 나오는 화면이 '소중한 아이디어와 기억을 저장하세요' 덜렁 이런 멘트 하나 있고, 화면을 넘기면 대뜸 계정부터 만들라고 한다. '이 제품이 뭐다, 이 제품을 쓰면 뭐가 어떻게 좋다' 하는 내용은 일절 없다. 튜토리얼이 있는 편이 가입 필요성을 높일 것 같은데 의외로 더 불친절하게 갔다.

솜노트는 반대로 가봤다. 솜노트 2.0을 내면서 처음 앱을 설치한 사용자에게 로그인 창을 노출하지 않은 것이다. 장애물 없이 써보다 '원할 때 천천히 가입하라'는 의도였다. 그랬더니 가입전환율이 반의 반으로 뚝 떨어졌다. 시간이 지나도 회복세가 더뎠다. 충분히 써보다 가입으로 넘어오는 사용자는 예상보다 적었다. 다시 업데이트할 때 로그인 창을 넣었다. 솜노트 앱을 깔고 처음 실행하면 이게 뭐다 설명도 없이 에버노트처럼 로그인부터 하라 했다. 그리고 기존 방식 외에 구글과 페이스북 계정으로도 로그인할 수 있게 했다. 한술 더 떠 로그인을 안 하고 쓰는 사용자에게는 이틀에 한 번씩 귀찮은 로그인 창이 뜨게 했다. 결과는 바로 다음 날부터 가입자가 2배로 뛰었고 상승 곡선은 견고히 유지되고 있다.

좋은 제품은 손에 든 즉시 어떻게 쓰는지 이해할 수 있고 빠르게 효용을 충족시켜줄 수 있는 것이어야 한다. 그런데 그로스 해킹을 조금씩 하다 보면 좋은 지표를 위해 제품을 일부 훼손해야 하는 일도 발생한다. 개인적으로는 여전히 앱을 어떻게 쓰는지 자세히 알려주고, 추후 가입할 수 있는 제품이 더 나은 제품이라 생각하지만 사용자를 배려하는 장치가 지표에는 오히려 부정적인 영향을 줄 수 있다는 것이 지난 100일간의 중요한 배움이었다.

상업 제작자는 예술가가 아니기에 실적이 있어야만 제품을 유지할 수 있다. 성장을 가속하는 방법을 발견했다면 그것이 비록 사용성을 일부 해치거나 불편을 좀 주더라도 적용을 고려해야 한다. 스타트업은 알고 있는 모든 성장 방법을 동원해도 부족할 만큼 더 빨리 성장해야 하는 조직이기 때문이다. 모두 동원해도 성장 못하는 경우가 부지기수다. 성장을 하더라도 그게 폭발적 성장이 아니어서 도중에 주저앉게 되는 경우도 많다. 성장이 있어야 회사도 있고 제품도 있다. 제작자는 디자인이나 사용성, 완성도, 기능이 아니라 오로지 성장에 초점을 맞추어야 한다.

그럼에도 불구하고 솜노트는 여전히 가입 없이도 쓸 수 있다. 이틀에 한 번 로그인 창이 뜨긴 하지만 여전히 'X' 버튼을 눌러 끌 수 있다. 이 X 버튼을 두고 안 두고의 배려가, 제품이 그저 불편한가 최악인가의 차이를 만든다고 본다. 로그인을 원치 않는 사용자는 분명 불편해졌지만 여전히 선택의 자유가 있다. 네이버 메모는 작년 말 별안간 로그인을 의무화했다. 리뷰에는 별 한 개와 악플이 쏟아졌다. 그리한 데는 이유가 있겠지만 사용자에게 선택의 폭을 주느냐 안 주느냐의 차이는 컸다. 자유를 주되 우리가 원하는 방향으로 이끄는 것, 그것이 상업 제작자의 올바른 방향성이 아닌가 한다.

실험과 변화의 반복적인 여정

———————— 실험과 성장을 확인하며 나부터도, 멤버들도 제품에 타당한 훼손을 가하는 것에 점점 서슴지 않게 됐다. 우리는 너무 급하지도 과하지도 않게 하나씩 붙여가며 솜노트를 작품에서 상품으로 만들어갔다. 예전 같으면 조심스러워 했을 리뷰 유도 팝업을 붙여 1만 건이 훌쩍 넘는 리뷰를 받았다. 개중에는 리뷰 유도 팝업을 귀찮아하는 유저도 있었다. 하지만 대다수는 대수롭지 않게 여겼다. 오히려 그 팝업이 생긴 후 앱스토어 댓글을 통해 많이들 우리 팀에 칭찬과 용기를 북돋아줬다. 1만 개가 넘는 리뷰를 읽으며 기쁘고 설렜을 우리 팀 제작자들의 기분이야 더 말할 필요가 없다.

자매품 솜투두가 2.0으로 업그레이드 하고 나서는 솜노트 사용자들에게 전면 팝업을 띄웠다. 예전 같으면 광고는 상상도 안 했는데 이제는 필요하면 띄운다. 솜노트 2.0부터 메인 하단 영역과 전면 팝업, 설정 메뉴 하단 배너와 푸시 광고까지 원하면 언제든 뿌릴 수 있도록 했다. 광고 영역을 잡으니 이제 우리는 스타트업들을 위한 무료 광고 협찬까지 진행하고 있다. 이미 10여 개 스타트업이 선정되어 광고를 틀었다. 솜투두 지표 역시 빠르게 향상된 일도 당연한 결과일 것이다.

마지막으로 건드린 것은 매출이다. 솜노트에는 솜프리미엄이라는 유료 계정이 있다. 몇 가지 유료 기능을 담아 월 3900원, 연간 3만 9800원에 팔고 있다. 솜노트 2.0 들어서 기존의 핵심 유료 기능을 모든 회원에게 무료로 풀었다. 당연히 솜프리미엄을 구매할 이유가 없어지니 실제로 결제 회원이 급격히 줄어 내부적으로 많은 우려가 생겼다. 그러나 아직 솜노트 2.0을 출시한 지 얼마 안 돼 유료 기능을 대폭 개발할 시간이 없었다. 좀 고민하다 무료 계정에 광고를 붙이고, 유료 계정은 광고를 제거했다. 광고가 없던 자리에 갑자기 광고가 생기니 사용자는 불편하겠지만 결제하면 언제든 제거할 수 있는 기회를 준 것이다. 결국 솜노트 2.0 광고 삽입 후 접수된 사용자 불만은 현재까지 제로다. 사용자는 광고에 생각보다 관대한데, 우리는 괜한 걱정을 해온 것이다.

한 가지 실험을 더 해보기로 했다. 만약 상품 구성에 변함이 없는데 특정 시점에 할인을 하면 어떨까 하는 것이었다. 이번에는 노트를 수십 차례 이상 수정한 사용자이면서 아직 유료 계정에 가입하지 않은 이들에게 일시적으로 30% 할인된 배너를 띄웠다. 이 배너를 통한 가입전환율과 가입 전환에 걸린 시간이 다른 어떤 배너보다 효율이 좋았다. 그렇게 또 하나를 배웠다.

결과적으로 결제전환율은 솜노트 2.0이 출시되며 솜프리미엄 혜택이 대거 줄은 2014년 2월에는 전달 대비 40%나 심각하게 감소했다. 그러나 위와 같은 실험들 덕에 3월에는 전달 대비 결제율이 65%나 상승했다. 4월은 3월 대비 추가로 31%가 성장했다. 상품 구성을 바꾼 것도 아니고 상품 가치가 오히려 줄었음에도 그저 권유 시점과 배치를 조정한 것만으로 예전 수준을 회복한 것은 물론 크게 상회하기까지 한 것이다.

그로스 해킹에 대하여

지난 100일간 솜노트 2.0을 해오면서 느낀 것은 그로스 해킹이란 게 대단히 어렵고 새로운 개념이 아니라는 것이다. 이미 잘하고 있는 스타트업도 많을 것이다. 또는 우리처럼 그런 용어가 나오기 전부터 이미 일을 하고 있어 적용법을 모르거나 두려워하는 조직도 있을 것이다. 이 이야기는 그런 후자들을 위해 썼다. 그로스 해킹이라는 것이 어떤 법칙이 있어서 반드시 전문적인 통계 도구를 가지고 분석을 해서 되는 것이 아니라는 말이다.

1) 내 서비스와 데이터를 계속 쳐다보는 것.
2) 목표하는 성장 지표가 무엇인지(결제인지, 가입인지, 재방문인지) 명확히 하는 것.
3) 목표 지표의 개선을 위해 필요할 일들의 가설을 세워보는 것.
4) 가설들을 하나씩 제품에 적용해보는 것.

5) 지표가 성장하는지 보며 가설을 검증하는 것.

6) 한 목표 지표를 거의 다 올렸으면 다음 지표를 목표 잡아 반복하는 것.

위와 같은 과정이 곧 그로스 해킹이 아닌가 한다. 우리는 그 과정에서 데이터에 100% 의존하기보다는 오히려 감이나 느낌, 과거의 패턴 같은 지극히 정성적인 부분에 의존해 의사 결정을 했다. 그렇게 해도 지표에 반영이 됐다. 물론 항상 긍정적이었던 것은 아니다. 때로 부정적으로 반영이 되면 다시 고치고 하는 시행착오를 겪었다. 어쨌든 '우리 조직은 데이터가 없어, 분석할 사람이 없어, 결과가 나와도 측정을 못해' 등 여러 이유로 제품을 건드리지 않고 있다면 그것은 손 놓고 있는 것이다. 같은 돈과 시간으로 경쟁 제품보다 더 빨리, 더 멀리 나아갈 기회가 있는데도 말이다. 아무것도 몰랐던 나도 하고 있으니 누구나 다 할 수 있다.

나는 아직도 열성적인 사장들만큼 부지런하지 못하지만 전보다는 많이 바뀌었다. 그런 우리의 노력들은 지표에 그대로 반영이 되고 있다. 우리는 매일 아침 눈을 뜨는 순간 지표를 확인한다. 다시 새벽에 잠들기 전까지 지표를 보고 잔다. 우리들은 요즘 제품에 반쯤 미쳐 있다. 앞으로도 그런 시간이 쌓이고 모든 멤버가 각자 자리에서 진심으로 정성을 다할 때, 성장은 반드시 이루어질 것이다. 그것이 지난 100일이 우리에게 준 가장 중요한 배움이다.

좋은 제품이란 과연 무엇인가?

최고의 전문가들이 만드는 예쁜 쓰레기

가끔 후배들이 찾아온다. 갓 창업해 제품을 낸 팀들이 하는 이야기를 듣다 보면 앞뒤가 바뀌었다는 느낌이 들 때가 종종 있다. 이를테면 하루 200명이 쓰는 앱을 가지고 전주 대비 페이지뷰가 올랐다거나 구매율이 높아졌다 하는 것이다. 누적 2천 다운로드를 한 앱을 가지고 매일 지표 분석을 하고 있다거나 사용성을 개선하고 있다는 것이다. 이런 것들이 정말 의미가 있을까?

가까운 디자이너가 오랫동안 연구해서 작품에 가까운 앱을 만들어 올렸다. 포털에서 임원까지 하던 멤버들이 창업한 회사였기에 처음부터 많은 주목을 받았다. 처음 달린 댓글이 '이건 예쁜 쓰레기네'였다. 업계에서 큰 인지도를 가지고 있던 그 디자이너는 적잖은 충격을 받았다. 나 역시 내가 만드는 제품도 예쁜 쓰레기가 아닐까 생각해본 적이 있다. 다운로드나 일일 사용자 수는 많았지만 변변한 수익 모델도 없고 성장이나 매출도 지지부진했을 때였다.

다운로드나 일 사용자가 많아도 수익 모델이 없는 제품은 실은 무의미하다. 동아리나 비영리단체가 아니기 때문에 회사의 목표는 수익을 내서 더 많은 사람을 고용하고 사회에 이바지하는 것이다. 제품은 그것을 달성하기 위한 수단이다. 돈은 그 과정에서 수혜자가 지불하는 적정한 가치다. 돈을 못 벌고 있다면 그것은 우리가 적정한 가치를 만들지 못하고 있다고 소비자가 판단한 것이다. 즉, 불필요한 예쁜 쓰레기를 하나 더 만든 것에 지나지 않는다. 예쁜 쓰레기를 만들어놓고 통계 분석 도구를 잔뜩 붙이는 게 의미가 있을까? 코호트 분석이나 퍼널 분석처럼 스타트업 사이에 유행하는 분석을 매일 하는 것이 과연 필요한 일일까? 디자인이나 사용성은 다 형편없어도 사람들이 원하는 제품을 내는 것이 사회적으로 더 이로운 일이 아닐까?

가까운 한 회사는 제품 출시 후 1년 만에 2천만 다운로드를 기록하고 네이버에 인수되었다. 놀랍게도 그 회사는 흔한 구글 애널리틱스(분석 도구) 하나 붙이지 않았다. 최근까지도 자기 앱을 하루 몇 명이 쓰고 페이지뷰가 어떻게 되는지 전혀 몰랐다고 한다. 그런 마당이니 코호트나 퍼널 분석은 아예 들어본 적도 없단다. 2천만 다운로드를 기록하며 하루 2백만이 쓰는 서비스가 될 때까지도 디자인은 앱을 처음 만들어보는 사람이 했다. 기획은 역시 앱을 처음 만들어보는 사장이 직접 했다. 사용성을 전공했거나 그 흔한 UX 책 한 권 읽은 적 없는 사람들이 만들었다. 그럼에도 불구하고 그 앱은 색다른 가치를 제공해 소비자들에게 큰 사랑을 받았다.

사실 앱스토어에 새로 진입해 히트하는 앱들을 보면 디자인이나 사용성에 크게 신경을 안 쓴 경우도 많다. 그렇다면 디자인이나 사용성이 엉망인 1등 앱이 엉터리 앱일까? 아니면 구글이나 애플의 가이드라인을 철저히 준수하고 최고의 디자이너가 만들었으나 고작 2천 다운로드를 기록한 앱이 엉터리 앱일까? 적어도 스타트업을 하겠다는 사람이면 당연히 전자를 지향해야 한다. 후자는 제품을 만들기 위해 사업을 수단으로 생각하는 것이다. 주객이 전도됐다. 만드는 일에 기쁨을 느끼는 제작자의 자기만족에 지나지 않는다. 사용자가 없는 제작자는 잘하는 제작자가 아니다. 본인이 잘 만든다는 생각은 큰 착각이다.

분석과 방법론은 본질이 아니다

코호트 분석을 몰라서 망하는 회사는 없을지라도 수익 모델이 없어서 망하는 회사는 많다. 회사가 살려면 자생적으로 먹고살 수 있는 구조를 반드시 갖춰야 한다. 제작자가 혼을 담아 만드는 예쁜 쓰레기는 필요 없다. 사용성이 불편해도 소비자가 당장 필요해 쓰고 가치를 지불하는 제품을 만들어야 한다. 없는 욕구를 만들려고 노력하는 제품이 아니다. 사용성이 좋다고, 디자인이 예쁘다고 없던 욕구가 생기지는 않는다. 욕구를 교육해야 하는 제품은 인기를 얻지 못한다. 이미 존재하는 욕구를 자극하는 제품이어야 한다. 그런 제품이라면 버튼을 불편하게 배치해도 쓴다. 광고가 덕지덕지 떠도 쓴다. 색감이 촌스러워도 이용하지 않을 수 없다. 그 제품을 통하지 않고는 욕구가 해소되지 않기 때문이다.

개발팀과 이야기하다 보면 항상 간결한 코드, 최적의 방법론을 추구하려고 노력한다. 제작자로서 그 마음 충분히 이해하지만 빠른 구현은 항상 예쁜 코드보다 먼저여야 한다. 나중에 리팩토링 Refactoring(간결하지 못한 코드로 인해 나중에 다시 짜야 하는 것) 해야 하는 문제가 있다고 항변할 수도 있다. 그러나 느린 실행으로 인해 회사나 제품이 망하면 아예 리팩토링 할 기회조차 잃고 만다. 자원이 없는 스타트업에게 빠른 실행은 항상 아름다움을 능가한다.

시장에 유행하는 개발이나 기획 방법론이 항상 존재하지만 그것을 쓴 덕에 사업이 성공했다는 회사는 본 적이 없다. 우리도 애자일 방법론, 프로토 타이핑, 짝 프로그래밍, 최소 기능 제품, 폭포수 개발법 등 다 써봤지만 정답은 없었다. 그저 유행이 있을 뿐이다. 중요한 것은 우리 회사에 맞는 옷을 입는 것이다. 누군가 이것만이 절대적으로 '옳은' 방법론이라 주장한다면 그는 그저 자기에 맞은 옷을 남에게 강요하는 것뿐이다. 스타트업에 유일하게 '옳은' 방법론이 있다면 그것은 빠른 실행뿐이다. 빨리 해서 일단 승기를 잡으면 그때는 좋은 방법론이든 간결한 코드든 도입할 기회가 있다. 회사가 성장함에 따라 전문가들이 합류해 최고로 만들어준다. 처음부터 아름다운 과정만을 지나치게 추구하다 보면 앞뒤가 바뀐다. 회사는 빨리 실행하는 후발 주자에 급격히 추월당하고 만다.

사업 승리의 기준은 수익, 제품은 수단일 뿐

이른바 '허무 지표'를

붙들고 맨날 지표 관리하는 것, 아무도 안 쓰는데 UX 책이나 가이드라인 보면서 지나치게 사용성만 추구하는 것, 소비자들은 관심도 없는데 예쁜 코드를 논하는 것, 비즈니스와 수익 모델에 대한 정확한 설계 없이 그저 제품 만들 생각만 하는 것 등 하나 같이 나와 동료들이 과거에 행했던 실수들이다. 그리고 아마도 여전히 많은 스타트업 후배들이 행하고 있는 실수인 것 같다.

스타트업에는 내 머리에서 나온 아이디어를 내 손으로 빚어 세상에 내어볼 기회를 추구하는 사람들이 많다. 이들은 사업을 하고는 있지만 실은 좋은 제작자를 지향한다. 내 제품을 훼손하는 것처럼 보이는 행위에는 다소 민감하다. 광고나 과도한 결제 유도, 심도 있게 설계된 것으로 보이지 않는 유료 상품 같은 것들에 자존심 상해한다. 이런 이유로 팀 내 투쟁 끝에 순수주의 제작자들이 거의 항상 승리한다. 그러고 나면 또 하나의 '예쁜 쓰레기'가 탄생하고 만다. 이것이 내가 몇 년을 허비한 과정이다. 지금도 누군가는 비슷하게 소중한 시간을 허비하고 있을 것이다.

우리는 성공하기 위해 모였다. 제작하기 위해 모인 게 아니라는 것을 명심했으면 좋겠다. 단지 내가 만들고 싶은 것을 내 스타일로 만들기 위해 이 일을 하는 것이라면 그것은 사업 말고도 할 수 있는 방법이 많다. 사업하겠다고 모인 사람들이 그런 식으로 일할 때 시간이 쌓이면 사람들은 우리를 측은하게 여긴다. 참으로 죽어라 열심히 하는데 별로 성과가 나오지 않는 팀으로 인식한다. 거기에는 어떠한 대단한 명예도, 제작자로의 희열도 없다. 이 일을 하기로 했으면 이 업계의 기준—수익—으로 승리를 거둬야만 한다.

좋은 제품이란 무엇인가? 다시 말하지만, 이미 존재하는 소비자 욕구를 충족시키는 제품이다. 그런 제품은 못생겨도 상관없다. 극단적으로 말해 제품을 쓰는 도중 종종 꺼져도 큰 상관없다. 그 가치를 제공하는 제품이 그것 하나밖에 없다면 좋은 제품을 만든 것이다. 여러 스타트업에서 이 같은 가치주의는 제품주의 사이에서 아마 소수의견에 불과할 것이다. 그러나 가치주의가 힘을 받을수록 좋은 제품을 시장에 낼 기회는 점점 늘어난다. 나는 지금껏 제품주의자였고 제품의 토씨 하나에도 물불을 안 가리던 극단적 완벽주의자였다. 그런 내가 엉뚱한 데 시간을 10년 이상 허비한 후 말할 수 있는 증언이다. 가치를 우선하고서야 제품을 훼손하기 시작했고 소비자 욕구를 먼저 생각하게 되었다. 그 후 제품은 큰 홍보 없이도 수백만이 쓰기 시작했고 비로소 회사는 흑자를 내게 되었다.

CHAPTER 5

사업이 잘될 때와 안될 때

사업은 창업하는 순간이 아니라 이익을 내기 시작하는 시점이 사실상 출발점이라고 봐도 과언이 아니다. 그 전까지는 그저 고행이고 자위다. 내 뜻을 제대로 펼쳐보지도 못한 '을'의 시간일 뿐이다. 숱한 노력의 결과 끝내 이익을 못 내고 회사가 망했다면 그것은 엄밀히 말해 사업한 것이 아니다. 그냥 사업을 하려다가 망한 것이다. 지금 스타트업을 준비하는 사람들도 사업을 제대로 하는 사람이 될 것이냐, 아니면 사업을 하려다 망한 사람이 될 것이냐를 잘 따져볼 필요가 있다. 만약 목표가 전자라면 첫날부터 생각해야 할 것은 사회적 가치나 세상을 바꾸는 것이 아니다. 이익이다. 이익이 있고 나서 사회적 가치가 있고 세상을 바꾸는 꿈도 있는 것이다. 그것을 빨리 깨닫지 못하면 영원히 '을'의 굴레에서 벗어나지 못한다.

투자 중심 경영 vs 매출 중심 경영

어디에 집중할 것인가

창업자는 회사를 매출 중심으로 이끌지, 아니면 투자 중심으로 이끌지 방향을 정해야 한다. 매출 중심이란 고객 규모가 작아도 고객 한 사람이 일으키는 매출을 극대화하는 전략이다. 투자 중심은 큰 규모의 고객이 모이기 전까지 계속 돈을 쏟아 모수부터 키우는 전략이다. 무엇이 옳다 그르다는 이야기하기 어렵다. 우리가 잘 아는 페이스북, 구글, 유튜브, 트위터, 인스타그램과 같은 스타트업들은 투자 중심 전략으로 커왔다. 사용자가 늘어나니 투자자가 계속 나타나 필요한 재원을 제공했다. 이들은 성장할 동안 매출 걱정 없이 서비스의 편의에만 집중할 수 있었다.

우리나라 스타트업도 빠른 성장과 지속 가능성만 입증할 수 있다면 투자자 구하기는 어렵지 않다. 계속해서 투자 중심 전략을 쓸 수 있다. 하지만 우리나라는 대표적 저출산 국가다. 인구 절벽을 눈앞에 두고 있다. 인터넷, 모바일 인구도 정체 상태고 스마트폰 앱 시장도 포화된 지 오래다. 내수만으로 고도성장을 지속하기는 어렵다. 매출 신경 안 쓰고 투자 중심 전략을 펴려는 회사는 반드시 해외로 나가야 한다. 해외에서의 실적이 뚜렷해야 계속 신규 투자자 유치가 가능할 것이다.

이미 투자 중심 전략을 펴다 성장 정체를 맞이한 서비스들이 국내에도 더러 있다. 이들 서비스는 스마트폰 성장과 더불어 한국에서 많은 사용자를 모았다. 덕분에 적게는 수십억에서 많게는 수백억의 자금을 서비스에 부어왔다. 성장이 꺾인 지금은 더 이상 신규 자금을 유치하지 못하고 있다. 설사 손익 분기를 넘겼다 해도 뚜렷한 성장은 없다. 이럴 때 회사는 어떻게 해야 하나? 성장기 때 뽑아 놓은 그 많은 직원은 어떻게 할까? 이런 서비스의 사장들은 요즘 하나같이 고민이 많다. 사장은 마지막에 들어온 주주에게 미안해서라도 주가를 떨어뜨리면 안 된다. 그런데 성장이 죽었는데도 그 가격에 투자할 사람이 있을까? 과연 이 회사의 주가가 더 오를 수 있을까? 이렇게 한때 잘나가던, 심지어 지금도 사용자가 많은 멀쩡한 회사에 심각한 자금난이 시작된다.

이런 전철을 밟지 않기 위해 투자 중심 전략을 택한 기업은 반드시 성장을 지속해야 한다. 만약 전 세계에서 아주 많은 사용자를 모으면 광고 하나로도 의미 있는 매출이 나온다. 그것이 페이스북이나 구글, 유튜브, 인스타그램의 사례 아닌가? 그 지점까지 가지 못하고 성장 엔진이 꺼지면 투자 중심 전략은 심각한 위기를 맞고 만다.

투자 중심 경영을 유지하기 위한 두 가지 목표 창업자가 투자 중심 전략을 유지하고자 한다면 다음 두 가지 목표에 초점을 맞추어야 한다.

첫째, 시작부터 완벽한 글로벌 타깃 제품으로 나갈 것. 앞서 말한 것처럼 내수 시장은 한계에 부딪혔다. 이는 IT뿐 아니라 모든 업종에서 마찬가지다. 이제 해외에서 경쟁력을 갖지 못하는 제품은 성장을 지속하지 못한다. 국내 대기업들의 주력 상품조차 최근 몇 년간 경쟁국의 기술 발전으로 경쟁력이 크게 손상되며 위기를 겪고 있다. 하물며 스타트업이라고 안전할까? 투자 중심 전략을 유지하려면 세계적인 경쟁력을 가진 제품을 만들어야 한다. 또한 그 경쟁력이 지속 가능해야 한다. 냉정하게 자신을 돌아봤을 때 그럴 능력이 없다면 매출 중심 전략으로 바꾸자. 우물쭈물하다가는 금세 이도 저도 아닌 회사가 된다. 사용자도 애매하게 많고, 매출도 애매한 속 빈 강정이 되기 십상이라는 뜻이다.

둘째, 회사 가치를 현실적으로 높여나갈 것. 신규 투자가 어느 시점부터 이루어지지 않는 이유는 사장이 주가를 너무 높여놓았기 때문이다. 만약 주가를 현실적으로 올려왔다면 성장이 어느 정도 꺼져도 주가가 아주 비싸지는 않다. 그러면 여전히 회사에 관심 갖는 투자자는 있기 마련이다. 누군가 회사 가치를 비싸게 쳐준다고 해도 사장은 자중할 수 있어야 한다. 사장이 생각하기에도 회사 가치가 다소 높다 싶으면 (물론 사장은 항상 자기 회사 가치를 남들보다 높게 생각하는 편이지만) 절제할 줄 알아야 한다. 이번에 투자 한 번 받고 끝낼 일이 아니기 때문이다. 오히려 이번 라운드(투자 받는 회차나 시점을 말한다.)에 너무 비싸게 투자를 받으면 그 다음 라운드에 투자를 받기 어렵다. 이전 가격이 기준 가격이 되기 때문이다. 터무니없는 기준 가격을 쉽게 인정해주는 투자자 찾기란 백사장에서 진주 찾기가 된다.

돈이 떨어져가면 직원들이 가장 먼저 알고 불안에 떤다. 조직 운영에 있어 가장 중요한 것 중 하나는 '우리는 잘 가고 있다'는 분위기 유지다. 그 분위기가 사라지면 직원, 주주뿐 아니라 외부의 미디어와 고객도 금방 눈치챈다. 로켓처럼 날아가던 회사가 금세 추진력을 잃고 바다 한가운데로 곤두박질치고 만다. 각 라운드의 주가는 점진적이고 현실적으로 올라가야 한다. 특정 라운드에서 주가가 드라마틱하게 올랐다면 다음 라운드에서는 성장 폭이 크게 꺾일 가능성이 높다. 어느 가격에 투자를 받아야 하느냐고 누군가 묻는다면 이렇게 답하고 싶다. '어느 한 사람만 인정하는 환상적인 가격이 아니라 여럿이 보편적으로 인정하는 가격에 받으라'고 말이다. 그것이 다음 라운드에서도 계속 양(+)의 방향으로 올라가는 회사로 만들어준다.

사업 전개 방식과 주주 구성

사업을 투자 중심으로 운영할 것이냐, 매출 중심으로 운영할 것이냐에 따라 투자하는 주주의 유형도 분명히 다르다. 투자 중심 전략이라면 주주도 주가의 빠른 상승을 기대한다. 투자자가 계속 새로 들어오므로 회수 기회가 빨리 찾아오기 때문이다. 공격적이고 빠른 회수를 원하는 투자자가 모일 가능성이 높다. 반면에 매출 중심 전략은 매출이 커질수록 굳이 추가 투자를 받을 필요가 없어진다. 다음에 들어올 주주에게 주식을 팔기보다 오래 보유할 가능성이 높다. 성장률이 떨어져도 안정성은 높기 때문이다. 안정 지향적이고 긴 회수 기간을 고려하는 투자자가 들어올 가능성이 높다.

사장 입장에서도 어떤 운영 방식을 고수하는가에 따라 투자자를 선별할 필요가 있다. 사장은 매출 지향 전략을 펴는데 투자자는 자꾸 '지금 푼돈 벌어야 뭐하나? 광고 빵빵 때려서 계속 키우자' 고 하는 경우 서로 피곤해질 수 있다. (물론 실제로는 반대 상황이 주로 벌어진다. 돈 아껴야 할 때인데 사장이 아직도 성장할 수 있다고 믿고 돈을 팍팍 쓰는 것이다.)

자연 성장Organic growth(가만히 두어도 서비스가 알아서 성장하는 것)이 한 번 꺾이면 그 다음부터는 예전 성장률을 되찾기 어려워진다. 돈을 쓰는 광고는 일시적으로 성장률을 높여주지만 자연 성장이 존재할 때나 장기적인 효과가 있다. 자연 성장이 없을 때 하는 광고는 반짝 효과를 보이다 광고 끝나기 무섭게 다시 떨어진다. 따라서 자연 성장의 둔화가 감지되면 사장은 본능적으로 보릿고개를 대비해야 한다. 매출 중심으로 선회할 준비를 해야 한다. 비용을 하나라도 줄이고 성과가 나지 않는 일에서 손을 떼야 한다. 지금 가진 고객을 데리고 매출을 극대화해 자생적으로 먹고살 준비를 해야 한다. 비상 회의를 소집해 지금의 제품 수준에서 매출을 키울 방안을 세우고 하나씩 실천해야 한다.

스타트업 지원 사업을 통해 얻는 것과 잃는 것

Tip!

요즘은 초기 기업을 지원해주는 프로그램이 매우 많다. 개발 자금을 지원해주는 프로그램부터 사무실 제공, 특허 출원 비용, 법률 비용, 인건비 지원 등 다양하다. 창조경제센터나 각 대학 창업지원센터 그리고 민간 엑셀러레이터 등 여러 기관에서 지원해주기도 한다. 정부에서는 심지어 예비 창업자까지도 사업 계획만 좋으면 해외 연수를 보내주기도 한다. 서버 인프라를 무료로 지원해주기도 하고 인턴 채용 비용을 일부 지원해주기도 한다. 이런 프로그램들은 중소기업청과 창업진흥원이 운영하는 K스타트업 사이트(http://www.k-startup.go.kr)에 들어가면 일목요연하게 정리되어 있다. 농업부터 우주산업까지 모든 종류의 스타트업에 대한 개별 지원 프로그램이 세세하게 존재한다.

한편으로는 걱정도 된다. 혹시나 지원받는 것에 익숙해지면 회사가 자생력을 잃지 않을까 해서다. 지원 사업을 잘 따내다 보면 어느새 사이트만 기웃거리며 회사 운영을 온통 지원금에 기댈 가능성도 있다. 지원을 위한 사업 계획은 실제 민간 투자자들이 원하는 내용과는 많이 다를 수 있다. 고객이 원하는 내용과는 더 큰 괴리가 있을 수 있다. 또 각종 지원 사업들은 분기나 반기(6개월)에 한 번씩 지원 기관에 보고도 해야 한다. 프로그램이 끝나면 보고서도 제출해야 한다. 자금의 성격도 지정되어 있어 정작 필요한 것을 못 사고 불필요한 것을 과다하게 사야 하는 경우도 있다. 남의 돈이라 쓸데없는 과소비가 생기는 것이다.

창업자는 각종 초기 기업 지원 사업이 회사에 미치는 영향을 잘 따져봐야 한다. 공짜 같지만 실은 공짜가 아니다. 지원과 선정, 사업 진행과 보고 과정에 상당한 시간이 들어간다. 이 시간을 온전히 사업 잘되는 데에 집중하면 더 좋은 성과가 날 수도 있다. 공짜라는 인식 때문에 불필요한 교육 이수, 해외 연수, 전시 참가 등 여러 시간 낭비가 발생할 수 있다. 시간이 제일 비싸기 때문에 이것은 결코 공짜가 아니다.

특허 확보와 지식재산의 중요성

고등학교 2학년 때 특허 출원을 경험했다. 처음에는 몹시 어려운 일인 줄 알았다. 그러나 아이디어만 있으면 특허법인과 몇 번의 미팅을 통해 손쉽게 특허를 낼 수 있다는 사실을 알았다. 그 후 사업을 하며 새로운 아이디어를 보호하기 위해 어김없이 특허를 냈다. 막상 등록까지 간 것은 손에 꼽지만, 그 덕에 기업의 지식재산을 보호하는 방법에 대체로 익숙해지게 되었다.

군대에 있을 때도 휴가 나가서 변리사를 찾아가 특허 상담을 했다. 그런 노력은 미래에 대한 투자라고 믿는다. 실제 그 사업을 할지는 모르고 나중에는 현실성이 없을지도 모른다. 그러나 결코 허황되거나 무의미하지 않다. 지식재산을 확보하는 일은 미래의 땅을 사두는 일이다. 비록 땅을 잘못 사도 항상 미래를 보기 위해 눈과 귀를 깨우고 사는 효과가 있다. 땅을 잘 산 경우 그 사업을 직접 하거나 다른 좋은 땅과 교환이 가능하다. 지식재산은 사업가는 물론

이고 모든 개인에게도 중요하다. 미래는 금방 온다. 사람들은 계속 무언가를 원하고 구입한다. 만약 그중에 단 하나라도 내가 만든 것이 있다면 미래의 내 모습은 지금과 많이 다르리라.

특허 출원, 미래를 적중하는 기쁨

2002년 처음 출원한 것은 QR 코드 관련 특허였다. 폰 카메라로 상대방 폰 화면에 출력된 QR 코드를 찍으면 상대방의 연락처가 자동으로 저장되는 아이디어였다. 당시 폰 카메라 성능으로는 구현이 불가능했지만 앞으로 성능이 좋아지면 텍스트나 QR 코드 인식이 가능해지리라 본 것이다. 이 특허는 우여곡절 끝에 3년여가 지나 등록되었는데 지금은 연장을 하지 않아 소멸되었다.

이듬해인 2003년에는 PC 화면에 QR 코드를 띄우고 이를 폰 카메라로 찍어 결제하는 특허를 냈다. 아이디어가 실현된다면 휴대폰 결제를 할 때 매번 폰 번호와 주민번호, 인증번호를 넣지 않아도 되었다. 실용성이 높아 출원하면서도 많은 공을 들였다. 그러나 18개월 뒤의 심사 결과는 등록 거절이었다. 알고 보니 누군가 비슷한 아이디어를 나보다 1년이나 먼저 출원했던 것이다. 이럴 수가!

그 아이디어는 그로부터 10년이 지난 2013년 신한은행 앱 카드에 의해 상용화되었다. 나보다 앞서 출원한 사람이 딱 한 명 있었지만 나 역시 적중했다는 생각에 적잖은 기쁨을 느꼈다.

위자드웍스를 창업하고 나서는 주요 사업이었던 위젯과 관련된 특허를 주로 냈다. 이 중 일부는 등록이 되었는데 위젯 자체가 스마트폰 앱으로 빠르게 대체되며 큰 의미가 없어졌다. 이후 솜노트를 만들면서는 사용자끼리 노트를 사고파는 노트 거래소 모델을 특허로 냈고 현재 공개되어 있다.

2년 전까지는 스마트폰 키보드에 입력되는 키워드를 활용한 광고 사업과 관련된 특허를 10여 건 냈다. 이 분야는 내가 처음으로 아이디어를 냈다고 생각해왔다. 최근에 와서 나와 비슷한 시기에 비슷한 출원을 한 회사가 있다는 사실을 알고 적잖이 놀란 적이 있다. 역시 하늘 아래 나만 생각한 아이디어는 없는 것 같다. 누가 가장 빨리 사업화하거나 특허로 내느냐가 중요할 뿐이다. 당장 회사를 차리거나 제품을 낼 수 없다면 하루라도 빨리 지식재산으로 만들어 권리부터 선점하기 바란다. 그 사이 다른 회사가 먼저 사업화할 수도 있고, 내 특허가 반려될 수도 있다. 일단 내가 제일 먼저 출원을 했다면 그 사실만으로도 나중에 소송 등 권리 공방전에 갔을 때 유리한 입지에 설 수 있다. 그러니 지식재산은 항상 최우선으로 고려하는 편이 옳다.

거절을 받으면서도 특허를 계속 내는 이유

위자드웍스에서는 오랫동안 여성용 생리 분야 1위 앱인 '매직데이'를 운영해왔다. 이 앱의 업그레이드를 고려하며 낸 아이디어도 특허로 출원했다. 휴대폰이나 스마트워치 등에 체온 센서를 달아 여성의 기초 체온을 바탕으로 생리 시작일을 예측하는 내용이었다. 이는 인간의 생체 정보나 생리 현상을 특허로 규정할 수 없다는 특허청 정책과 미국에 있던 유사 특허로 인해 거절 통보를 받았다. 자주 거절을 받으면서도 계속 특허를 내는 이유들은 다음과 같다.

첫째, 경쟁사들로부터 내 아이디어를 일정 기간 보호하기 위함이다. 경쟁사들은 내 출원 사실을 알면 이 기술을 우회할 방법을 고민하게 된다. 또는 사업을 포기하거나 계획을 변경할 가능성도 있다. 특히 경쟁사가 작은 회사라면 우리가 특허를 냈다는 사실이 상대에게 큰 위협으로 다가온다. 상대는 체급도 작기 때문에 섣불리 덤비기 겁나기 때문이다. 특허는 출원 후 등록이나 거절 결정이 나기까지 보통 1년 반에서 2년 정도 걸린다. 이 기간이 길기에 설사 거절 된다 해도 2년쯤 지나서 알 수가 있다. 따라서 경쟁사를 혼란스럽게 할 수 있다. '어차피 등록 안 될 것 같은데 그냥 똑같이 해봐?', '아니야, 그러다 등록 되면 우리 사업이 위험해지잖아' 이런 진퇴양난에 빠진다. 따라서 출원 사실 자체만으로도 경쟁사들의 의사결정을 방해하는 충분한 해자가 될 수 있다.

둘째, 중소기업의 경우 특허로 얻을 수 있는 부가 혜택이 많다. 정부 지원을 받을 때나 융자(대출)를 받을 때도 특허 보유 건수가 정량적인 점수로 반영된다. 물론 등록된 특허의 점수 비중이 크지만 출원 특허도 일부 반영이 된다. 이 회사가 기술 보호에 노력하는 회사라 평가돼 부가적인 지원을 얻을 수 있다. 특허는 꼭 등록 받으려고만 내는 것이 아니다.

셋째, 특허를 내는 과정에서 아이디어를 더 구체화할 수 있다. 아직 아이디어밖에 없던 것을 특허로 만들 때는 문서로 정리해야 한다. 도면도 그려야 한다. 또한 기존 특허들과 다른 기술적 진보성도 확보를 해야 한다. 그런 노력들을 해가며 아이디어가 빠르게 고도

화된다. 그럼 애매했던 부분이 특허 한두 건을 내면서 비교적 명확해진다. 그렇게 구체화된 아이디어는 특허 출원 후 사업화로 넘어갈 때에도 반드시 도움이 된다. 특허와 실용신안, 상표 등 지식재산 확보를 생활화하는 태도는 사업 자체에도 큰 도움이 된다. 단지 권리 선점만을 위해 기백만 원을 쓰는 것이 아니다.

우선 키프리스와 친구가 되어라

아이디어를 특허로 만들기 위해 할 일에는 어떤 것이 있을까? 우선 한국 특허청이 운영하는 키프리스http://kipris.or.kr라는 사이트를 확인하라. 여기는 검색엔진이 아주 잘 되어 있다. 자기 아이디어의 주요 키워드로만 검색하면 과거부터 현재까지 존재하는 모든 특허와 실용신안, 상표 정보가 다 뜬다. 등록된 것만 뜨는 것이 아니고 거절된 것, 소멸된 것도 모두 뜬다. 따라서 비슷한 아이디어를 누가 처음 지식재산화했는지, 그게 무슨 이유로 거절되었는지, 등록되었다면 얼마간의 기간을 거쳐 어떻게 등록되었는지를 일목요연하게 확인할 수 있다.

키프리스와 친해져야 지적재산권 확보를 생활화할 수 있다. 처음에는 용어가 낯설 수 있다. 그러나 누구나 조금만 검색을 해보면 금방 배울 수 있다. 키프리스와 친해지기 위해 요즘 유행하는 '드론'이나 '가상현실' 같은 키워드를 한번 입력해보라. 세상에 어쩜 이렇게 많은 아이디어가 존재하는지 놀라게 된다. (그것도 아직 한국 특허밖에 안 본 것이다. 세계 특허까지 보면 더 놀라게 된다.)

키프리스를 통해 내 아이디어가 기존에 없던 최초의 것이란 판단이 서면 변리사나 특허법인을 통해 특허 출원을 할 수 있다. 직접 명세서 쓰는 법을 배워 출원할 수도 있다. 처음에는 특허 명세서의 문법과 작성 방법을 몰라 등록이 쉽지 않을 수 있다. 그러므로 비용이 좀 들더라도 (2017년 현재 출원 건당 150~250만 원. 나중에 등록 확정 시 또 한 번 같은 비용이 발생한다.) 변리사나 특허법인을 통하는 것이 더 좋은 특허를 만들 수 있다. 개인의 연습용 특허라면 몰라도 정말 사업적 권리 확보가 필요한 특허라면 주저 없이 능력 있는 변리사를 선임하는 것이 옳다.

만약 대학생이나 군인, 중소기업인 경우에는 관납료(국가에 내는 비용)를 크게 할인받을 수 있다. 이 경우 위에서 소개한 변리사 비용을 제외하고는 거의 무료에 가깝게 특허를 낼 수 있다. 나중에 등록 결정이 나면 내야 하는 관납료도 아주 적다. 따라서 학생일 때부터, 회사가 작을 때부터 특허를 많이 내면 여러모로 좋다.

상표도 무시해서는 안 되는 지적재산권이다. 나는 신제품 브랜드가 정해지면 출시 전 꼭 상표부터 낸다. 브랜드를 정하는 과정에서도 동일한 상표가 기존에 존재하는지 키프리스를 통해 미리 알아보고 결정한다. 몇 해 전 티몬의 상표권을 경쟁사가 먼저 등록해 문제가 된 적이 있다. 이렇듯 사업 시작 후에도 상표 관리를 소홀히 하는 경우 악의적인 상대에게 브랜드를 뺏기거나 사용료를 내야 하는 상황이 생길 수 있다. 따라서 꼭 제품 출시 전이나 제품명이 언론에 보도되기 전 상표로 보호해놓는 것이 좋다. 출시가 임박해오면 너무 바빠 아무도 신경 쓰지 못하게 된다. 이때라도 대표만큼은 꼼꼼히 챙겨서 회사의 권리를 미리 보호하고자 애써야 한다.

재정 리스크와 15% 룰

재정적 리스크는 스타트업을 하며 조직 문제와 함께 가장 자주 맞닥뜨리는 문제다. 항상 운영비에 쪼들리는 팀이나 처음부터 막대한 투자를 받은 회사까지 누구든 말 못할 재정 문제는 있다. 사장과 극소수의 경영진 외에는 가장 잘 모르는 문제이지만, 회사에 재정적인 문제가 있다는 소문이 나면 직원들은 일에 집중할 수 없다. 투자자들은 불안해져 전화가 빗발친다. 큰 회사라면 언론에서도 좋은 표적이 된다. 재정 문제는 가장 털어놓기 힘든 고민이면서도 가장 심각한 문제다.

회사에서 횡령이 가능했던 이유

———————— 우리도 여러 번의 크고 작은 재정 문제를 겪었다. 가장 힘들었던 순간은 앞서 언급한 적 있는 경리 직

원의 횡령이었다. 서류를 위조해 총 5천만 원의 회삿돈을 개인 계좌로 횡령했다. 나도 모르게 개설한 우리 회사 계좌들로 돈을 돌려 추적을 어렵게 만들었다.

이게 가능했던 이유는 첫째, 경영지원팀장으로서 우리 회사 인감도장, 공인인증서, OTP 카드를 모두 가지고 있었다. 즉, 서류를 준비해 은행 창구에 가면 내가 모르는 계좌 만드는 것도 그리 어려운 일이 아니었다. 둘째, 세금계산서 발행과 각종 계약서의 정리를 담당했다. 과거 거래한 계약서를 바탕으로 위조 계약서와 세금계산서를 꾸미는 일이 그리 어렵지 않았다. 셋째, 해당 직원이 다른 직원들을 항상 엄마처럼 따뜻하게 챙겨 모든 직원들이 1%도 의심할 여지가 없었다.

이런 여러 여건이 잘 맞아 경계가 대단히 느슨했다. 횡령 사실을 알게 된 후 그가 입사할 때 낸 서류를 조사했다. 더 두려운 실체들이 하나씩 드러났다. 주민등록등본도 가짜, 졸업증명서도 가짜였다. 나이도 거짓이었고, 학력도 거짓이었다. 우리가 알던 나이보다 세 살이 더 많았고, 영국에서 학교를 나왔다던 이야기 역시 사실이 아니었다.

사실을 알게 된 후 연락했을 때 그녀는 북유럽 여행 중이었다. 여행에서 돌아온 그녀에게 횡령 이유를 묻자 '무엇에 씌었던 것 같다'고 했다. '더는 없냐?'는 질문에 '이제 정말 더는 없다'고 했다. 그러나 또 찾아냈고 그런 식으로 열 번을 반복했다. 결국 횡령 건을 모두 밝히고 돈을 다 받아내는 데 6개월이나 걸렸다. 그 기간 내내 너무나 고통스러웠다. 단순히 돈 받아내는 것을 넘어 전 직원이 받았던 정신적 충격은 지금도 생생하다. 당시 돈을 돌려받는 것이 더 중요했기에 그녀를 고소하지는 않았다. 오래 쫓아다니며 돈을 다 받아내 그냥 묻어두기로 했다.

그녀가 이듬해 대단히 유명한 스타트업에 취직을 했다는 소식을 들었다. 이 사실을 알려야 하나 고민하고 있었는데, 우리 회사 출신 직원이 그 스타트업 대표를 만난 자리에서 귀띔을 하게 된다. 그 스타트업 대표는 사실 확인을 해왔고 나는 확인을 해주었다. 대표는 놀라 내부감사를 했고, 그녀가 그 회사에서 일한 1년간 또다시 횡령을 저지른 사실을 알게 된다. 결국 그녀는 그 회사에서도 내쫓겨 업계에서 자취를 감추었다. 우리 회사에서 일한 3년간은 외국에서 일했다고 거짓말을 했다고 한다. 시간이 한참 지났지만 지금 생각해도 참으로 소름 돋는 이야기가 아닐 수 없다. 그 스타트업은 현재 조 단위 가치를 인정받는 회사가 되었다. 조기에 발견하지 않았더라면 그 이후 행각이 어찌 되었을지는 생각만 해도 아찔하다.

강화된 제도적 장치들

그 후 여러 제도적 장치를 마련했다.

첫째, 회계 담당 직원에 대해서는 신원보증보험에 가입을 시킨다. 이는 직원이 횡령, 배임 등 불법행위를 할 경우 회사가 입은 손해를 보험회사가 대신 갚아주는 보험이다. 서울보증보험이 대표적으로 취급하고 있으며 최대 5천만 원 한도로 가입이 가능하다. 보험료는 1년에 보상 한도액의 0.15% 수준으로 대단히 저렴하다. 따라서 회사 비용으로 보험에 가입시키는 것이 안전하다.

둘째, 돈의 최종 집행은 반드시 대표의 전자 서명이 필요하도록 변경했다. 기존에는 회사 공인인증서를 가진 회계 담당 직원이 이체를 자유롭게 할 수 있는 구조였다. 이를 50만 원 이내로 제한했다. 그 이상의 금액을 이체하려면 먼저 대표에게 신청하고 대표가 따로 승인을 해줘야 돈이 나가는 구조로 재편했다. 이는 대부분의 시중 은행이 기능을 제공하고 있으므로 은행에 문의하자.

셋째, 대표인 나부터 돈의 흐름을 매일 샅샅이 살피게 되었다. 대표가 회계 담당자에게 맡겨두고 신경을 끌 때 부정은 발생한다. 빈틈이 있어야 물이 새는 법이다. 곳간을 매일같이 점검하고 있을 때 부정은 생기기 어렵다. 하루하루 올라오는 견적서, 세금계산서, 계약서 등 서류에 기재된 액수를 실무 부서에서 두 번, 세 번 체크했다. 크로스 체크가 이루어지니 회계 부서에서 서류를 조작할 여지가 사라졌다.

그 일을 통해 배운 교훈은 무엇보다 좋은 시스템 위에 나쁜 사람은 있기 힘들다는 점이다. 우리는 사람을 너무 믿은 나머지 시스템의 필요를 못 느꼈다. 그 결과 큰 사단이 난 것이다. 처음부터 나이도 속이고 나쁜 마음을 먹고 들어왔다 하더라도 훌륭한 시스템이 있었다면 어땠을까? 부정을 행할 여지도 적었을 것이다. 적어도 피해는 줄일 수 있었다. 시스템은 사람을 못 믿어서가 아니라 더 믿기 위해 만들고 유지하는 것이 되었다.

돌발 변수에 대비하는 15% 룰

그 외에도 우리가 종종 겪었고 스타트업들이 흔히 겪는 재정적 리스크에는 다음과 같은 것들이 있다. 예상치 못한 시기에 예상치 못한 금액의 세금이 부과되는 것, 이미 종료된 정부 과제에서 예상치 못한 규모의 환수금(다시 정부에 돌려주어야 하는 돈)이 발생하는 것, 일부 악성 주주들이 투자금을 돌려달라고 몽니 부리는 것(당연히 투자금은 돌려줄 필요가 전혀 없지만 악성 투자자는 이를 당연한 듯 요구한다.), 회사에 발생하는 각종 사고(이사한 건물의 천장에 물이 새서 컴퓨터를 새로 사야 한 적도 있다.)와 직원에게 갑작스레 발생하는 문제 같은 것들 말이다. 이 경우 적게는 수십만 원에서 많게는 수억 원까지 우발적인 비용이 발생한다. 이런 예상치 못한 지출들 때문에 마진이 아주 적은 일감을 수주하기도 하고 갑자기 돈을 꾸어야 했던 적도 있다. 급한 불을 끄기 위해 사업 외에 개인적으로 강의 뛰며 강사료를 벌어 메우기도 했다. 이도 저도 안 될 때는 회사 서버나 장비를 내다 팔기도 했다.

여러 요인으로 고생을 하며 느낀 것은 스타트업은 변수가 워낙 많아 어쩔 수 없는 지출이 항상 생긴다는 점이다. 차라리 마음을 고쳐먹기로 했다. 내가 통제할 수 없는 일은 어쩔 수가 없다. 주주의 자금 상황이나 밤새 사무실에 홍수가 나는 것까지 미리 알고 대비할 수는 없다. 따라서 언젠가부터 회사 자금과 시간의 15%까지는 버퍼buffer(여유)를 두고 계획하기로 마음먹었다. 즉, 다음 달에 1억이 필요하면 애초에 1억 1500만 원을 준비한다. 만일의 사고에 유연하게 대처할 수 있기에 여유 자금을 먼저 빼놓고 나서 지출 계획을 짰다. 그렇게 하다 보니 회사에 아주 큰 재앙이 닥치지 않는 한 대부분의 문제는 통제할 수 있게 됐다. 회사뿐 아니라 내 삶에도 15% 룰을 적용했다. 살다 보면 시간이나 돈을 내 생각만큼 효율적으로 쓰지 못할 때가 있다. 본인이나 가족이 아프거나 친구들이 처한 어려움을 도와야 하는 일들도 발생한다. 내 시간과 돈의 15%를 버퍼라고 생각하니 우발적인 일들로 내 시간과 돈을 일부 잃어도 스트레스를 덜 받게 됐다.

회사의 재정적 리스크를 관리할 때 15% 룰은 좋은 기준이 될 수 있다. 아예 리스크가 없도록 관리하면 가장 좋을 것이지만 스타트업은 외부 상황 변화에 더 크게 출렁인다. 따라서 시스템을 갖추고 최선의 노력으로 계획을 짜되 일정한 버퍼는 필요하다. 시스템을 갖추어가는 과정에서는 직원들에게 '사장이 이제 우리를 못 믿나'라는 오해를 살 수도 있다. 하지만 돈이 들어오고 나가는 스케줄을 일일 단위로 알아야 한다. 나갈 돈보다 들어올 돈이 적다면 매출을 내든 투자를 받든 돈을 꿔오든 미리 대비해야 한다. 일정한 버퍼를 만드는 일은 쉽지 않지만, 회사는 점점 더 건강한 재무를 갖추고 리스크를 줄여갈 수 있을 것이다.

저작권 침해와 예방

라이선스를 확인하자

학생 때 창업한 탓에 학교와 회사를 같이 다녔다. 2010년 수업 듣는 중 다급한 전화가 왔다. 경찰이 영장을 들고 와 컴퓨터를 싹 복사해 가서 회사가 발칵 뒤집어졌단다. 당시 어도비의 포토샵 프로그램에 대해 대학생 라이선스를 쓰고 있었다. 그게 화근이 되어 정품 소프트웨어를 쓰지 않는 회사로 의심을 산 것이다. 그로부터 3개월 후 소프트웨어 가격에 벌금까지 더해 8천만 원을 물어내게 된다. 단속 이후 소프트웨어를 사게 되면 어떤 에누리도 없다. 정품 가격을 주고 구매해야 한다. 소프트웨어저작권협회를 대리하는 변호사들과 벌금에 대해 협상도 해야 한다. 물론 타협 가능성은 거의 없다. 단속을 맞을 때까지 소프트웨어 구매에 관한 어떤 안내도 받지 못했다. 여러 경로로 선처를 호소했다. 하지만 에누리 된 것은 제로였다. 그렇게 큰 수업료를 치르고 난 후 지금까지 소프트웨어 저작권만큼은 철저히 정품을 구매해 관리하고 있다.

다른 스타트업도 창업 초기부터 자기가 보유한 라이선스를 확인할 필요가 있다. 처음부터 적은 투자로 큰 리스크를 피하는 세심함을 기울여야 한다. 요즘은 소프트웨어를 구매가 아닌 임대 방식으로도 도입 가능하다. 예전에 우리가 물어낸 가격의 100분의 1 수준으로 매우 저렴하게 정품 라이선스를 확보할 수 있다. 이런 것만 봐도 정말 사업하기 좋은 시절임에는 분명하다.

다른 경험도 있다. 우리는 정당하게 서체(폰트) 라이선스를 구매해 모바일 앱에 적용 중이었다. 서체 회사들이 별도의 모바일 전용 라이선스를 만들고는 웹용 라이선스를 산 회사도 모바일용 라이선스를 따로 사야 한다며 정책을 바꿨다. 문제는 새로 생긴 모바일 전용 라이선스가 이미 개발된 앱에도 소급 적용된다는 사실이었다. 요컨대 우리의 서체 사용이 합법이었다가 업체들의 결정으로 갑자기 불법이 된 것이다. 그 후 여러 회사들이 앞다투어 협상하자며 연락을 해왔다. 우리도 억울한 면이 있어 아예 무료인 다른 서체로 변경하겠다고 맞섰다. 결국 합리적인 가격 수준에서 주요 업체들과 협상을 마쳤다. 나름 선방한 셈이지만, 추가 수입을 확보하여 원하는 바를 달성한 그들이 승자임은 분명하다.

스타트업을 하다 보면 이처럼 예측할 수 없는 일들이 계속 발생한다. 모두가 회사 호주머니를 털어 가려고 혈안이 된 것이 아닌가 싶다. 회사에 여유가 있을 때나 없을 때나 아랑곳없이 계속 돈 나갈 일만 생긴다.

오픈 소스 라이선스도 꼭 확인하자

요즘은 IT 기업이 소프트웨어를 개발할 때 소위 '오픈 이노베이션Open Innovation(회사 안에서 개발한 것뿐 아니라 회사 밖에서 제안되거나 개발된 것도 수용해 개발하는 열린 문화)'을 많이 한다. 따라서 굳이 모든 소프트웨어 요소를 직접 만들지 않는다. 좋은 오픈 소스 소프트웨어Open Source Software(개발자가 소스 코드를 무료로 공개해 누구나 가져다 쓰고 추가 개발까지 할 수 있는 소프트웨어)가 있다면 이를 가져다 쓰는 편이 자연스럽다.

그런데 오픈 소스 소프트웨어에도 저마다 라이선스가 있다. 영리 목적 사용이 애초에 제한된 경우, 영리 목적 사용 시 소정의 사용료를 지불해야 하는 경우도 있다. 또한 오픈 소스 소프트웨어를 사용한 제품의 경우는 제품 도움말에 사용한 소프트웨어 목록과 라이선스 상황을 정확히 기재해야 한다. 우리 제품 중 하나인 솜노트도 앱 도움말을 살펴보면 어떤 오픈 소스 소프트웨어가 사용되었는지와 해당 소프트웨어의 라이선스 링크가 수록되어 있다. 만약 오픈 소스 소프트웨어를 사용하고도 표시를 안 하거나 라이선스 조항을 무시한 경우 원 저작권자로부터 소송도 당할 수 있다. 업계에서의 망신은 덤이다.

회사는 투자 유치나 실적 보고, 영업이나 사업 제안 등을 위해 프레젠테이션 발표 자료를 자주 만든다. 여기 넣는 사진 하나하나도 다 저작권을 확인해야 한다. 검색엔진의 이미지 검색에서 나온 사진을 발표 자료에 붙여 넣는 경우는 무단 전제에 해당한다. 출처를 밝힌다 해도 원 권리자의 허락을 얻지 않았으므로 역시 무단 사용에 속한다. 따라서 대중에 공개되는 자료에는 직접 찍은 사진이나,

한 장 한 장 모두 구매한 사진만 쓸 수 있다. 물론 회사 홈페이지 역시 저작권이 확보된 사진만 사용 가능하다.

심지어 우리 회사 소식이 실린 언론 기사도 마찬가지다. 회사 홈페이지에 무턱대고 올려서는 안 된다. 우리 이야기더라도 기사의 권리는 언론사에 있다. 회사 홈페이지에는 간단히 어떤 내용인지 요약해 소개하고 링크만 걸어야 한다. 기사 전문은 해당 언론사 홈페이지로 가서 볼 수 있도록 해야 저작권 침해에 해당되지 않는다.

저작권 침해는 전사적으로 미리부터 교육이 잘 되어 있어야 한다. 그래야 큰 문제로 발전하지 않는다. 가까운 스타트업 중 한 곳이 커다란 곤경에 처한 적이 있다. 인턴들이 타사 페이스북에 올라온 사진을 허락 없이 내려 받아 자사 페이스북에 올린 것이다. 인용당한 회사가 사진 한 장당 80만 원씩, 총 1억 원의 손해배상 소송을 제기하고 나섰다. 소송당한 회사는 자사 인턴이 남의 사진을 퍼와서 올리고 있다는 사실 자체를 인지하지 못하고 있었다. 결국 긴 합의 과정을 거쳐 수천만 원을 지불하고 나서야 소송을 멈출 수 있었다.

스타트업에게 저작권은 결코 먼 나라 이야기가 아니다. 사장부터 저작권을 각별히 신경 써야 한다. 그러지 않으면 누군가가 무심결에 이를 어기게 된다. 결국 회사에 큰 부메랑이 되어 돌아오고, 문제가 생기고 나서 이를 수습하려면 사전에 예방하는 비용의 몇 배, 몇 십 배가 든다.

평판 리스크와 대응 메뉴얼

대학생 마케터 활동으로 인한 평판 리스크 사례

대학생 마케팅 프로그램인 마법학교를 운영할 때다. 학생들에게 팀별로 자유로운 마케팅 활동을 맡겼는데 팀 간 경쟁이 과열됐다. 한 팀이 파워 블로거들에게 제품에 대한 홍보 글을 써달라 부탁했다. 회사는 파악을 못했다. 해당 블로거는 블로그에 위자드웍스를 대행하는 학생들이 부적절한 요청을 보냈다며 공개했다. 더 나아가 부탁 사실을 비밀로 해달라고까지 했다고 폭로했다. 해당 블로그는 하루 만 명 이상 방문하는 큰 블로그였다. 많은 사람들이 퍼 나르며 단시간에 우리 회사에 대한 안 좋은 여론이 형성됐다.

사람들은 학생들이 보낸 요청을 회사에서 지시한 것으로 여겼다. 당연히 누리꾼들은 회사를 맹비난했다. 우리는 주 1회 모여 학생들이 낸 성과만 평가하고 있었다. 어떤 과정을 통해 성과를 내는지는 관리하지 않았다. 학생들이 자의적인 판단으로 매우 무례한 행동을 범한 것이다.

우리는 즉각 회사 블로그와 홈페이지에 내 명의로 장문의 사과문을 걸었다. 대학생 마케터의 행동이었지만 그 역시 지도와 운영을 잘못한 회사의 잘못이었다. 변명의 여지없이 잘못을 무조건 시인했다. 불쾌감을 느낀 해당 블로거에게는 직접 연락해 사과했다. 보상을 원하면 회사에서 적극적으로 지원하겠다고 밝혔다. 이어서 같은 문제가 다시는 일어나지 않도록 대학생 마케터 프로그램 운영 방식을 전면 재검토하기로 했다. 개선을 이루기까지 프로그램 운영도 중단했다. 회사로서는 이미 투자한 액수가 상당했다. 출혈이 적지 않았다. 하지만 인터넷상에서 빠르게 퍼지는 부정 여론에 반전을 주어야 했다. 즉각적이고 선제적인 사과와 강력한 재발 방지 약속이 필요했다. 문제가 온라인에 퍼진 지 두어 시간 만에 가능한 모든 방법으로 사과했다. 오래지 않아 해당 블로거가 사과를 받아들이는 글을 다시 올렸다. 다행이었다. 화해의 불씨가 움을 틔었다. 나는 그 글에 다시 한 번 댓글로 사과를 남겼다. 개인적으로 연락해 오해도 풀었다. 해당 블로거는 회사에서 이렇게까지 하니 자기가 글을 올린 것이 미안해진다고 했다.

문제는 일단락되었다. 여론은 급반전되었다. 오히려 누리꾼의 지적을 빠르게 받아들여 솔직히 반성하는 회사로 호평도 받게 됐다. 이 사례가 훈훈하다고 우리의 화해 과정을 정리해 퍼 나르는 다른 블로거도 있었다. 당시 홍보대행사인 에델만코리아의 한 임원은 자신의 블로그에 '온라인 위기관리 커뮤니케이션의 대표적인 모범 사례'라 평하기도 했다.

온라인 서비스의 서버 장애와 고객 대응 매뉴얼

아무래도 온라인 사업을 오래 하다 보니 그동안 누리꾼이나 이용자들에게 사과해야 할 일이 많았다. 가장 흔한 사과는 서버 장애였다. 아무리 대비를 철저히 해도 1년에 한두 번은 서비스가 잠깐 또는 일정 시간 중단되곤 했다. 하드디스크가 물리적으로 고장 나는 등 이유는 다양했다. 그것이 그나마 이용자가 적은 주말 새벽이면 피해가 크지 않은데, 월요일 아침이나 금요일 저녁처럼 사용자가 몰릴 때 일어나면 문제가 컸다. 장애가 발생하면 온라인 서비스 기업의 대표는 정신 나간 사람처럼 만사 제쳐두고 거기에만 촉각이 곤두선다. 나 역시 그럴 때는 항상 회사에서 꼬박 밤을 지새웠다.

서버 장애가 발생하는 경우 우리는 이용자들에게 즉각 상황을 공유하고 복구 계획을 밝혀왔다. 그 과정은 다음과 같다. 이것은 아예 매뉴얼로 만들어 직원들에게 교육하는 내용이다. 많은 스타트업이 온라인 서비스를 운영하고 있거나 운영하게 될 것이다. 그럴 때를 대비해 우리가 실제로 쓰고 있는 장애 처리 절차를 공유해본다.

1) 즉각적인 사과('예상치 못한 장애 발생에 대해 진심으로 사죄드린다')
2) 현재 발생한 문제에 대한 정확하고 투명한 정보 전달('현재 어떤 서비스를 운영하는 몇 번 서버에 무슨 이유로 장애가 발생해 서비스가 중단되고 있다')
3) 복구를 위해 필요한 작업 내용('우리가 판단할 때 지금 이 문제를 해결하려면 디스크 교체 작업이 필요하다')

4) 복구까지 예상되는 시간 공유('서비스가 정상화되는 데 필요한 예상 시간은 얼마다', '물론 사정에 따라 변동될 가능성도 있다')
5) 재발 방지 약속 및 계획('다시는 이런 일이 재발하지 않도록 우리는 어떤 노력을 기울일 것이다')
6) 이번 장애로 피해를 입은 회원들에 대한 보상 제시('연락주시면 몇 개월 서비스 무료 이용 또는 환불 등 제공하겠다')
7) 재사과('다시금 서비스 이용에 불편을 드려 대단히 송구하다')
8) 피해자 메일/전화 대응 및 약속한 보상의 신속한 지급
9) 위 5번에서 약속한 계획의 이행
10) 재발 방지를 위한 직원 교육

위의 10단계가 표준 절차다. 위자드웍스는 서버 장애를 비롯한 대외적 위기 상황 발생 시 이런 절차대로 사과하고 대응하도록 매뉴얼화되어 있다.

외부의 이미지와 실제 모습을 일치시키는 것

회사나 제품에 관해 좋은 내용이든 안 좋은 내용이든 평가를 해준 글을 발견하면 거의 항상 대표 명의로 직접 댓글을 남기거나 감사 메일을 보냈다. 이런 노력은 좋은 평판은 더 좋게, 안 좋은 평판은 보다 낫게 바꿀 수 있으므로 바빠도 항상 적극적으로 시도해왔다. 회사의 평판은 하루아침에 만들어지지 않는다. 꾸준히 노력하다 보면 결국은 세상이 진정성을 알아준다.

겉모습은 요란하지만 막상 회사에 들어가 보면 실체가 없는 곳이 더러 있다. 밖에서의 평판과 안의 모습이 일치하는 회사도 있다. 안의 실체가 밖의 평판보다 더 뛰어난 곳들도 있다. 평판 관리와 위기관리의 목표는 결코 안에 가진 것 이상을 보여주는 데 있지 않다. 안과 밖의 모습과 기대를 일치시키는 데 있다. 우리는 알지만 외부에서 모르는 부분이 있다면 그것을 알리고, 외부에서 심각하게 오해하고 있는 것이 있다면 그것을 잘 설명하는 작업이다. 그 과정에서 회사와 사회 간의 신뢰가 움튼다. 반복적인 대화 노력으로 그 신뢰가 점점 성숙해지면 비로소 좋은 평판이 열매 맺는다.

좋은 평판은 거짓으로 꾸며내서는 안 된다. 오래가는 평판은 고객과의 지속적인 대화, 사회와의 진솔한 커뮤니케이션 노력에서 나온다. 사고가 발생하지 않을 수는 없다. 그러나 피해를 줄일 방법은 있다. 사고를 해결하려 애쓰고 있으며 고객이나 직원의 피해를 최소화하는 방법을 고민하고 있다는 진정성을 보여야 한다. 진정성이 드러나는 노력을 쉼 없이 한다면 사고는 머지않아 수습된다. 그런 사고 해결 과정의 투명한 공유는 오해를 줄이고 평판을 개선시킨다. 회사가 하나의 사회 성원으로 오래도록 존속하고자 한다면 좋은 평판 관리는 첫째도 둘째도 바로 경영진의 솔직한 대화 의지일 수밖에 없다. 대표부터 아무리 바쁘고 귀찮아도 사회와 끊임없이 소통해야 한다. 대화 의지 없이 좋은 평판은 만들어지지 않는다. 고객의 궁금증, 주주의 궁금증, 직원의 궁금증, 미디어의 궁금증을 소상하게 풀어주려는 의지를 갖는 것. 그리고 행동으로 부단히 그 의지의 진정성을 증명하는 것. 거기서 회사의 모습은 만들어진다.

박수와 환호에 현혹되지 마라

사장을 가만히 두지 않는 한국 사회

회사가 안되도 문제지만 너무 잘나갈 때도 문제는 생긴다. 한 회사가 잘된다는 소문이 나면 세상은 사장을 가만두지 않는다.

대표의 출신 학교에서 특강을 요청하는 것은 기본이다. 회사가 입주한 인큐베이터, 창업 과정에서 도움받은 엑셀러레이터, 창업지원기관 모두에서 후배들에게 한마디해달라고 요청이 온다. 우리도 이래저래 많은 관심을 받았던 덕에 지난 10여 년간 안 다닌 행사가 없다. 강의로 보면 함박눈 쌓인 산 중턱부터 한여름의 바닷가까지 적어도 전국 100여 개 대학 캠퍼스를 돌아다녔다. 정부의 부탁으로 산간벽지의 중고생에게 강의한 적도 있고, 미국 학생들 요청으로 UC 버클리 경영대학에서 특강한 적도 있다.

언론 인터뷰도 잡힌다. 조금만 뜬다 싶으면 취재 요청이 늘어난다. 급기야는 일주일에 네다섯 차례나 인터뷰를 하기도 한다. 한 언론사의 취재에 응했는데 다른 언론사의 취재에 응하지 않으면 눈밖에 난다. 처음 창업을 한 중학교 때 평기자였던 이들이 15년쯤 지나니 차장, 부장이 되었다. 하여 단순 취재를 넘어 각종 세미나, 컨퍼런스, 박람회 등 언론사 주최 행사에도 단골로 불려 다녔다. 한 언론사에서는 사주가 다보스포럼에 다녀온 후 위젯에 관심이 생겨 부장급 이상을 모두 모아놓고 내가 맞춤 과외를 해준 적도 있다.

정부와 정치인들도 가만두지 않는다. 스타트업의 아이콘이 되는 순간 온갖 행사가 쏟아진다. 장차관과의 식사, 총리공관 오찬, 대통령자문회의, 시장 행사, 국회의원의 회사 방문 등 온갖 이벤트에 초대된다. 초대를 거절하기란 쉽지 않다. 정부의 요청 역시 참으로 다채롭다. 장차관은 물론 국장급 간담회, 사무관의 개인적인 정책 조언 요청, 부처별 자문위원회 참석 요청, 정부 발간 도서나 책자에의 원고 수록 요청, 정기적인 정부 정책 설문조사 요청 등 이루 셀 수가 없다.

또한 협회는 왜 그리 많은지, 회사가 조금만 알려지면 온갖 협회에서 가입 요청이 온다. 업계를 대변하는 협의체의 간부를 맡아달라는 요청부터 비공식 스타트업 친목 모임의 장을 맡으라는 요구까지 정말 다양하다. 그러한 요청들에 적당히 응하며 살다 보면 우리를 만나고 싶어 하는 개인들도 많아진다. 대표와 대화 나누고 싶다는 민원도 곳곳의 지인에게 답지한다. 회사를 구경하고 싶다는 연락도 자주 온다. 심지어 회사에 무턱대고 찾아오는 사람들도 생긴다. 불쑥 찾아와 마냥 앉아 있거나 편지를 주고 가는 사람이 한 달에 꼭 한 번은 있었다.

잠깐 잘 보이려다 영원히 사라질지도 모른다

수많은 부탁들 속에서 일에만 집중하며 살기는 여간 어려운 일이 아니다. 절반 이상은 거절해왔지만, 가까운 지인의 부탁이거나 어려서 도움받은 선배의 부탁인 경우는 거절하기가 어렵다. 우리가 어려울 때 보도해준 언론사의 요청이거나 눈에 날까 두려운 정부 또는 정치인의 부탁도 마찬가지다. 거절하기 힘든 부탁에만 응하더라도 일 외적으로 해야 하는 업무가 매우 늘어난다.

그런 의미에서 최근 몇 년간 크게 주목받은 스타트업들이 겪었을 고충을 생각해본 적이 있다. 정말 쉽지 않았으리라. 아직 회사가 자리 잡지도 않았고 크려면 멀었는데 온갖 부름에 응해야 하는 부담이란. 우리 사회에서는 그런 요청들을 모두 무시하면 금세 뒷말이 나온다. '좀 컸다고 몸이 무거워졌다' 느니, '누가 키워준 줄 모른다' 느니 하는 말들이다. 사장 입장에서는 아주 거북하고 듣기 곤란한 말들이다. 말이 나올 줄 알면서도 일에 집중하기 위해서 사장은 거절할 줄 아는 사람이 되어야만 한다. 모두에게 친절하기 위해 요청을 다 승낙하면 회사는 점점 산으로 간다. 회사가 나중에 안되도 숱한 요청을 했던 이들은 전혀 책임지지 않는다. 그들은 그냥 우리를 잊어버리고 새로운 스타를 찾는다. 우리가 망한다 해서 그들은 금전적인 손해를 보지도 않고 도의적 책임을 지지도 않는다. 그저 그때 우리의 협조가, 우리의 얼굴이 필요했을 뿐이다.

사장은 회사가 잘나갈 때 회사의 일시적 평판과 장기적 생존 가능성 사이에서 치열하게 고민해야 한다. 만약 일시적으로 좋은 평판이 장기적 생존 가능성을 낮추게 된다면 그것은 좋은 선택이 아니다. 반대로 일시적으로 안 좋은 평판 덕에 회사가 장기적으로 살아남을 발판을 마련할 수 있다면 응당 그리해야 한다. 그때는 아무리 지인의 부탁이라도, 후환이 두려운 정부의 요청이라도 단칼에 자를 수 있는 냉정함이 필요하다. 요청을 완곡히 거절하는 사장들의 모습 뒤로 어떻게든 살아남기 위해 애쓰는 그들의 애환이 있다. 그럼에도 나 역시 가끔 그들에게 비슷한 부탁을 해야 할 때가 있다. 하지만 거절의 답을 들을 때도 별로 서운하지 않다. 거절해야만 일할 수 있는 자의 고충을 십분 이해하기 때문이다.

회사의 실제와 이미지에 차이가 생기는 일

지금은 어떤 면에서는 환경이 나아졌다. 스타가 된 스타트업 대표들이 많아 꼭 한두 사람에게만 요청이 몰리지 않기 때문이다. 요청하는 쪽에서도 여러 대안의 사람들이 있다. 이제는 크고 작은 이야기를 들려줄 창업자가 매우 많다. 따라서 진짜 큰 성공을 이루려는 사람은 오히려 조용히 잊힐 기회도 얻게 되었다. 일에 집중하는 사장들에게는 큰 환경 개선이라 해도 될 것이다.

사람들의 요청에 적극적으로 부합하며 살 때의 문제는 일에 집중하지 못하는 것뿐이 아니다. 회사의 실제와 회사 밖의 이미지 간 거리가 생기는 문제도 있다. 사장의 생각이나 회사의 모습이 미디어를 거치며 편집되고 강의나 세미나를 통해 각색되어 전달될 때 회사의 실제는 왜곡된다. 설사 사장이 사실대로 전달하려 해도 중간에 이를 매개하는 매체가 내용을 왜곡한다. 평범한 회사의 밋밋한 메시지는 대중에게 자극을 줄 수 없는 탓이다.

회사의 실제와 외부에서 바라보는 이미지가 서로 다를 경우, 회사에 입사한 사람이 가장 먼저 실망한다. 미디어를 통해 본 사장과 회사의 모습은 올곧고 비전 넘쳤는데 막상 들어와 보니 생각과 많이 다른 까닭이다. 그럼 애초에 그 회사를 선택한 이유가 흔들린다. 그 와중에도 사장은 또 다른 인터뷰를 통해 계속 왜곡된 모습을 창조한다. 그 모습을 회사 안에서 지켜보는 직원이 어떻게 회사와 사장을 신뢰할 수 있을까?

실제로 최근 몇 년간 복지나 사장의 출중함으로 미디어에 반복적으로 소개된 스타트업이 있다. 그런데 실제 그 회사에 다니는 사람들이 평가를 남기는 사이트 잡플래닛http://jobplanet.co.kr의 리뷰를 읽어보면 사실과 다른 경우가 많다. 사람을 무 자르듯 자르는 사장이었다. 직원들에게 호통과 욕은 예사고 심지어 얼굴에 물건을 던지는 사장이었다. 그러면 복지가 아무리 좋아봐야 무슨 소용일까? 만약 그런 회사를 TV에서 보고 입사하는 경우 직원이 눈앞에서 마주할 충격은 오죽할까 싶다. 오히려 미디어에 소개되지 않는 회사와 사장보다 훨씬 더 큰 실망과 상처를 줄 것이다.

오래가려면 진실해야 한다

과도한 관심과 칭송으로 회사와 사장의 이미지가 왜곡될 때 문제는 커진다. 외부의 관심은 회사가 성장함에 따라 피할 수 없다. 그렇다면 사장이 직접 나서 안팎의 과도한 괴리를 줄여야만 한다. 아직 매출이 적으면 부끄러워도 솔직히 말할 수 있어야 한다. 만약 미디어가 회사의 모습을 왜곡한다면 용기를 내어 회사 블로그를 통해서라도 실상을 알려야 한다. 사상누각으로 만들어진 이미지는 사소한 일 한두 가지에도 빠르게 무너진다. 또 갑자기 너무 뜬 회사는 반드시 이성적인 눈을 가지고 바라보는 사람들이 생기기 마련이다. 그들의 검증에도 계속 관심과 성장을 유지하려면 진실함이 바탕이 되어야 한다.

회사의 실체와 이미지 간 괴리를 줄이는 것은 조직의 결속에도 매우 중요하다. 크는 회사일수록 사람이 빠르게 늘어난다. 입사 시기와 이유도 저마다 다르다. 그들을 하나로 묶어주고 더 열심히 달리게 하는 힘은 회사가 앞으로 더 빠르게 성장하리라는 강한 믿음에 있다. 믿음의 기초는 사장과 회사가 진실을 말하고 있는가에 있다. 어느 순간 사장이 세미나 자리나 미디어에 눈 하나 깜짝 안 하고 거짓말하는 모습을 보면 신뢰와 결속이 그만 깨지고 만다. 사장은 외부의 기대에 충족하기 위해 내부 결속을 해치는 어리석음을 범해서는 안 된다. 차라리 그럴 바에는 외부에 '아직 우리는 많이 부족하고 이룬 것이 없다. 하지만 좋은 사람들과 함께 부단히 노력하고 있다'는 이야기를 솔직히 하는 편이 낫다. 그런 진솔함의 실천만이 회사가 잘나갈 때 들어오는 여러 요청에 적절히 응하면서도 궤도를 벗어나지 않는 유일한 방법일 것이다.

사람들이 지금 나와 우리 회사에 환호한다고 해서 착각하지 말자. 그런 관심은 1년도 채 가지 않는다. 사람들은 생각보다 남의 일은 금방 잊어버린다. 중요한 것은 우리의 일과 조직이다. 눈앞의 환호와 박수, 쏟아지는 메일들에 현혹되지 말자. 지금의 일시적 관심을 잘 이용해 장기적으로 지속 가능한 회사를 만들 고민만 하자

사장을 둘러싼 이해관계자들

주변 사람들과 좋은 관계를 유지하며 사는 것은 일을 위해서나 삶을 위해서나 매우 중요하다. 사장은 여러 이해관계자와 마주한다. 각각의 관계에 대해 이야기해보자.

직원과의 관계

직원은 회사에서 실제로 일을 이루는 사람들이다. 때문에 가장 중요한 이해관계자다. 이들에게는 회사의 미래를 제시하고 회사 생활의 불편 요소나 우려 사항을 확인해 줄여주어야 한다. 또한 월급 걱정이 없도록 해야 한다. 어디서 투자를 잘 끌어오거나 대출이라도 받아야 한다. 종종 조직에 불평불만을 일삼으며 팀 분위기만 흐리는 사람이 있다면 상담을 통해 신속히 팀에서 빼주어야 한다.

주주와의 관계

——— 주주와는 회사가 잘될 때는 계속 사이가 좋다. 허나 안되기 시작하면 상대하기 매우 곤혹스러운 사이가 된다. 리스크를 알고 투자한 것이기는 하지만 개인투자자든 벤처캐피털 같은 기관투자자든 주식 가치가 떨어지는데 좋아할 사람은 없다. 사장은 회사가 힘들 때 주주들로부터 전화가 오면 곤혹스럽다. 우리 회사는 주주가 30명 가량으로 스타트업 치고는 많은 편이었다. 그러다 보니 그들이 한 달에 한 번씩만 전화를 해도 나로서는 거의 매일 주주의 전화를 받아야 했다. 그럼 회사의 현황이나 앞으로의 계획에 대해 같은 말을 반복해야 한다. 나중에는 서로 시간을 덜 빼앗기기 위해 한 달에 한 번씩 회사의 현황과 계획에 대해 모든 주주들에게 이메일을 썼다. 그러다 보니 주주 개개인의 전화도 줄고 나와 팀에 대한 주주들의 신뢰도 커졌다. 정기적이고 꾸준한 소통만 이루어지면 회사가 일시적으로 어려워도 주주들과의 관계는 건강하고 발전적일 수 있다.

회사는 망할 수도 있다. 하지만 열심히 한 창업자까지 망해서는 안 된다. 정직하게 했으면 재기할 수 있어야 한다. 따라서 창업자는 언제든 주주들과의 신뢰를 잘 지켜야 한다. 사업을 하면서 주주들에게 잘 보이려고 실적을 부풀리거나 거짓말을 해서는 안 된다. 회사가 안되거나 심지어 폐업을 하게 되는 과정에도 항상 솔직하게 대화해야 그 다음 기회가 주어진다.

주주들을 화나게 하는 것은 실패 자체가 아니다. 실패로 가는 과정에서 행해진 사장의 대화 회피나 거짓 정보 공유에 더 실망한다. 사장이 어느 순간에나 솔직할 때 주주들은 사장과 같은 편이 된다.

지금 비록 실패하더라도 다음 사업 또한 다시 검토해준다. 인간적인 신뢰를 깨뜨리는 순간 다시는 함께하지 않는다. 다른 사람을 설득하기보다 이미 나를 한번 믿어준 이를 설득하는 것이 더 쉽다. 나를 믿어준 고마운 존재들에게 절대 배신감을 심어주지 않도록 사장은 주주와의 관계를 각별히 신경 써야 한다.

입대 전 위자드웍스를 떠나며 우리에게 투자했던 벤처캐피털 KTB네트워크가 투자금을 회수할 수 있도록 최우선으로 정리해주었다. 그 펀드는 이미 청산 수순에 들어가 손실 처리되어 있었다. 일부러 회수시킬 필요까지는 없는 주식이었다. 그러나 다음 사업에서의 평판과 의리를 위해 투자 원금을 회수할 수 있도록 힘썼다.

군대에 다녀와서도 남은 위자드의 주주들 모두 투자금을 회수할 수 있게 노력하고 있다. 필요할 경우 다음 사업의 주식으로 교환해줄 계획도 있다. 굳이 안 해도 되는 일까지 하려는 이유는 한번 믿어준 사람들을 끝까지 책임지겠다는 의지에 있다. 그들이 손해를 보았는데 나만 돈을 번다면 그것은 바람직한 일이 아니다. 내 성공에 밑천을 댄 모든 사람과 함께 돈을 벌겠다는 의식이 있을 때, 그들은 기꺼이 다음에도 또 그 다음에도 나를 믿고 투자할 것이다.

채권자와의 관계

——————— 사업을 하면 이래저래 돈이 많이 필요하다. 은행이나 개인에게서 돈을 꿔오는 경우가 있다. 개인들은 대개 가까운 지인들이라 논외로 하고, 나는 은행과의 관계가 아주 힘들었다. 창업 초기 기술보증기금으로부터 회사가 가진 기술을 평가받아 2억

원의 보증서를 받았다. 이 보증서를 바탕으로 시중은행에서 대출을 받았고, 그 은행 지점과 꾸준한 거래 관계를 만들어왔다.

기술보증기금의 보증 비율은 대출 기한을 연장할수록 떨어지는데, 그만큼 은행에 보증을 해주어야 한다. 우리는 대출의 원활한 연장을 위해 은행 지점에서 요구하는 각종 카드, 예/적금, 보험, 연금 상품에 가입을 해주었다. 나중에는 그 요구가 지나쳐서 한 달에 100만 원 이상이 은행에서 요구하는 상품으로 빠져나가기도 했다. 한 푼이 아쉬운 상황에서도 은행 지점의 볼모가 되어 상품 추가 가입을 해야만 했다. 너무 부담스러워 가입한 상품을 해지하려고 하면 담당 차장이 득달같이 전화해서는 '오늘 하루 사업하고 말 것 아니잖아요' 하는데 정말 답답한 심정이었다. 대출 연장이라는 생사여탈권을 쥔 은행인데 어떻게 거역하나. 요구를 다 받아들여야만 했다. 은행이 대출을 해주면서 다른 상품 가입을 권유하는 이른바 '꺾기 거래'는 엄연한 불법이다. 그러나 은행과 창업 초기 기업의 관계는 결코 대등하지 않다. 이 같은 거래 관행은 일선 지점에서 공공연히 벌어진다.

우리는 회사를 매각하고 나서 모기업이 한 번에 대출을 상환해 은행과의 불편한 관계를 청산했다. 은행 지점과 좋은 관계를 만드는 것은 필요하지만 지나친 요구는 회사를 좀먹는다. 우리는 대출 때문에 오랫동안 끌려다녔다. 새로 사업을 할 때는 애초에 그런 요구를 하는 지점과 거래를 트지 않으려 한다.

좋은 방법은 주변 사장의 추천을 받는 것이다. 좋은 은행, 좋은 지점은 있다. 스타트업을 상대하면서 건전한 거래 관행과 관계를 만들고 유지해가는 은행도 분명히 있다. 그런 은행 지점을 소개받아

사업 초기부터 거래를 시작하는 일이 중요하다. 같은 은행도 어떤 지점이냐, 담당자가 누구냐에 따라 크게 달라진다.

고객과의 관계

———— 고객들은 회사가 잘될 때는 큰 문제가 없다. 회사가 어려워지거나 서비스를 접게 되면 종종 우리가 큰 불편을 끼치게 되는 경우가 있다. 예를 들어, 고객이 우리 서비스에 많은 데이터를 올려두었는데 우리가 그 서비스를 접기로 하여 고객을 불편하게 만드는 경우다. 이런 때는 고객 불편을 최소화하는 절차를 세워야 한다. 최대한 빠르게 여러 경로를 통해 안내할 필요가 있다. 역시 사업 한 번 하고 말 것이 아니기 때문이다. 고객들은 우리가 새로운 서비스를 들고 나와도 과거 전력을 본다. 우리가 과거 서비스에 행했던, 고객을 대했던 경험을 기억하고 새로운 서비스 이용 여부를 결정한다. 회사가 어려워져 직원들이 떠나더라도 사장과 남은 멤버들은 고객 불편을 최소화할 방안을 마련해야 한다.

가족, 애인, 친구와의 관계

———— 가화만사성이라고 일단 개인사가 평안해야 일에도 집중할 수 있다. 스타트업을 하다 보면 일에 너무 많은 시간을 쏟느라 가족과 애인, 친구에게 소홀해질 때가 있다. 밖에서 하루 종일 많은 말을 하고 귀가하면 집에서는 쉬고 싶은 경우가 있다. 사업적으로 고민이 있어도 걱정할까봐 가족이나 애인, 친구

에게 일일이 말하기 조심스러울 때도 있다. 가까운 관계라도 회사 얘기를 해봐야 공감하기 쉽지 않다. 결국 그들과 나누는 대화의 주제들은 일과는 점점 더 거리가 먼 것이 된다. 그러면 자연스레 고민을 혼자 삭히고 말수가 줄어든다.

그럼에도 나는 가족, 애인, 친구와 고민 주제를 최대한 단순화하여 공유하고 의견을 들으려 노력했다. 그들은 내 삶의 중요한 한 부분이다. 내가 성공하면 그 과실을 같이 따먹는 사람들이다. 거꾸로 내가 안되면 내게 주어지는 부담을 같이 감내하는 진정한 이해당사자다. 따라서 내 의사 결정들에 대해 그들은 알 권리가 있다. 내 결정이 그들의 삶에도 당연히 영향을 미치기 때문이다. 또한 이는 정서적 문제이기도 하다. 사장이 퇴근하고 집에 와서, 또는 동네에서 친구나 애인을 만날 때 고민을 이야기하고 의견을 물을 수 없다면 너무 외롭다. 익숙하지 않더라도 노력해야 할 문제다. 상대가 걱정이 많은 성격이라면 수위 조절을 해야겠지만 기본적인 기조는 가까운 사람일수록 대화에 노력해야 한다는 것이 나의 생각이다.

업계 동료와의 관계

———————— 업계에서 일하며 만나는 동료들과의 관계도 중요하다. 나는 이들로부터 많은 힘을 얻었다. 일이 안 풀릴 때는 같이 모여 위로하고 일이 잘될 때는 축하한다. 어느 시대이든 항상 동년배 스타트업끼리의 우정과 경쟁이 있는 것 같다. 그런 긍정의 에너지를 잘 활용해야 한다. 그들이 가장 오래 함께 갈 사람들이고 가장 순수할 때 뜨거운 우정을 나눌 수 있는 사람들이다. 이 우정은

비록 같은 회사 동료뿐 아니라 일하며 오가다 만나는 다른 회사 직원들에게도 해당된다. 업계에 이런 마음을 나누는 이들이 두세 명만 있어도 충분히 좋은 인간관계를 만든 것이리라.

모든 관계 유지의 핵심은 끝없는 대화와 소통

사장은 주위를 둘러싼 모든 이해관계자와 솔직하게, 일부러라도 대화하려고 노력해야 한다. 그럴 때 나의 생각에 대한 오해와 억측이 생기지 않을 것이요, 나를 둘러싼 모든 사람들이 더욱 더 나의 말과 행동을 신뢰하고 함께 갈 수 있을 것이다.

사장은 필연적으로 외로운 운명을 타고났다고 한다. 나는 그런 의견에 좀 갸우뚱한다. 사장은 어느 누구보다 많은 이해관계자에 전방위적으로 둘러싸여 결코 외로울 수가 없는 자리다. 만약 사장이 외롭다고 하면 이것은 필시 문제 있는 회사다. 사장이 스스로를 일부러 외롭게 하지 않는 한 사장 주위에는 항상 회사의 오늘과 내일을 궁금해 하는 사람들로 득실댄다.

혹자는 우리 회사로부터 한 푼의 매출이라도 더 얻기 위해 사장 주위를 맴돈다. 혹자는 우리 소식을 하나라도 더 기사로 실어주기 위해 식사를 청한다. 어느 누구도 미워할 수 없는 나와 회사의 주변인들이다. 내가 애초에 시작하지 않았으면 여기 이렇게 모이지 않았을 사람들이다. 그러니 감사함을 갖고 힘닿는 한 모두에게 진심과 정성을 다하는 편이 옳으리라.

반드시 이익을 내야 하는 이유

회사라면 응당 돈을 벌어야 한다. 그런데 창업자 중에는 돈에 별로 신경 쓰지 않는 경우가 있다. 특히 창업을 처음 해보는 사람이나 비교적 젊은 창업자들 사이에서 나타난다. 이들은 회사를 자기가 평소 실현하고 싶던 욕구를 해결하는 창구로 활용하는 경향이 있다. 그런 욕구에는 사회적 약자를 돕겠다는 것도 있고, 환경문제를 해결하겠다는 것도 있다. 자신만의 예술 세계를 세상에 소개하겠다는 것도 있고, 가까운 사람들과 세상을 보다 나은 곳으로 만들고 싶다는 것도 있다. 이런 욕구들 모두 훌륭한 가치임에는 분명하다. 창업자로서 이런 큰 가치가 없다면 무슨 낙으로 하루하루 쏟아지는 고통을 감내하겠나. 그렇기 때문에 이런 가치를 더 오래 간직하기 위해 회사는 이익을 내야 한다. 창업 멤버나 직원이라면 이야기가 다를 수 있다. 월급을 주는 입장이 아니기 때문이다. 사장은 꼬박꼬박 월급을 주어야 한다. 만약 회사가 이익을 내지 못하면 사장은 자본금을 까먹거나 어디선가 빚을 내 월급을 주어야 한다. 그런 회사는 지속 가능하지 않다. 건강하지도 않다. 밑 빠진 독은 언젠가는 물이 바닥나게 되어 있다. 또한 이익을 내지 못하는 회사는 거래를 하면서도 거의 항상 불리한 입장에 서게 된다.

돈을 못 벌 때 벌어지는 일들

우리도 이익을 못 낼 때가 있었다. 그때 겪었던 일들을 몇 가지 소개한다. 이런 사례가 스타트업을 하는 후배들이 조금이라도 돈에 관심을 갖는 계기가 되길 빈다. 지금 돌아보면 나는 참으로 어리석었다. 사업을 하겠다는 사람이 돈 생각은 별로 안 하고 고객 생각, 제품 생각, 사회 생각만 했던 것이다. 우선 나와 우리 직원 가족의 경제적 안정조차 챙기지 못하는 사장이 무슨 사회적 가치를 논할 자격이 있을까?

사장이 거짓말을 해야 한다.

솜노트를 만들 때의 일이다. 서비스 오픈한 지 어느새 2년이 지났고 사용자도 300만 명으로 늘었다. 그러나 수익 모델이 변변치 않았고 매출도 적었다. 제작진은 10여 명 가까이 될 때라 매달 3천만 원씩 마이너스가 나고 있었다. 사용량이 견고했으므로 우리는 투자 유치에 나섰다. 솜노트의 가능성을 본 엔젤투자자 몇 명이 투자를 했다. 엔젤투자자가 스타트업에 투자하면 정부에서 동일 금액을 매칭으로 투자해주는 '엔젤투자 매칭 펀드'라는 것이 있다. 우리도 이 자금을 신청했는데, 여기서 고배를 마셨다. 우리의 매출 계획이 대단히 부실했던 것이다. 솜노트는 출시된 지 오래된 제품이고 큰 매출을 만들 가시적인 계획이 필요했는데 그때까지도 수익 모델에 대한 여러 가정만 소개했던 것이다. 심사위원들의 반응은 냉담했다. "솜노트로 앞으로 대체 몇 년이나 더 뜬구름 잡는 계획만 팔 거예요?" 매우 부끄러웠다. 엔젤투자자야 개인적인 믿음이 있어 투자할 수 있다 하더라도 매칭 펀드를 심사하는 전문 투자자까지 설득되지는 않았다.

그 투자가 있어야 우리 회사는 생명을 연장하고 제품도 개선할 수 있었다. 나는 계획이 불완전한 것을 알면서도 물러설 수 없었다. 회사가 돈을 못 벌면 사장이 자꾸 '뻥쟁이'가 된다. 어쨌든 회사를 살려야 하는 입장이기 때문이다. 사장이 스스로 하는 말에 회의가 들 때는 참으로 괴롭다. 자기도 못 믿는 계획을 가지고 남을 설득해야 하니, 그것은 윤리적으로도 안 맞고 사업적으로도 성공하기 어렵다. 사장이 거짓말을 시장에 내지 않기 위해서라도 회사는 반드시 돈을 벌어야 한다.

팀이나 제품을 다른 회사에 내다 판다.

지난 10년간 여러 차례 회사를 통째로, 사업 팀 단위로 매각하는 시도를 해왔었다. 회사가 매달 돈을 까먹고 다시 올라갈 기미가 보이지 않을 때에는 잘 만든 조직을 매각할 기회를 살피게 된다. 나와 회사를 믿고 온 사람들을 통째로, 또는 잘게 쪼개어 팔 궁리를 한다는 것은 사장으로서 매우 큰 치욕이다.

매각 시도는 항상 불리하게 흘러간다. 우리에게 시간적 여유가 없다는 것을 상대방이 잘 알기 때문이다. 매각 시도를 하는 회사를 조직원들이 사랑할 리도 없다. 그런 상황이 벌어질 것 같으면 조직의 가장 훌륭한 인재들부터 짐을 싼다. 매각이 본격적으로 추진될 때에는 핵심 인재가 이탈한 뒤다. 그러면 더욱 더 불리한 입장에서 매각을 진행하게 된다. 결국 사장은 만족스럽게 끝나지도 않을 거래에 생존 때문에 어쩔 수 없이 뛰어들게 된다. 내 손으로 뽑아 모두의 노력으로 구성한 조직을 무너뜨리지 않으려면 애초부터 조직을 팔 일이 없도록 자생적으로 이익을 내야 한다. 스타트업에서 조직의 화목보다 100배는 더 중요한 것이 지속 가능성이다.

남의 돈으로 일하면 약점 잡힌다.

회사가 돈을 못 벌면 은행에서 꾸거나 투자를 받아야 한다. 은행은 대출을 빌미로 이것저것 가입을 시킨다. 필요도 없는 보험이나 퇴직연금, 과도한 양의 법인카드 같은 것들이다. 사장은 그런 영업으로부터 자유로울 수가 없다. 은행이 앙갚음으로 다음 해에 금리를 올리거나 아예 대출 연장을 안 해줄 수도 있기 때문이다. 남의 돈으로 사업하는 사장은 돈을 준 측에 의해 끌려다닐 수밖에 없다. 은행이면 다행이고 제2금융권으로 넘어가거나 개인 채권자로 갈수록 요구는 더 커진다. 잘 모르는 투자자의 돈을 받으면 나중에 적은 주식으로 경영에 과도하게 간여하거나 회사가 안될 때 투자금을 돌려달라고 몽니를 부릴 수도 있다. 법적으로는 불가능한 요구지만 실제로 그런 일은 비일비재하게 일어난다. 은행이나 악성 주주가 내 목줄을 잡아끌고 다니지 못하게 하려면 회사는 창업 시점부터 항상 자생력을 부여할 돈에 집중해야 한다.

이익을 낸다는 것

———— 단돈 몇 만 원이라도 회사가 이익을 내기 시작하면 사장은 조급해지지 않는다. 모든 거래에 있어서 상대와 대등한 관계가 된다. 제휴를 하든, 매각 협상을 하든, 제품을 팔든, 어떤 상황에서도 당장 그것을 꼭 해야 하는 것은 아니게 된다. 은행에서 자꾸 무엇을 가입하라고 하면 돈을 안 빌리면 된다. 투자자가 몽니를 부리면 적당할 때 주식을 도로 사들일 수도 있다. 회사가 이익을 낸다는 것은 돈을 가지고 우리를 '을'의 위치에 떨어뜨리려는 모든 상대방들이 '갑질'을 하지 못하게 하는 방패가 된다. 우리가 하기 싫을 때는 안 해도 되고, 거래하고 싶은 상대방하고만 거래할 수도 있다.

상대가 아주 큰 대기업이라 하더라도 우리는 이익을 내는 회사다. 그 회사랑 꼭 거래 안 해도 당장 망하지 않는다. 우리가 감당할 수 있는 가격 안에서 우리 일정에 맞게 거래할 배짱이 생긴다. 시간이 지날수록 회사에 돈이 쌓이는 구조를 만들어놓으면 그만큼 마음의 여유가 생긴다. 그 여유가 곧 좋은 길만 선택해서 갈 수 있는 용기가 된다. 돈이 조금씩이라도 남으면 우리는 남는 금액만큼 조금씩 급여를 올릴 수도 있고 사무 환경이나 복지를 개선할 수도 있다. 점점 더 일할 맛 나는 직장을 만들어갈 수 있다. 무리하게 사랑하는 조직을 남에게 팔아넘길 필요도 없고 본업과 관계없는 외주 일감을 받지 않아도 된다. 이 모든 것이 다 경제적 자립에서 시작된다.

사업은 창업하는 순간이 아니라 이익을 내기 시작하는 시점이 사실상 출발점이라고 봐도 과언이 아니다. 그 전까지는 그저 고행이고 자위다. 내 뜻을 제대로 펼쳐보지도 못한 '을'의 시간일 뿐이다.

숱한 노력의 결과 끝내 이익을 못 내고 회사가 망했다면 그것은 엄밀히 말해 사업한 것이 아니다. 그냥 사업을 하려다가 망한 것이다. 지금 스타트업을 준비하는 사람들도 사업을 제대로 하는 사람이 될 것이냐, 아니면 사업을 하려다 망한 사람이 될 것이냐를 잘 따져볼 필요가 있다. 만약 목표가 전자라면 첫날부터 생각해야 할 것은 사회적 가치나 세상을 바꾸는 것이 아니다. 이익이다. 이익이 있고 나서 사회적 가치가 있고 세상을 바꾸는 꿈도 있는 것이다. 그것을 빨리 깨닫지 못하면 영원히 '을'의 굴레에서 벗어나지 못한다.

CHAPTER 6

스타트업 성장하기

운이 좋게도 여러 번의 깊은 슬럼프에 빠졌을 때 나를 도와 멈춘 심장을 다시 뛰게 한 열정 있는 직원들이 있었다. 항상 슬럼프에 빠진 조직은 그 작은 불쏘시개들의 노력으로 인해 조금씩 희망을 되찾는다. 그 노력이 제품과 실적의 개선, 신규 사업의 시작 등으로 이어지며 예전 속도를 조금씩 되찾아간다. 회사는 그렇게 끈질긴 생명력을 가지고 긴 세월 사업을 계속해간다. 아주 어려운 상황의 회사라도 사장 스스로 멈추지 않으면 회사는 결코 망하지 않는다. 남이 망하게 할 수 있는 게 아니다. 사망 선고는 사장 스스로가 내리는 것이지 파산 법정이 내리지도, '갑님'이 내려주시는 것도 아니다. 사장과 핵심 우군들의 전의(戰意)가 그 무엇보다 중요하다.

'팀의 오늘'에 맞는 인재 뽑기

직원 채용에 모범 답안이 있을까?

스타트업에서 가장 힘든 일 중 하나가 직원 채용이다. 사업을 하다 보면 퇴사자가 생기는데, 그 이유도 다양하다. 본인이나 가족의 건강 문제, 재정 문제, 팀장이나 팀원과의 불화, 대표나 회사에 대한 불신, 업무 미숙, 제품의 성패, 다른 곳에서의 이직 제안, 공부에 대한 열망, 스스로에 대한 실망 등 제각각이다. 그때마다 회사는 매번 새로운 사람을 뽑아야 한다. 그것은 인재를 둘러싼 전투에 가깝다. 채용 공고를 올리고 주변 지인들에게 부탁한다. 소셜 네트워크 계정에도 올리며 모든 가용 자원을 총동원해 홍보한다.

지원서가 들어오면 저마다의 기준으로 서류 전형을 실시한다. 면접 대상자를 선정한다. 수십 명을 면접 보고 한두 번의 추가적인 만남을 거쳐 최종 합격자를 선발한다. 그마저도 한 번에 안 뽑히면 이 과정을 반복한다. 세심히 뽑아도 짧은 면접으로 사람을 100% 알 수는 없다. 실패 사례도 빈번하다. 그럼 다음에 뽑을 때는 과거의 실패 경험을 바탕으로 선발 방법을 개선한다. 서류 전형의 기준도 조금씩 바꾸고 면접 질문도 다듬는다.

그렇게 갈고 닦아 채용 절차를 고도화해도 최적의 멤버를 알아보기는 쉽지 않다. 조직에는 어김없이 하위 성과자가 발생한다. 때때로 회사나 사업과 핏fit(궁합)이 안 맞아 하위 성과자가 되기도 한다. 그러니 운도 중요하다. 같은 사람이 같은 사업을 같은 회사에서 해도 함께 일하는 팀 멤버나 사업의 진척도에 따라 성과는 판이하게 달라질 수도 있다. 우리 회사에서 매우 안 좋게 헤어진 사람이 다른 회사에 가서 상위 성과자가 된 경우도 있다. 우리 조직에서는 필요한 역량을 갖추지 못한 사람이었는데 다른 곳에 가서는 훌륭히 자기 자리를 꿰차는 사람도 있다.

다 자기에게 맞는 자리가 있다. 우리 회사에서 좋은 성과를 내고 있는 사람도 전 직장에서는 별로 두각을 보이지 못했을지도 모른다. 어릴 때 나는 우리 회사에서 성과가 안 좋은 사람은 어디를 가도 똑같을 것이라 생각했다. 지금은 생각이 다르다. 다른 회사에 가거나 다른 시점에 같은 일을 맡으면 더 잘할지 모른다. 다만 조직과 구성원이 서로 타이밍이나 핏이 안 맞았을 뿐이다. 사실 회사의 채용 과정이 허수아비가 아닌 한, 우리 회사에 들어온 직원이라면 다른 회사도 얼마든지 들어갈 능력이 있다. 그러니 타이밍이나 핏이 안 맞아 헤어져야 하는 상황이 오더라도 최대한 곱게 헤어져야 한다. 그 사람이 더 성장해 나중에 다시 같이 일하게 될 수도 있다. 거꾸로 우리 회사의 그릇이 커져 다시 그 사람을 찾게 될지도 모른다.

'팀의 오늘'에 맞는 인재상을 찾아라

회사마다, 사장마다 직원을 뽑는 기준은 제각각이다. 사장이 외향적인 직원을 선호하는 경우도 있고 아닌 경우도 있다. 사장이 엔지니어 마인드가 출중한 사람만 뽑는 경우가 있고 아닌 경우도 있다. 무엇보다 사장 또는 공동 창업자들과 생각이 맞는 사람이 그 팀에 잘 어울리는 사람이 아닐까? 우선 마음이 통해야 같이 일하기 편하다. 종일 부대껴도 항상 즐겁다. 나의 경우는 욕심과 관계 중 관계를 택할 사람을 선호한다.

회사 생활을 하다 보면 사리사욕을 챙길 수 있는 순간이 온다. 주위 사람들과 관계는 나빠질 수 있지만 그것을 감수하면 돈을 벌거나 승진할 수 있다. 그 순간에 무엇을 택할 사람인가를 중요하게 본다. 사실 사회생활을 잠깐 하고 말 것이라면 무리를 좀 해도 될지 모른다. 그러나 인생을 길게 보자. 계속 좋은 사람들과 재미난 일을 하고 싶다면 최우선 순위는 관계와 평판이어야 한다. 그것을 잃으면 억만금을 벌어도 별로 행복하지 않다. 자기 일에 대한 행복도 가정의 건강과 행복만큼 중요하다. 일에서의 행복은 상당 부분 함께 일하는 사람들에 의해 좌우된다. 따라서 관계를 중시하며 사는 사람이 장기적으로 더 옳은 투자를 하는 사람일 수밖에 없다.

눈앞의 이익에만 급급하면 관계보다 욕심을 택할 수 있다. 현명한 사람은 당장은 좀 손해를 보더라도 관계와 평판의 중요성을 안다. 그리고 관계를 중시하는 사람이 많을수록 조직 내 갈등도 줄어든다. 그런 사람을 뽑기 위해 나는 채용 절차에서 결국 '착한 사람'을 택하게 된다. 착하다는 기준이 다소 모호하기는 하다. 또한 착한 사람이 꼭 욕심과 관계 사이에서 관계를 택하지 않을 수도 있다. 그러나 그간의 시행착오와 경험상 관계를 택할 확률이 높았다. 채용 절차의 시간적 한계로 인해 완전한 선택을 하기는 어렵다. 그러나 경험상 상관관계가 꽤나 높았던 기준이다. 여기서 착한 사람이란 모든 의견을 다 좋다고 하는 '예스맨'이 아니다. 자기 의견도 분명히 있고 일도 똑부러지게 하지만 타인을 배려하는 사람을 말한다.

면접은 한 사람이 살아온 궤적을 통해 실력과 상황 적응력, 그리고 팀에 대한 배려심을 찾는 과정이다. 따라서 과거에 다닌 회사가 있다면 인맥을 동원해 최대한 확인한다. 스타트업은 한 사람 한 사람이 회사 분위기에 미치는 영향이 아주 크기 때문이다. 면접 질문에서 극단적인 순간의 이야기를 물어보는 것이 꽤 도움이 된다. 이를테면 살면서 가장 힘들었던 적, 가장 기뻤던 적, 가장 분노했던 적, 가장 재미있게 놀았던 적 같은 질문들 말이다. 그 사람이랑 최소 몇 달 같이 일해보지 않는 한 욕심과 관계 사이에서 어떤 선택을 할지 알기 쉽지 않다. 그렇기에 면접에서 인생 최대의 희로애락에 관해 물음으로써 그 사람 인생의 극단적 상황을 간접 경험한다. 그 이야기에는 연출이 들어갈 수 있고 거짓이 낄 수도 있다. 그래도 우리는 그런 질문을 통해 힌트는 얻을 수 있다. 물론 면접은 무사히 통과했지만 같이 일하면서 극단적 상황에서 관계보다 욕심을 택하는 사람도 종종 보았다. 그것은 그 사람을 탓할 일이 아니다. 내 통찰력 부족을 탓하고 채용 절차를 개선할 수밖에.

더 좋은 사람을 뽑는 팁은 더 많이 실패해보는 것이다. 그간 똑똑한 사람, 해외파, 박사 출신, 경력이 화려한 사람 등 온갖 사람을 뽑아보았다. 그들 중 많은 이들이 떠나갔다. 더러는 내보내기도 했다. 지난 10년간 위자드웍스를 거쳐간 멤버가 200명이 좀 넘는다. 대학생 마케터까지 합하면 500명은 선발했을 것이고 면접은 3천 번 이상 보았을 것이다. 그 과정에서 배운 것은 결국 시행착오를 통해 '팀의 오늘'에 맞는 인재상을 알아가야 한다는 점이다. 같은 사장이라도 어느 회사를 하느냐에 따라 다르고, 같은 회사라도 어느 시점이냐에 따라 다르다. 오래된 회사라 사람이 잘 안 뽑히면 그때 추구하는 인재상은 또 달라져야 한다. 사장은 항상 팀의 오늘에 맞는 인재상을 세심히 추적하고, 조금씩 배우며 개선해가야 한다.

일하며 종종 본인의 이익이 훼손될 듯하면 돌변하는 사람이 있다. 그럴 때마다 적잖은 상처를 받지만 한편 감사하기도 하다. 나중에 더 큰일로 터지면 어찌했을까 아찔하기 때문이다. 요즘은 몸과 마음이 건강한 사람을 뽑으려고 노력한다. 여러 조직을 보고 있으면 매사에 부정적인 사람이 꼭 한둘씩 있다. 다 같이 젖 먹던 힘을 내도 될까 말까 한 게 스타트업인데, 부정적인 사람들의 한마디는 팀의 사기를 떨어뜨린다. 그런 사람들은 꼭 안 해도 될 말을 공개 석상에서 또는 개인적으로 해서 상처를 준다. 위자드에도 매 시기마다 그런 사람들이 있었다. 모든 멤버가 긍정의 에너지를 팡팡 내뿜기를 기대하는 것은 아니다. 하지만 어둠의 에너지를 전파하는 사람까지 굳이 조직에 둘 필요는 없다.

이것을 조직 내 다양한 의견과 혼동해서는 안 된다. 의견은 많을수록 좋다. 반대 의견도 얼마든 환영이다. 다만 매사에 반대만 일삼고 하기 싫어하는 사람, 해도 안 된다고 믿는 염세적인 사람들은 스타트업에 맞지 않다. 짧은 면접으로 매사에 부정적인 사람을 모두 확인하기는 어렵다. 그래도 오랜 대화는 결국 사람을 알게 한다. 내가 면접자를 찾아가더라도 두 번 이상 만나 확인하는 정성이 필요하다. 돌아보면 뽑는 사람이 얼마나 더 정성을 들였는가, 급하다고 애매한 구석이 있어도 그냥 뽑았는가에 따라 입사 후 평가도 처음 우려를 거의 빗나가지 않았다. 아무리 바쁘고 힘들어도 인사 제도와 채용 과정을 계속 연구하고 개선하자.

인재의 채용과 방법

——— 최근에 가까운 한 스타트업 대표는 인사팀장을 대기업 인사팀 출신으로 뽑았다. 그리고는 스타트업의 인사 기준과 제도를 대기업 수준으로 엄격하게 맞춰달라는 주문을 했다. 왜 그렇게 했냐고 물으니 돌아온 대답이 기억에 남는다. "모든 직원이 A급일 수는 없다. 시간이 가면 갈수록 B급도 들어오고 급하면 C급도 들어온다. 그러나 S급 가이드를 주면 C급도 A급 성과를 낼 수 있다. 우리는 짧은 면접과 높지 않은 연봉으로 A급 인재만 손 놓고 기다리느니 C급 인재가 A급 인재처럼 일할 수 있는 완벽한 가이드를 개발해놨다." 실제로 그 회사는 인사팀장과 실무 팀들이 힘을 합쳐 신입 사원을 완벽하게 가르치는 사내 교육 과정을 개발해 운영하고 있다.

반대로 뉴욕의 어느 사모펀드 대표가 세계적인 사모펀드 블랙스톤의 창업자를 만났을 때 들었다는 이야기다. "S급 인재는 문제도 스스로 찾고 해결 방법도 스스로 찾는다. A급 인재는 문제를 알려주면 해결 방법은 스스로 찾는다. B급 인재는 문제를 알려주고 해결 방법도 알려주면 그것을 잘 해낸다. 그 밑으로는 뭐가 있는지 잘 모른다. 나는 딱 B급까지만 뽑기 때문이다." 생각할 지점을 동시에 안겨준 두 사람의 극단적 사례였다. 양쪽 다 잘하고 있기 때문에 정답은 역시 어디에도 없다.

채용 과정에서 구직자와의 커뮤니케이션 역시 대단히 중요하다. 회사의 비전이 무엇이고, 회사에 들어오면 어떤 일을 맡게 될 것인지, 그리고 구직자가 기대하는 바는 무엇인지를 들으며 정확하게 대화하려는 노력이 필요하다. 대부분의 입사 후 갈등은 입사 전의 과도한 기대나 잘못된 커뮤니케이션으로 발생한다. 많은 사장들이 입사 전에는 장밋빛 미래만 보여준다. 때문에 많은 구직자가 입사 후에 실망한다. 입사 전이나 입사 절차가 진행되는 과정 중이라도 반드시 사장과 구직자가 일대일로 마주하는 자리가 있어야 한다. 더하여 팀장과도, 팀원들과도 회사와 업무에 대해 솔직하게 대화하는 자리가 마련된다면 입사 후 서로 겪을 문제를 미리 확인하고 차단할 수 있다. 이 같은 과정들을 통해 회사의 비전과 본인의 업무, 그리고 구직자의 기대와 회사가 줄 수 있는 것들이 서로 비슷하게 일치할 때 둘의 만남은 아주 훌륭한 조합을 이뤄낸다.

회사와 직원, 함께 성장하기

예전에 한 선배 사장을 만났는데 직원들 집에 숟가락이 몇 개 있는지까지 안다고 했다. 직원들과 주말에도 만나 같이 논다는 사장도 있었다. (직원들이 좋아할지는 잘 모르겠다.) 직원들 경조사에는 제주도라도 꼭 참석한다는 선배도 있었다. 한창 사업을 할 때 그런 이야기를 들으면 '바쁜데 꼭 그렇게까지 해야 하나' 싶었다. 아무래도 일의 경중에 있어 눈앞의 일들이 더 중요하다 생각했다. 지금 생각해보면 그것은 하나만 알고 둘은 모르는 것이었다. 그때는 너무 어렸다. 눈앞의 일에 마비되어 잘 볼 수가 없었다.

갑작스러운 퇴사 문제

———————— 회사를 하다 보면 갑자기 사람이 나가는 경우가 있다. 특히 핵심적인 업무를 맡고 있는 직원이 나갈 때는 속수

무책이다. 직접 만나 부탁도 하고 사정도 하고 급여 인상이나 재택 근무 등 여러 당근을 제시해도 별 효과가 없다. 사장은 이런 일이 최소한으로 발생하도록 노력해야 한다. 직원 개개인과 자주 대화하거나 중간 관리자를 통해 팀원들의 상황을 잘 파악해야 한다. 그래야 리스크가 줄어든다. 100% 리스크를 없앨 방법은 없다. 회사에는 어쩔 수 없이 종종 급박한 퇴사 문제가 발생한다.

우리는 이런 부침을 참 많이 겪었다. 창업 이듬해인 2007년 창업 멤버인 핵심 개발자 두 명이 갑자기 퇴사했다. 제품 개발은 중단됐다. 한 명은 네이버에 인턴 자리가 나서 떠났다. 다른 한 명은 학교로 돌아갔다. 나는 디자이너와 둘이 남아 겨우겨우 개발자 한 명을 소개받은 후 다시 제품 개발에 나서야 했다. 그나마 새로 영입한 개발자가 발군의 실력을 보여준 덕에 사업을 계속할 수 있었다.

이후 갑작스런 위기는 2010년경 SK텔레콤과 KT 등 국내 양대 통신사에 스마트폰용 앱을 한창 공급할 때 찾아왔다. 당시에 통신사는 자체 앱스토어를 키우고 있었다. 우리는 앱 하나당 수백만 원씩 받고 매월 수십 개씩을 제공하는 계약을 맺었다. 그러다 보니 일주일에만 서너 개씩의 앱을 말 그대로 '찍어내고' 있었다. 그 상황에 회의를 느낀 개발자들이 모두 함께 사표를 제출한 것이다.

표면적으로는 나와 갈등을 빚던 팀장이 개발자들을 회유하여 새로운 개발사를 차린 것이었다. 하지만 돌아보면 당시 우리 회사 상황도 개발자들을 세심히 배려하거나 나부터 한 사람 한 사람 챙기고 있던 때가 아니었다. 그러다 보니 졸지에 개발자 한 명도 없는 개발사 대표가 되고 말았다. 다행히 나와 오랫동안 함께 일한 CTO와 기획 담당 임원은 남아주었다. 다시 개발팀을 꾸렸지만 그 과정에서 회사가 업무의 연속성을 잃고 '휘청'했던 것은 부인할 수 없는 사실이다. 당시 그 팀장과 갈등을 빚은 것부터 해서 이후 모든 과정이 다 나의 불찰이자 책임이라 인정하지 않을 수 없다.

사장이 멤버들에게 주어야 하는 가치들

회사의 구성원이 회사를 사랑하고 오래 남게 하는 것은 사장의 가장 중요한 임무다. 회사 구성원들이 공감할 수 있는 비전을 세우고 공유하는 것, 이를 주기적으로 상기시켜 우리 배가 현재 어디로 향하고 있는지 설명하는 것, 그 과정에서 직원 각자가 어떤 역할을 맡고 있고 우리 항해에 얼마나 의미 있게 기여하고 있는지 이해시키는 것, 구성원들이 업무적으로나 개인적으로 따뜻한 관심을 받고 있음을 알게 하는 것, 원할 때는 언제나 직업적 인간적 조언을 얻을 수 있다는 믿음을 주는 것, 회사와 개인이 함께 성장하고 있으며 언젠가 회사를 옮기게 될 때도 기꺼이 도움을 받을 수 있다는 확신을 주는 것, 그런 것들이 사장이 구성원에게 주어야 하는 가치라고 생각한다.

그런 관계에 대해 어려서는 잘 몰랐거나 소홀했다. 덕분에 우발적인 퇴사라는 벌을 많이 받았다. 돌아보면 그들은 퇴사 결정을 통해 애써 친해진 동료들과 떨어져야 했고, 가족들을 불안에 떨게 만들어야 했다. 업무의 연속성이 사라져 개인의 성장에 불이익을 받았을지도 모른다. 사장으로서 상대적 약자인 그들이 처한 어려움을 먼저 헤아려야 했다. 그들이 어려운 결정을 내리기 전에 미리 손을 내밀고 단둘이 밥이라도 한 끼 했어야 옳았다. 불만이 있는 직원을 알면서도 방치했고 때론 혐오했다. 그들의 불만이 사소한 것이었거나 조금만 노력하면 해결할 수 있는 문제였을지 모르는데, 직접 대면해 물어보지 않았다. 그런 자리가 불편해서 피했던 것 같다. 왜 회사에 불만을 갖는지 미워하기만 했다. 그러니 해결을 못할 수밖에 없었다.

스타트업에서 벌어지는 사장과 직원 사이의 갈등 중 많은 경우는 사장이 직원을 불편해 하거나 쓸데없는 자존심을 부려서다. 문제가 있으면 대화로 풀어야 하는데 사장이 불편하거나 싫은 소리 하는 것을 어려워하니 일부러 대화 상황을 안 만든다. 그러다 보면 갈등이 점점 심해진다. 상처는 점점 곪고 결국 터진다. 그렇게 터지면 다시 어떻게 주워 담지도 못한다. 심각해지지 않아도 될 일을 사장이 자존심 세워 말을 안 하거나 불편하고 어려워해 끝내 큰일로 만들고 마는 것이다. 물론 일하다 보면 정말 실력이 떨어져 부득이 내보내야 하는 경우도 있다. 그 외의 경우는 직원들을 먼저 보듬지 못하고 대화를 허심탄회하게 하지 못하는 데에서 출발했던 것 같다. 어릴 때 직원들이 내 생각과 다른 것을 그저 답답해하고 미워했다. 너무 어리석었다. 내 위치를 크게 망각한 채.

대표의 무경험이 곧 피해의식으로 발전한다

회사에는 이따금 직원들을 선동하고 세를 규합해 정책에 반기를 드는 소설 속 일그러진 영웅 '엄석대' 같은 친구가 있다고 생각했다. 그래서 그런 일이 발생하면 그를 내보내고 세력을 와해시키는 것이 당면 과제였다. 하지만 엄석대를 내보내면 많은 직원들이 같이 퇴사하곤 했다. 회사는 평화로워지는 동시에 무능해졌다. 돌아보면 다 나의 책임이고 어리석음이었다. 대체 '엄석대'는 누구이고 선동은 무엇이고 세력은 다 무엇이란 말인가. 그것은 자기가 뽑고 만든 조직을 단합시키지 못한 사장의 무능함의 또 다른 이름이었다. 밥 한 끼 먹으며 대화만 해도 서로 많은 부분이 공감되고 고민이 해소된다. 어릴 때는 대부분의 직원이 나보다 나이가 많았다. 반면 내 경험은 일천했다. 때문에 나의 무능은 곧 자존심으로, 피해 의식으로 발현되었다.

이제는 직원들과 밥 먹고 차 한잔하는 일에 그 누구보다 열성을 다한다. 필요한 대화가 한 시간이라면 두 시간, 세 시간이라도 써서 공감 이상의 우정을 만들고 가꾸려 노력한다. 사장과 멤버들 간 커뮤니케이션의 필요성을 과거 많은 헤어짐으로부터 어느 누구보다 절실히 깨달았기 때문이다. 직원에게 할 말이 있어도 절대로 중간 관리자를 시키지 않는다. 오해가 있을 법한 이야기도 모두 직접 전달하려 노력한다. 싫은 소리, 어려운 이야기도 왜 그런 결정을 하게 되었는지, 왜 그런 생각을 하고 있는지 그 과정까지 하나씩 직접 설명한다. 그러면 공감까진 못 얻어도 내 입장을 생각해볼 수는 있다. 그런 이해의 단초는 큰 갈등을 막아준다.

사장이 사람을 보듬지 못해 초기 멤버들이 대거 나가는 경우, 어떠한 경우에도 창업 멤버만큼 적은 보상으로 열심히 일하는 대체자는 나타나지 않는다. 연봉을 두 배 준다 해도 대체자는 초기 멤버와 같은 속도를 보여주지 않는다. 괜히 선배들이 직원들 집에 숟가락 몇 개 있는지도 안다고 했던 것이 아니다. 실상 그들은 회사에 가장 중요한 노력을 기울이고 있었다. 당장 눈앞에 쌓인 일들보다 사장에게 훨씬 중요한 일은 이곳에 모인 이들이 더 큰 신뢰를 갖고 열심히 일할 수 있도록 따뜻하게 보듬는 것인지 모른다. 어렵게 모인 사람 한 명 한 명을 결코 놓쳐서는 안 된다. 지금 곁에 있는 소중한 사람은, 지금이 아니면 어쩌면 다시는 같이 일하기 어려운 사람들일지 모른다.

직관과 논리를 모두 갖춘 완전체

——————————— 한 친구가 떠오른다. 매우 똑똑하고 훌륭한 친구라 대학 졸업 전부터 입사해 해외 출장 등에 항상 같이 다녔다. 전략적이고 이성적인 사고가 비상해 그 점을 높이 사 뽑았는데, 정작 뽑고 나니 나에게 계속 의사 결정의 증거를 요구했다. 논리가 뒷받침되지 않는 일은 못하겠다고 했다. 처음에는 열심히 응하다가 어느 순간 힘들어져서 '사업은 원래 논리로만 말할 수 있는 게 아니다' 하고는 직관적인 의사 결정 방식을 주입하려 했다. 그 친구는 내 방식을 이해하려 노력했지만 평생 이성과 논리로만 의사 결정을 해왔기 때문에 끝내 서로 공감하지 못하고 회사를 떠났다. 그 친구는 지금 업계를 대표하는 훌륭한 데이터 사이언티스트가 되었다. 논리도 없으면서 사고방식을 바꾸려 했던 첫 직장의 대표가 얼마나 원망스러웠을까. 이런 헤어짐은 직원뿐 아니라 사장에게도 얼마나 큰 상처인지 모른다.

일상적 소통의 중요성 못지않게 요즘 깨달은 한 가지는 사람을 믿고 맡기는 것의 힘이다. 과거 어릴 때는 모든 일을 내가 직접 눈으로 확인하고 의사 결정을 해야 마음이 편했다. 그러다 보니 자연스레 마이크로 매니지micro-manage(제품의 나사 하나, 문서의 토시 하나까지 사장이 직접 통제하는 경영 방식. 뛰어난 사장이라면 일을 더 잘 굴러가게 하지만 직원들의 동기부여를 떨어뜨릴 수 있다.)를 하게 됐다. 지금은 마이크로 매니지의 한계를 잘 안다. 그렇게 해서는 안 된다는 것도 안다. 직원들을 분야별로 완전히 믿고 그들이 스스로 일할 수 있도록 한다. 부족한 부분이 있으면 시행착오를 통해 그들이 직접 배워 성장하도록 한다. 부족한 부분을 급하다고 사장이 직접 메우면 그 부족분은 다음에도 계속 반복된다. 반드시 사장이 아니라 조직이 배우고 성장하도록 만들어야 한다.

그렇게 아낀 사장의 시간은 사장만 해야 하는 일에 쏟아야 한다. 인재를 찾거나, 직원들과 일대일로 대화하는 시간을 늘리는 등의 일 말이다. 사장이 실무를 몰라서는 안 되지만 실무자의 일을 대신해서도 안 된다. 그러면 회사는 커질 수 없다. 조직에 노하우가 쌓이고 시스템이 일하게 해야 한다. 사장은 시스템을 갖추고 발전시키는 더 큰일로 넘어가야 한다. 일상적이고 실무적인 일의 개선과 발전은 사장보다 잘할 수 있는 전문가들이 많다. 그들이 분야별 전문가로 커나갈 수 있는 기회와 도전을 계속 제공하고 각자의 영역으로 보장해야 한다. 담대한 도전의 과정과 결과가 사장이 아닌 조직에 쌓일 때 비로소 비즈니스는 사장의 원맨쇼에서 모두의 종합예술이 된다.

균형 잡힌 일터 만들기

'문송합니다(문과여서 죄송합니다).' 요즘 경영학과나 경제학과 같은 상경 계열이나 어문 계열 전공 학생들이 취직이 어려워 만든 자조 섞인 신조어다. 이 말을 듣고는 사업하며 겪은 다른 의미의 기억들이 떠올랐다.

문과 멤버의 말을 신뢰하지 않는 이과 멤버들

스물둘이란 어린 나이에 시작했기에 창업 첫해에 개발자들이 저마다 군대로, 대기업 인턴 자리로 떠났다. 신입 사원도 아닌 창업 멤버들이 그렇게 떠나니 참 힘들었다. 다행히 떠나는 개발자들은 그들의 선배를 설득해 데려왔다. 그 선배는 훌륭히 그들의 자리를 메웠다. 나중에는 메운 것 이상으로 일을 잘했다. 하지만 큰 문제가 있었다. 개발자들끼리는 비교적 대화가 원활한데 문과 멤버들의 말은 잘 들으려 하지 않았다. 본인이 만들고 싶은 것을 자신의 방식으로만 만들었다. 이전의 개발자들도 어지간해선 기획을 담당하는 문과 멤버들의 말을 잘 들으려 하지 않았으나 새로 온 이 선배 개발자는 한술 더 떴다.

십여 년간 소비자에게 웹과 모바일 서비스 제품을 제공하는 회사였기에 우리가 하는 일은 본질적으로 개발에 기반을 두었다. 그러다 보니 문과 멤버들이 아무리 학교에서 우수한 성적을 받았거나 유수의 대기업을 포기하고 들어왔다 해도 개발자들은 신뢰를 갖지 않았다. 그들이 신뢰할 수 있는 이들은 우선 코딩을 할 줄 아는 사람, 개발의 언어로 그들과 대화할 수 있는 사람이었다. 그들 입장에서 우리는 구현도 못하면서 말만 많은 사람들이었다. 그들이 구현할 수 있는 현실과 우리가 말하는 비전 사이에 그들은 상당한 갭이 있다고 생각했다. 그로 인해 오랫동안 문과 멤버들의 사업과 서비스 기획에 불신을 표했다.

서로가 대학생이었던 시절에 그 문제는 너무나 컸다. 문과 멤버들은 개발자들을 비협조적이라 답답해했다. 개발자들은 문과를 비현실적이라고 했다. 나는 어느 한쪽이 회사를 떠날까 걱정스러웠다. 불편한 동거가 계속되었지만 누구의 편도 들 수 없었다. 실은 내가 문과였기에 문과 친구들을 데려오기는 상대적으로 수월했다. 또한 회사의 핵심이 개발에 있었기에 개발자들이 하자는 대로 항상 이리저리 끌려다녔다. 어려서는 내 바람대로 회사를 끌어가지 못하고 항상 개발자들 눈치 보느라 바빴다.

최근에 가까이 지내는 스타트업 소식을 들었다. 그 회사도 예전의 나와 비슷한 상황을 겪고 있었다. 개발 팀은 회사에 더 오래 있었고 기획 팀을 비롯한 문과 멤버들은 상대적으로 회사에 합류한 지 얼마 안 됐다. 그러다 보니 무엇을 기획하든 개발 팀이 '그건 안 된다'고 한단다. 때로는 합리적인 이유가 있지만 전체적으로 보면 신뢰가 적었다. 무엇이든 일단 반대하고 본다 했다. 그래도 개발자가 회사의 핵심 자산이기에 대표도 개발 팀의 의견을 무시하거나 항변할 수 없다. 감히 개발 팀장을 내보내거나 개발 팀을 교체하는 일은 상상할 수도 없다. 기술 회사의 핵심 자산은 당연히 기술을 가진 사람이다. 사장은 하고 싶은 일을 하기 위해 회사를 차렸는데도 어느새 본인이 원하는 방향으로 이끌지 못하게 된 것이다. 그 얘기를 듣고 답답했지만 고개를 끄덕이고 다독여주는 것 말고는 방법이 없었다. 내가 오랜 시간 겪은, 그야말로 기술을 잘 모르는 문과 출신 사장의 '문송한' 상황이었다.

권한의 크기는 책임의 크기에 비례한다

——— 그때는 개발자가 한 명이라도 나가면 회사가 금세 망하는 줄 알았다. 어렵게 구한 개발자가 나가면 꿈을 못 이룰 것 같았다. 어르고 달래고 통사정을 해가며 붙들었다. 그러다 보면 사장으로의 통제력은 사라지고 절대 '을'의 위치에서 오랜 시간을 보내게 된다. 문과 출신의 제작사 대표로 자주 그렇게 살았다. 물론 그렇게 했기에 일이 진행된 부분도 있지만 대화가 잘 통하는 개발자를 찾아 그들과 일했으면 훨씬 쉽게 일을 끝냈을지도 모른다. 설득하다 소비한 커뮤니케이션 비용이 멤버 교체 비용을 훨씬 상회했다. 다 내가 너무 어렸고 만날 수 있는 개발

자들의 네트워크가 그 정도였기 때문에 감수해야 했던 과거다.

어느 해부터 원칙을 세웠다. 어르고 달래야 겨우 따라오는 멤버와는 일하지 않겠다는 것이다. 최고의 인재를 모으기 위해 삼고초려는 계속한다. 하지만 일단 합류하기로 결정한 멤버는 더 이상 어려워하지 않겠다고 다짐했다. 그도 스스로의 판단으로 우리 회사에서 일하기로 한 것이니 회사에서의 최종 의사 결정은 가장 큰 책임을 지는 내가 내린다. 물론 개발 분야는 전문성을 가진 그들에게 전적으로 위임한다. 믿고 맡기지만 만약 우리가 합의한 일을 등한시하고 자기 하고 싶은 대로 일을 처리하는 사람에게는 더 이상 끌려다니거나 좌시하지 않는다.

내가 '문송'해서 끌려다니면 모두에게 훨씬 더 나쁘다. 개발자가 개인일 때는 자기 취향대로 탐닉하고 개발해도 된다. 허나 조직에 합류하기로 한 이상 일정한 책임이 부여된다. 그 사람이 CTO든 개발 팀장이든 개발 팀 인턴이든 규모의 차이가 있을지언정 각자 해야 하는 일과 할 수 있는 일, 지켜야 하는 일들이 주어진다. 조직에 합류했으면서 개인의 취향이나 흥미대로 일을 진행하려는 사람은 프로가 아니다. 협업에 방해가 되는 아마추어일 뿐이다. 여기는 동아리가 아닌 회사다. 돈 내고 다니는 곳이 아니라 돈 받고 다니는 곳이다. 같이 이루기로 한 일을 위해 개인이 포기해야 하는 부분이 반드시 있다. 그게 싫으면 나가서 혼자 일해야 한다. 각기 다른 전문성을 지닌 여럿이 모여 한 회사를 만들고 합류하는 이유는 개인으로는 도저히 못 이룰 것 같은 큰 변화를 함께 이뤄내기 위해서다.

서로에게 필요한 존재들이다

―――――――― 기술 회사의 꽃은 개발자임에는 분명하다. 그러나 곳곳에 문과 멤버들이 포진해 기여하고 있기에 그들이 개발에만 집중할 수 있는 환경이 만들어진다. 회사에 함께하는 사람이라면 인사 팀부터 비서까지 각자 존중받으며 일할 자격이 있다. 각자 전문성을 발휘할 고유한 업무 영역이 있다. 이것을 인정하고 서로를 진심으로 존중해야만 회사는 건강하게 성장하고 오래 번영한다. 어려서는 개발자들이 떠날까봐 노심초사했다. 이제는 서로의 전문성이 만나 같이 빛나도록 하기 위해 최선을 다한다. 우리는 서로에게 눈치 보거나 조심해야 하는 존재들이 아니다. 치열하게 싸우고 합의된 진전을 만들어가야 하는 존재들이다. 기술 회사의 문과와 이과는 명확히 서로를 필요로 하고, 서로 못하는 영역을 받쳐주는 양 날개와 같은 존재들이다.

모두에게 필요한 덕목은 있다. 그것은 바로 이해와 관용이다. '저 친구들은 왜 저렇게 생각할까?', '왜 저런 주장을 하게 된 것일까?'를 역지사지로 이해하고 노력하는 자세도 필요하다. 서로의 성장 과정이 다르니 생각하는 게 다를 수밖에 없다. 항상 같이 붙어 일하는 동료도 문과는 문과, 이과는 이과다 보니 생각의 틀이 다를 수 있다. 그것을 빨리 인정하고 상대방이 왜 저렇게 생각하는지 이해하려 노력하면 적절한 합의점을 찾을 수 있다. 합의의 기준은 오로지 고객이다. 고객이 원하는 것, 고객이 더 편한 것을 기준으로 결론을 내려야 한다. 서로 자존심을 팔지 말고 치열한 싸움 끝에 내린 합리적 의사 결정이라면 내 주장을 완전히 굽히는 훈련 역시 필요하다. 그래야 조직이 건강해진다.

내가 몸담았던 회사는 다들 경험이 부족했다. 너무 소모적인 자존심 싸움을 벌였다. 사실 아무것도 아니었는데 말이다. 회사는 사업에 성공하지 않으면 살아남을 수 없다. 사업 성공은 고객이 만들어준다. 누가 의사 결정의 주도권을 쥐든, 지분 구조가 어떻든 다 소꿉장난 같은 얘기다. 이제 새로 회사를 한다면 서로의 전문성을 존중하고 대등한 관계로 일할 수 있는 사람들을 만나려 한다. 문과 출신이 기술 회사 운영하는 것이 핸디캡이 아니라 오히려 자랑스럽게 생각할 것이다. 물론 내 의견도 언제든 틀릴 수 있기에 개발자들과 항상 대화할 것이다. 언제든 내 의견을 철회할 수 있는 마음의 여유를 가질 것이다. 논리는 알량한 자존심이나 개인의 주관적 경험에서 나오지 않는다. 오로지 고객의 만족과 편익에 초점을 맞춰야 한다. 이로써 우리 조직에 몸담는 각기 다른 분야의 출신 멤버들이 서로 존중하며 일에 자부심을 가질 수 있도록 도울 것이다.

무슨 일을 하든 사장이 할 일은 명확하다. 모든 직군과 직급에서 각기 다른 출신의 멤버들이 모두 회사와 일에 자부심을 가지고 일할 수 있는 터전을 만들어야 한다. 특정 학교나 학과, 일부 직군의 멤버가 갑이 되고 나머지가 지원 부서가 되는 회사를 만들어서는 안 된다. 회사에서 누가 누구를 모시고 살면 결코 균형이 잘 잡힌 위대한 회사는 탄생하지 않는다.

사업부 간의 경쟁 문제

돈 버는 팀 따로, 까먹는 팀 따로

창업을 하고 직원을 채용하면 당장 월급을 주어야 한다. 계획한 사업이 처음부터 돈을 벌기는 쉽지 않다. 창업 기업은 처음부터 자본금이 두둑하거나 외부 투자를 유치하지 못하는 경우 보통 남의 일을 대신하며 돈을 벌곤 한다. 내 일도 하면서 알음알음 남의 일도 해주면 회사에 돈이 돌기 때문이다. 그 돈으로 월급도 주고 하고 싶은 사업에도 쓴다. 남의 일을 꾸준히 하다 보면 일에 요령이 생긴다. 처음 할 때보다 적은 노력으로 같은 돈을 벌 수 있어 점점 수주량이 늘어난다. 그러다 보면 진짜 하고 싶은 사업을 준비하는 팀보다 외주 사업을 하는 팀의 규모가 훨씬 커지기도 한다.

이 같은 불균형 상황이 오면 회사에 여러 불화가 생긴다. 왜냐면 회삿돈의 전부 또는 대부분을 외주사업 팀이 벌어오기 때문이다.

심지어 회사를 구성하는 직원 수도 더 많다. 그런데도 사장은 외주 사업으로 벌어들인 돈을 계속 돈 안 되는 신사업에만 쏟아붓는다. 그러면 직원들 사이에서 신사업하는 팀은 계속 돈 까먹는 팀으로 생각하게 된다.

만약 신사업 팀이 빠르게 좋은 제품을 내놓지 못하면 의심은 불신으로 이어진다. 신사업 팀에 과도한 돈과 시간을 밀어준 사장에 대한 신뢰도 떨어진다. 회사 일과 구성원의 대부분을 차지하는 외주사업 팀이 사장을 불신하게 되면 결국 회사에 대한 회의감도 생긴다. 이는 자연스럽게 생산성과 연계되고 실력 좋은 사람들부터 이직을 고민한다. 자기는 열심히 자체 사업을 만들고 있는데 사내 다른 팀원들의 눈총을 받게 되면 신사업 팀 인재들도 사기가 떨어진다. 회사 전체를 위해 자체 사업을 하는 것인데 우리만 잘되자고 하는 것인가 억울함도 느낀다. 그런 시간이 길어지고 신제품도 기대만큼 안 나오면 역시 이직을 고민하게 된다.

결국 회사는 처음부터 잘해보려고, 월급 잘 주려고 뛴 사실밖에 없는데 실패의 길에 접어들고 만다. 이런 일이 스타트업에서는 자주 일어난다. 우리도 수차례 겪었던 문제다. 이런 일을 안 만들려면 어떻게 해야 할까? 가장 쉬운 선택은 애초부터 남의 일을 안 하면 된다. 회사의 모든 직원들이 하나의 우리 사업만 하게 하면 모두 이해관계가 같으므로 사업부 간 경쟁이나 괄시의 문제는 생기지 않는다. 아니면 먼저 다 같이 남의 일을 하고 나서 또 다 같이 우리 일을 하는 방법도 있다. 전자는 자본이 충분해야 가능한 일이고, 후자는 중간중간 돈 벌기 위해 남의 일을 해줄 때마다 정작 우리 일이 무기한 연기되는 단점이 있다. 따라서 둘 다 쉬운 일은 아니다.

사장의 편애와 비교

――――――― 과거 우리 회사에서 왜 이런 문제가 생겼었나 되돌아보면 내 잘못도 컸다. 항상 안정적으로 매달 수억씩 매출을 내주던 외주사업 팀보다 우리 것을 만들고 있는 신사업 팀의 일에 훨씬 더 마음이 갔다. 그러다 보니 외주사업 팀의 일은 임원들에게 맡겨두고 신사업 팀의 일을 먼저 챙겼다. 또 외주사업 팀과 신사업 팀의 분위기가 서로 다르다는 점을 외주사업 팀 멤버들을 만날 때마다 계속 강조했다. 당연히 밤낮없이 남의 일만 하는 외주사업 팀보다 우리 일만 하는 신사업 팀의 행복이 높을 수밖에 없다. 그런데도 그것을 비교하며 왜 외주사업 팀의 분위기는 신사업 팀의 그것이 될 수 없는지 되묻곤 했다. 참으로 어리석은 시절이었다.

두 사업 팀의 교류나 이해의 다리 역할을 하지 못했다. 지금이라면 외주사업 팀에 가서 신사업 팀이 하는 일이 잘되면 우리 모두 외주의 굴레에서 벗어날 수 있을 것이라 이야기할 것이다. 동시에 여러 프로젝트에 참여하며 창의성을 혹사당하고 있는 외주사업 팀 멤버들이 더는 그러지 않을 수 있다고 설명할 것이다. 또한 그들이 하고 있는 외주 일이 회사 전체로 보면 매우 중요한 역할이라 강조할 것이다. 실제로 그들이 있기 때문에 신사업 팀도 제품에 집중할 수 있고 나도 사장 역할을 할 수 있다.

거꾸로 신사업 팀에 가서는 지금 우리가 하는 일이 결코 경제적으로 독립적이지 않으며 외주사업 팀의 노고에 전적으로 의존하고 있다는 사실을 강조할 것이다. 그렇다고 외주사업 팀에 부채 의식을 가지라는 것은 아니다. 다만 '신사업을 하니 내가 더 우월하다'느니, '실력이 더 있어서 신사업을 하고 있다'는 우쭐한 생각은 갖지 않도록 하기 위함이다. 그런 생각은 조직 내 불신만 키울 뿐이다. 돈 버는 사업과 돈 쓰는 사업 사이의 적절한 관계가 아니다. 지금 돈 버는 사업에 소속된 사람들에게는 비전을 공유해줄 필요가 있다. 자체 사업이 앞으로 회사에 훨씬 큰돈을 벌어다주는 사업이 될 수 있다는 믿음을 주어야 한다. 사업부가 다르다고 자기 사업부의 비전만 공유해준다면 그것은 하나의 회사라 할 수 없다.

사업부 간 보상 체계에 약간의 차등도 필요하다. 외주사업 팀 멤버들의 인센티브를 강화할 것이다. 참여한 프로젝트의 수와 성과에 따라 개개인에게 의미 있는 추가 보상을 제공해 직원들의 노력에 감사를 표할 것이다. 이렇게 개개인의 노고를 인정하고 축하하면 설사 외주사업 팀이 벌어온 돈을 신사업 팀이 같이 쓴다고 해도 큰 반대에 직면하지는 않을 것이다.

또한 양쪽 팀 누구든 각자의 희망과 실력이 있다면 서로 다른 팀에서 일할 기회도 줄 것이다. 조직이 자연스레 섞이도록 유도하고 싶다. 팀 내 한두 사람이라도 다른 팀에서 온 사람이 있다면 다른 팀의 업무와 관점을 이해하는 좋은 계기가 될 것이다. 두 팀이 함께 어울리는 자리도 자주 만들고 싶다. 보통 외주사업 팀은 남의 일정에 맞추다 보니 항상 바쁘다. 또 신사업 팀 역시 출시 일정에 쫓긴다. 이런 두 팀을 자주 모으기는 어려울 수도 있다. 서로 관심사가 다른 팀들을 인위적으로 어울리게 하면 일에 지장이 올 수도 있다. 그러나 '우리는 한 가족'이라는 의식을 가질 정도는 어울려야 한다. 자주 보다 보면 이해가 되고 서로 협력하게 된다.

회사는 다른 일을 하는 사업 팀들이 업무 시간 중에 자연스레 섞일 수 있는 프로그램을 고민해볼 필요도 있다. 예를 들면, 우리는 월요병을 퇴치하기 위해 '월요 맛집 탐방대'라는 프로그램을 운영했다. 회사 규모가 작을 때나 할 수 있는 일이긴 한데, 말 그대로 월요일이면 전 직원이 유명 맛집에서 점심식사를 함께했다. 직원이 30명을 넘어가면서는 대표가 점심을 사고 서로 다른 팀에서 일하는 멤버들이 섞여서 점심을 먹는 프로그램도 운영했다. 그러면 서로 잘 모르던 사람들이 대화하며 새로운 관계를 형성했다.

권리 의식과 부채 의식

———————— 한 사업부가 다른 사업부를 전적으로 먹여 살리다 보면 자연스레 권리 의식이나 부채 의식이 생긴다. 한쪽에서는 '우리가 일은 다하는데 돈은 엉뚱한 데서 쓴다'는 말이 꼭 나온다. '돈도 못 버는 다른 팀에 주지 말고 우리 보너스나 더 달라'고도 한다. 그 입장도 전적으로 이해한다. 다른 쪽에서는 때때로 미안한 마음도 든다. 회사의 전략을 담은 신사업을 추진한다는 보람과 책임도 느낀다. 그런 여러 팀의 복잡 미묘한 감정들을 잘 관리하고 모두 사기가 떨어지지 않게 힘을 주는 사람이 사장이다.

사업을 아주 잘하는 대표를 1월 중순에 만났다. 1월 2일 이후 2주간 매일 직원들과 돌아가며 저녁을 함께하고 있다고 했다. 굉장히 힘든 일정이지만 작은 팀 단위로 거의 200명 가까운 직원들을 모두 만나고 있다는 이야기에 감탄했다. 물론 다 모아놓고 한 번에 신년회를 해도 되지만, 직원 각자의 고충이나 팀의 사정을 듣기는 어렵다. 사장이 직접 노력을 기울여 각자의 이야기를 들을 때만큼 소통이 잘될 때는 없다. 팀 사이의 오해와 경쟁은 상당 부분 사장과 경영진이 서운함을 조장하는 데에서 발생한다. 팀 간 사정이나 이해는 서로 다를 수 있다. 그것을 경영진이 이해하고 조율하려고 애쓰는 모습만 보여주어도 서운함은 눈 녹듯 사라진다.

처음부터 사업 팀 간 갈등이 생기지 않도록 단일 사업만 영위해도 좋다. 그러나 사업에는 저마다 사이클이 있으므로 신사업이 필요한 날이 온다. 기존 사업과 신사업으로 팀이 분리되는 일이 생기고 만다. 회사의 영존을 위해 사업 팀이 분리되는 시기는 필연적인 기업 활동의 일부라고 본다. 사장은 사업 팀 간이나 팀원 간의 이해관계를 파악해 도와줄 필요가 있다. 각 사업마다 생애 주기가 다 다르다. 어느 사업은 걸음마 단계여서 우선 몇 달간 돈 걱정 없이 좋은 팀 세팅에만 집중해야 할 때도 있다. 어느 사업은 시장이 죽어가고 있어서 이제 사람을 줄이고 비용을 통제해야 할 경우도 있다. 걸음마 단계의 사업은 멤버가 고작 서너 명일 수 있고 후자는 수십 명일 수 있다. 수십 명짜리 사업 팀의 평가 기준이나 출퇴근 시간을 동일하게 적용하는 것은 맞지 않을 수 있다. 사장은 사업 팀마다 해당 사업의 생애 주기에 맞는 방식을 적용해야 옳다. 서로 다른 기준을 적용하는 것을 다른 사업 팀에서 불합리하게 느낀다면 그 이유를 설명하고 모두를 이해시키려 노력해야 한다.

사업 팀마다 목표하는 바를 달성할 만한 방식이나 기준을 찾아 적용하고 그것을 서로 이해시키는 중재자가 되어야 한다. 그것이 사업부를 다루는 사장의 중대한 목표가 아닐까 한다. 경영학에서는 조직의 대표적인 구조를 기능적 분화functional structure와 사업적 분화divisional structure로 구분한다. 이 구조가 처음에는 대단히 정적인 것인줄 알았다. 지금은 조직의 필요나 영위하는 사업의 생애 주기에 따라 얼마든지 중간에 바꿀 수 있는 지극히 동적인 것이라 생각한다. 심지어 사장은 이 두 구조를 한 조직 내에서 병용할 수 있으며 지역마다 다른 구조를 취할 수도 있다. 조직학의 대가 알프레드 첸들러의 말 'Structure follows strategy(구조는 전략을 따른다)' 처럼 조직 구조 설정의 목표는 사업 전략의 수월한 실행에 있다. 따라서 무엇보다 먼저 설정되어야 할 것은 회사의 사업 전략이다. 그 다음이 전략에 맞는 조직 구조다. 조직이 그려지면 서로 다른 규모와 목적, 상황의 조직들을 어떻게 융합하고 운영하며 지원해갈지 계획할 수 있다.

일할 맛 나는 일터 만들기

사무 공간

——— 직원이 늘어나면 사무실 이사도 사장의 큰 고민 중에 하나가 된다. 우리도 2년에 한 번씩은 사무실을 이전했다. 그 기억을 나누려 한다.

우리의 첫 사무실은 연세대학교 창업센터에서 무상으로 빌려주었다. 학교 건물의 2평 남짓한 공간이었지만 그래도 우리만의 보금자리가 생기니 큰 힘이 났다. 거기서 하루 평균 20시간씩 일하며 첫 제품을 만들었다. 파티션이 없어 옆 사무실에서 하는 이야기가 다 들렸던 관계로 직접 하드보드를 사서 임시로 벽을 높이기도 했다. 물론 지분 5%를 학교에 기부했으니 완전 무상은 아니었다. 이후 회사가 잘되면서 학교 건물 안에서 임대료를 내는 독립된 사무실 공간으로 두 번 옮기며 몇 년을 더 지냈다.

직원이 많아지자 학교에서는 감당이 안 됐다. 근처의 상암동 디지털미디어시티의 독립 사무실로 이사를 갔다. 사세가 급성장 중이었기에 욕심을 부려 140평을 빌려 옮겼다. 사내 휴게 공간을 50평 가까이 조성해 직원들이나 손님들에게 인기가 매우 좋았다. 하지만 임대료 부담은 확 올라갔다. 지금 생각하면 그렇게 큰 공간은 낭비이자 겉멋이었다.

3년이 지나 다시 이사를 가야 하는 상황에 놓였다. 당시 뜨고 있던 홍대 인근으로 옮기기를 원했다. 부동산을 돌아보니 역 앞에 신축 중인 건물이 있었다. 홍대가 한눈에 내려다보이는 테라스를 지닌 설계도면을 보니 욕심이 났다. 건축주와 만나 완공도 안 된 건물에 덜컥 계약을 했다. 그로부터 몇 달 후 신축 건물에 들어갔지만 문제가 속출했다.

5층짜리 작은 건물에 3, 4층을 썼는데 주차 공간이 턱없이 부족했다. 일하다가 걸핏하면 내려가 차를 빼줘야 했다. 큰 건물에 있을 때는 냉난방은 중앙에서 해주어 전혀 신경 쓸 필요가 없었다. 여기는 그냥 상가 건물이었다. 냉난방도 직접 해야 했다. 천장 매립형과 회의실용 냉난방기를 구비하는 데만 천만 원이 넘게 들었다. 그마저도 한겨울을 나는 데에는 너무 추웠다. 다시 설비를 보강하는 데 추가로 5백만 원이 넘게 들었다. 심지어 개별 냉난방으로 인한 전기료만 한 달에 백만 원이 넘게 나왔다. 임대료가 5백만 원이었는데 관리비만 2백만 원 가까이 나오는 상황이 되었다. 처음 맞는 여름에는 아침에 출근해보니 사무실 바닥에 홍수가 났다. 테라스에서 물이 들어와 컴퓨터를 고장 내고 난리도 아니었다.

건물주는 오리발을 내밀었다. 보상은 당연히 못 받았다. 시공이 잘못된 것인지 천정에 물이 새기도 했다. 그야말로 총체적 난국이었다. 솜노트를 열심히 만들고 있을 때라 직원들이 일에 집중할 수 있게 경영지원 팀 직원과 둘이서 직접 걸레 빨고 양동이 들며 돌아다녔다. 이때 신축 건물은 들어가서는 안 된다는 것을 배웠다. 특히 작은 건물일 경우에는 무슨 문제가 생길지 모른다. 그 다음 사무실은 다시 상암동의 큰 건물로 돌아왔다. 주차난도 없고 정부 기관 건물이라 매우 깨끗했다. 덕분에 오직 일에만 집중할 수 있었다.

홍대나 가로수길의 작은 상가 건물에 들어가면 테라스도 있고 멋지다. 그러나 치러야 할 관리 비용이 만만치 않다. 창업자들은 이를 감안하고 사무실을 정하면 좋겠다. 더불어 인테리어를 아무리 예쁘게 해놨어도 사무실을 뺄 때 원상 복구 비용도 든다. 물론 다음 들어올 사람이 인테리어가 마음에 들어 그대로 인계받으면 괜찮다. 원상 복구 책임은 그 사람에게 넘어간다. 만약 다음 사람이 원상 복구해달라고 하면 아까운 파티션과 유리를 다 뜯어내야 한다. 때로는 복구 비용만 천만 원 넘게 들었다.

코워킹 스페이스를 활용하자

어떤 사무실을 구할 것이냐는 다분히 사장과 팀의 취향 문제다. 최근에는 위워크WeWork이나 패스트파이브FastFive, 스파크플러스SparkPlus, 현대카드 스튜디오블랙 등 다양한 코워킹 스페이스Co-working space(큰 공간을 임대해 잘게 쪼개서 다시 유무상으로 임대하는 공간)가 생겼다. 덕분에 선택의 폭은 더욱 넓어졌다. 위워크 강남역점에는 한국의 교육 스타트업인 노리KnowRe가 50명 규모로 입주해 있다. 왜 독립 사무실을 쓰지 않는지 물어보니 인테리어 비용을 아끼기 위해서란다. 하긴 코워킹 스페이스에 적용되어 있는 최상의 인테리어를 스타트업이 직접 꾸미기에는 천문학적인 비용이 들어간다. 더욱이 스타트업은 빠르게 성장하기 때문에 공간 확장이나 이전이 탄력적일수록 좋다. 그런 점에서 계약 기간이 최소 1년에서 2년 이상으로 묶이는 독립 공간보다 한 달에서 1년 단위로 짧은 코워킹 스페이스를 이용하는 것도 지혜일 수 있다.

평가 제도

———— 직원을 어떻게 평가하고 공정하게 보상하는가도 큰 고민 중 하나다. 업력이 길어지고 직원 수가 많아지면 열심히 하는 사람과 그렇지 않은 사람이 생긴다. 모두가 비슷한 보상을 받게 되면 조직은 전체적으로 하향 평준화된다. 열심히 하는 것에 대한 인센티브가 필요한 이유다. 그래서 어느 시점이 되면 평가와 보상에 대한 기준이 필요해진다.

우리도 다양한 시도를 해보았다. 우선 다른 큰 회사들처럼 팀장에 의한 팀원 평가를 실시했다. 없던 평가가 생기자 일부 반발이 있었다. 완전 자율에서 시스템(체계)을 도입하는 과정에 생기는 어쩔 수 없는 불협화음이다. 직원들이 더 의욕을 갖고 일할 수 있는 환경을 만들기 위해서라고 도입 취지를 설명하고 설득하니 충분히 직원들도 이해했다. 그러나 팀장에 의한 팀원 평가는 마음 약한 팀장이 모든 팀원에 상위 점수를 주는 방식으로 의미가 퇴색됐다. 네 분기 정도 하다가 이번에는 절대평가에서 상대평가로 전환했다. 상위 점수를 줄 수 있는 비율이 정해졌다. 팀장도 다소 곤혹스러워졌다. 결국 평가가 싫어 팀장 하기 싫다는 사람도 나왔다. 팀원으로부터 미움받는 팀장도 생겼다.

사장이 신경 쓸 일은 이 불협화음이 일시적인지 지속되어 조직을 위태롭게 할 사안인지를 판단하는 것이다. 전자라면 제도 도입이 조직에 미칠 긍정적 측면을 고려해 뚝심 있게 밀어붙일 필요가 있다. 사장에게 설득력과 끊임없는 설명 의지는 매우 중요하다. 사장이 선택하는 일도 틀릴 가능성은 항상 있다. 틀리는 게 두려워 아무것도 하지 않는 사장이 되어서는 곤란하다. '사장도 틀릴 수 있지만 조직과 우리 직원들을 위해 항상 노력하고 고민한다'는 믿음을 주어야 한다.

나중에는 팀원이 한 팀의 일만 하는 게 아닌 스타트업의 특성도 고려했다. 같이 일하는 사람들 상호 간의 다면 평가의 도입이었다. 역시 제도 도입 초기에는 서로가 서로를 평가한다는 것에 대한 문화적 반발심이 일었다. 사실 이 제도는 구글의 평가 제도를 벤치마킹한 것이었다. 구글은 상사뿐 아니라 같이 일하는 모든 동료가 서로를 평가하는 완전 상호 평가를 실시하고 있다. 어제 함께 웃고 일하던 직원도 나에게 박한 점수를 줄 수 있다. 물론 거기에는 모두 합리적인 이유를 적어야 한다. 처음에는 기분이 상해도 이유를 이해하고 인정할 수밖에 없다. 결국 한 해, 한 해 지날 때마다 다른 이들의 지적 사항을 개선하거나 회사를 떠나야 한다. 합리적이고도 잔인한 평가 방식이다. 나는 이 제도가 합당하다고 생각했고 우리도 비슷하게 도입했다. 하지만 잘 안 됐다. 일단 문화적 차이가 컸다. 얼굴 맞대고 일하는 동료에게 별점 하나를 주고 그 이유까지 적는 방식은 우리 문화와 어울리지 않았다. 덕분에 실리콘밸리 회사에서 잘 운영되는 제도라 해도 이를 그대로 적용하면 많은 어려움이 따른다는 것을 배웠다.

이후 우리는 팀별 KPI Key Performance Indicator(핵심 성과 지표)를 연초에 설정하고 연말에 이를 비교해 연봉 협상의 기초 자료로 삼는 제도를 도입했다. 경영진이 11월쯤 내년 목표를 설정하면 그 목표를 달성하기 위해 각 팀이 달성해야 하는 팀별 목표가 생긴다. 이를 경영진과 팀장이 상의해 조정한 후 합의에 이르면 그것이 팀의 KPI(쉽게 말하면 목표)가 된다. 더 제대로 하려면 다시 이를 팀장이 팀원들과 상의해 개인별 KPI가 나와야 하지만 스타트업이 개인별 KPI를 정확히 설정하고 결과를 다시 측정하기란 쉽지 않다. 그래서 이를 조금 더 유연하게 운영해 우리는 팀별 목표까지만 설정했다.

이 제도에도 문제는 있다. 지원 조직의 목표를 어떻게 설정할 것이냐다. 예를 들어, 경영지원 팀이나 디자인 팀, 개발 팀 등이 그해 사업 성과가 1등인 팀과 꼴등인 팀을 두루 지원하며 일했다면 이들의 성과를 잘했다고 볼 것이냐, 아니면 못했다고 볼 것이냐 하는 문제다. 특히 스타트업은 조직이 작아 한 사람이 여러 팀을 도우며 일한다. 팀의 KPI만을 신경 쓰게 되면 오히려 팀원이 전보다 소극적으로 일할 가능성도 존재한다. 이들 평가 제도는 완벽한 것이 없다. 조직의 크기와 상황에 따라 계속 진화해야 한다. 직원들의 이야기를 들으며 매년 발전시켜야 한다. 또한 연봉 협상의 기준 자료를 다양화해 적극적으로 여러 팀을 도우며 일하는 사람의 성과도 인정받게 해주어야 한다.

이상적인 제도는 완전 입체적 다면 평가

지금도 구글의 평가 제도가 좋은 것 같다. 매년 그 해에 함께 일한 사람들 전원이 시스템 상에서 서로를 투명하게 평가하고 이것이 연봉 협상의 기초 자료가 된다. 우리 팀장이 나를 좋아한다고 내 연봉이 반드시 높아지는 것도 아니고, 우리 팀이 성과를 달성했다고 나는 대충 일했는데 평가가 좋아지는 것도 아니다. 참여하는 일이 달라져도, 내 직급이 올라가도, 매년 나를 평가하는 사람이 달라질 뿐 제도는 합리적으로 운영된다. 따라서 모두가 나의 업무 능력에 가감 없이 평가해주기로 약속한다면 충분히 이상적인 평가 제도가 될 수 있다. 이 제도가 잘 운영되려면 기본 전제가 필요하다. 조직원들이 서로의 평가를 받아보더라도 이를 각자의 발전을 위한 따뜻한 지적으로 받아들일 마음의 준비다. 그렇지 않다면 정서상 마음의 상처를 입고 회사를 떠날 가능성이 다분하다.

복지 제도

——— 복지 제도는 사장의 철학이 상당히 중요하다. 이익의 대부분을 직원 복지로 돌리는 회사도 있다. 복지가 박한 대신 연봉을 높이는 회사도 있다. 복지의 향상보다 연봉 향상을 원하는 직원들은 새로운 복지의 추가를 싫어한다. 따라서 회사 구성원들의 상황이나 회사의 크기, 창업자의 철학에 따라 복지 제도의 운영도 탄력적이어야 한다. 해보고 반응이 적은 제도는 다른 제도로 예산을 옮길 수도 있다. 가까운 한 회사는 사내 동아리를 지원했다가 이들이 너무 친해진 나머지 단체로 퇴사한 적도 있다. 다른 한 회사는 사내 동아리 제도를 통해 평소 서먹하던 직원들을 가깝게 만든 경우도 있다. 제도 운영의 결과도 회사마다 다르다. 이 역시 정답이

없다.

제도 추가와 운영의 목표는 필요하다. 다른 회사가 해서 따라 하는 방식은 아니다. 우리 직원들이 더 돈독해지면 좋겠다거나 자취하는 직원의 불편을 최소화하겠다거나 하는 목표들이 있어야 한다. 물론 이런 세부 목표들은 다시 회사의 더 큰 목표와 전략을 따라감이 바람직하다. 회사가 5년 뒤, 10년 뒤에 달성하고자 하는 목표가 어디이고 그것을 달성하기 위해 지금 무엇이 필요한지, 그리고 그러기 위해 우리 조직이나 멤버들에게 필요한 일은 무엇인지 고민하는 것이다.

우리 회사에 맞는 옷 입기

항상 처음부터 잘되는 일은 없다. 숱한 시행착오 속에 사장도 배우고 직원들도 배우며 조직에 맞는 핏을 찾아간다. 직원들과 '더 좋은 회사가 되기 위해 열심히 적용하며 찾아보자' 하는 설득이 중요하다. 충분한 준비와 설득 없는 도입은 너무 전격적이다. 이는 피로감과 거부감을 준다. 직원들의 준비와 협조 없이 그 어떤 시도도 빠르게 안착할 수 없다. 사장은 항상 적극적으로 설득해야 한다.

어떻게 보상할 것인가?

처음에는 연봉이랄 것이 없었다

처음에 우리는 연봉 협상을 하지 않았다. 회사가 아주 작았으므로 회사 사정이 되는 대로 그때그때 올렸다. 하긴 창업 첫 해인 2006년 나를 비롯해 모든 식구가 가져간 월급이 70만 원이었다. 연봉이라 부를 것도 없었다. 그러고도 몇 년을 회사 사정에 따라 '공평하게' 모두 똑같은 비율로 올리거나 내리곤 했다. 간혹 가정이 있거나 나이가 많은 직원들은 따로 불러 다른 사람보다 조금 더 챙겨주었다. 대신 제도적 '공평함'을 유지하기 위해 비밀로 했다. 젊은 직원들에겐 미안하지만 가족이 있는 사람은 그 돈으로 살아갈 길이 막막했다. 조금 더 신경을 쓸 수밖에 없었다. 사장인 나는 직원들 먼저 주고 마지막에 돈이 남으면 가져갔다.

직원들이 많아지고, 회사가 투자를 받고, 의미 있는 매출도 내면서 연봉 테이블이 만들어졌다. 가까운 다른 회사에서 연봉 협상을 도입했다고 하여 유심히 지켜보았다. 그 회사의 사장이 협상 과정에서 직원들에게 서운함을 느끼더라도 너무 괘념치 말라며 귀띔해주었다. 그게 무슨 말인지 처음에는 잘 몰랐으나 첫 연봉 협상이 시작되자 대번에 이해할 수 있었다. 아무리 봐도 다른 직원보다 열심히 하지 않았거나 실력이 떨어지는 직원이 자신이 가장 일을 잘한다며 과도한 인상을 요구했다. 연봉을 그냥 정해주었다면 동요하지 않았을 사람들조차 연봉을 '협상'하기 때문에 과도한 요청을 하는 것 같았다. 직원 입장에서는 높여 불러야 중간쯤에서 합의가 된다고 생각하겠지만 나로서는 그게 서운했다. 물론 이해 못하는 것은 아니다. 하지만 회사가 잘나갈 때도 아니라서 한 사람, 한 사람 협상을 마칠 때마다 진이 빠졌다.

그래도 무사히 첫 연봉 협상을 마쳤다. 나도 그렇고 대부분 우리 회사가 첫 직장이었다. 직원들 입장에서도 생전 처음 해보는 연봉 협상이었으므로 서로 그런 이야기가 매우 어색하고 어수룩했다. 이듬해가 되고 해를 거듭할수록 연봉 협상은 한 해의 시작을 알리는 중요한 과업 중 하나가 되었다. 직원들 입장에서는 이 회사가 나를 계속 인정해주는가, 이 회사를 계속 다닐 것인가를 판가름 짓는 중요한 시험대였다. 회사로서는 이 협의를 잘 마쳐야 긴 한 해에 두고두고 재정 부담을 갖지 않을 수 있었다. 직원들은 지난해 자신이 어떻게 일했고 새해에 어떻게 일할 것인가를 최대한 당찬 포부와 함께 소개한다. 회사도 그런 직원들의 사기를 북돋아주면서도 과도한 재무 부담을 지지 않기 위해 수차례 연봉 테이블을 수정하며 협상은 진행된다.

불편하던 연봉협상을 좋은 대화의 기회로 삼다 ———— 처음에는 말도 잘 못하고 이리저리 끌려다니며 협상을 했다. 어떤 해에는 내가 직접 모두를 대면해 협상을 한다는 것 자체가 너무 부담스러웠다. 임원들이 협상을 하고 나는 그 결과만 보고 받았다. 그러나 해를 거듭할수록 그런 종류의 이야기를 나누는 데 있어 점차 거리낌이 없어졌다. 그 계기는 회사가 잘될 때를 지나 다소 어려워지며 완전히 직접 재정을 통제하고 자금을 운영하며 현금 사정에 통달하게 된 이후였다. 어렵게 구해온 돈이 허투루 쓰이는 게 싫었다. 또 연말연시를 맞아 이 직원은 대체 무슨 생각을 하며 회사를 다니고 있는지 한 사람, 한 사람 만나 듣고 싶었다. 그래서 연봉 협상을 어려운 통과의례가 아니라 직원들의 생각을 듣고 나의 생각을 대답하는 일종의 소통 창구로 삼으려 하게 됐다.

그런 마음을 갖고 직원들을 만나니 대화가 훨씬 부드럽고 유익해졌다. 대뜸 연봉 얘기만 하는 게 아니라 지난해 회사에 다니며 느꼈던 점, 바라는 점들을 들었다. 새해에 회사가 해야 하는 것들, 중요하게 보아야 하는 것들을 자세히 소개도 해주었다. 그에 대해 또 각자의 직무 관점에서의 궁금증도 허심탄회하게 청취했다. 정말 신기했다. 단체로 만날 때는 선뜻 나오지 않던 의견도 일대일로, 특히 연봉 협상 자리에서 만나면 놀랍도록 많은 이야기가 거침없이 쏟아졌다. 그런 이야기들을 한바탕 토하고 나면 직원들은 매우 기뻐했다.

사장이 자신의 생각을 이렇게 진중하게 듣고 있다고 느낀 직원은 회사의 새로운 한 해는 물론 문화와 미래까지 더욱 신뢰하게 된다.

회사의 상황과 계획을 충분히 이해했으므로 회사 입장에서 생각하고 이해해준다. 그러고 나면 연봉 논의도 매우 원만히 합의에 이른다. 사장이 일대일로 직원들의 고민이나 의견, 커리어에 대한 상담까지 하다 보면 연봉 협상 자리는 어느새 너무나 좋은 새해 면담 자리가 되곤 한다. 사장이 직원들과 일대일로 대화하지 못하는 조직은 대부분 사장이 갖는 막연한 불편함이나 두려움 탓이 크다.

직원들의 비판은 회사를 아껴서 나오는 것

다른 유능한 스타트업 대표들은 이미 잘할지도 모른다. 적어도 어렸을 적의 나는 나보다 나이도 많고 때론 경력도 많은 직원들과 일대일로 대면해 회사에 대해 가감 없는 의견을 듣는 게 괜히 부담스러웠다. 나의 무능함을 나도 아는데 누군가 직접 지적하는 것에 대한 반사적 거부반응이었다. 지금은 매해 조금씩 변화하는 과정을 거쳐 직원들과 일대일로 대면하고 대화하는 것이 완전히 자유로워졌다. 이제는 나도 직원들에 대해 생각하고 있는 장단점과 기대치, 성과를 가감 없이 이야기한다. 회사나 나에 대한 직원들의 생각도 최대한 깊이 있게 청취하려 노력한다.

사업이 해를 거듭하며 이제야 직원들이 회사나 대표를 비판하는 이유가 불만이 아니라 회사를 아껴서, 같이 더 나은 곳으로 만들려는 마음임을 이해하였다. 내가 그들의 비판을 듣지 않으려 그들의 입을 막고 귀를 닫으면 그것은 내 그릇이 아직도 작은 것의 방증일 뿐, 회사의 어떤 문제도 해결되지 않는다.

좋은 사람들을 모아놓고 자주도 아니고 1년에 한두 번 그들과 마주해 그들의 정제된 생각을 받아들인다. 그것조차 불편해 한다면 과연 훌륭한 회사를 만들 자격이 있는 대표일까? 하여 요즘 나에게 매해 1월에 하는 연봉 협상은 아주 설레는 이벤트 중 하나다. 돌아보면 직원들은 결코 터무니없는 연봉을 요구하지 않는다. 사람은 대부분 합리적이다. 그들이 만약 회사가 생각하는 것보다 너무 차이가 많이 나는 연봉을 요구하는 경우에는 대개 그럴 만한 이유가 있다. 하다못해 과거 성과가 아니라면 그에 합당한 논리적인 새해 계획이 있다. 물론 그 둘 중 어느 경우에도 해당하지 못한다면 협의는 쉽지 않겠지만 정말 대부분의 경우에는 협의가 어려운 협상은 그리 많지 않다.

사장은 연봉 협상 시즌을 두려워할 것이 아니라 직원들이 회사에 대해 어떻게 생각하고 있는지 들을 좋은 기회라 생각하면 좋다. 또한 회사의 계획을 한 명, 한 명에게 차분히 설명할 좋은 자리인 것이다. 직원들 입장에서도 자신의 가치를 과거에 입각해 인정받는 기회인 것은 물론이요, 새해 각오와 비전, 계획을 어필하고 다짐하는 자리일 수 있다. 이것은 회사와 직원 양쪽 모두에게 대단히 도움이 된다. 내년부터는 두렵고 불편한 연봉 협상 자리를 소통과 비전 공유의 기회로 삼아보는 것은 어떨까?

슬럼프 극복하기

예전에 같이 일하던 동료가 찾아왔다. 이야기를 들어보니 스타트업에 처음 참여할 때는 매우 빠른 속도로 성장하고 배웠는데 1~2년이 지난 지금은 그 배움의 속도가 급격히 줄었다는 것이다. 그래서 더 빠르게 성장하는 다른 회사로 옮기거나 아예 좀 쉬며 다른 재미난 일을 찾아볼까 고민이란다. 나는 스타트업을 하는 것이 원래 그런 게 아닐까 하며 몇 가지 이야기를 들려주었다.

처음에는 어디나 배울 게 많다

스타트업에 처음 참여할 때는 조직에 아직 정비할 부분이 많다. 사업도 준비할 게 많고 거의 매일 새로운 문제를 만난다. 그러다 보니 마음 맞는 사람들과 머리 맞대고 문제를 풀어가는 과정이 그렇게 재미있을 수 없다. 새로운 사람들을 만나 서로 이해하고 맞춰가며 배우는 점도 매우 크다. 시간이 지나면 새로운 멤버가 합류하는 속도가 전보다 둔화된다. 맨날 만나는 사람만 만나게 된다. 그들에게 배울 수 있는 것이 많지 않다고 느껴진다. 회사 생활은 전보다 지루해진다. 스타트업은 언제나 같은 속도로 성장하지 않는다. 언젠가는 고민과 슬럼프를 겪게 된다. 어제오늘 일이 아니고 그 친구만의 일이 아닌 모두의 일이다.

나 역시 그랬다. 처음에는 회사 성장이 너무 빠르고 사람도 새롭고 하는 일도 몹시 기대됐다. 매일이 설레고 즐거웠다. 어느 날부터 일이 생각만큼 안 풀리고 성장이 둔화되자 사람에게도 일에도 조금씩 흥미가 떨어졌다. 전처럼 즐겁지 않고 오히려 회사 밖에서 만나는 스타트업 사람들로부터 더 자극을 받았다. 모임을 나가야 그나마 이 업계에 들어오기를 잘했다는 생각도 들었다. 그런 시기가 오자 회사 안에는 별로 배울 것이 없었다. 전처럼 큰 배움을 주는 일도, 사람도 없었다. 이제 여간한 자극으로는 큰 배움이 되지 못하는 지점이었다. 회사의 성장 속도는 거기 속한 개인의 성장 속도를 상회해야 즐거움이 오래간다. 항상 그럴 수 없기에 개인은 어느 시점에 처음으로 회사에 회의감을 갖게 된다. 나에게도 그런 시기가 온 것이었다.

내가 사장인데 어디 도망갈 수도 없었다. 이 모든 일은 내가 자초했으니 책임져야 하는 일들 아닌가? 사장인 나도 슬럼프에 빠지는데 직원들은 오죽 하겠는가? 그래서 슬럼프를 한참 겪고 나면 다시 문제를 해결하기 위해 마음을 굳게 다잡았다. '우리 조직을 이렇게 바꾸면 다시 활기가 돌까?', '새 프로젝트를 시작해야 할까?' 아니면 '매너리즘에 빠진 기존 프로젝트를 운영하는 방식에 수정을 가

해야 하나?' 그런 고민들을 하나씩 실행으로 옮기다 보면 긴 시간 속에 조금씩 답이 보였다.

그렇게 찾은 답을 열심히 노력해 적용하면 조직은 다시 조금씩 속도를 되찾는다. 직원들도 다시 재미와 배움을 느낀다. 조직은 예전 속도를 회복해 다시 모두가 정신없이 뛴다. 돌아보면 스타트업에서 일하는 것은 러닝 커브Learning Curve(학습 곡선)가 급격히 감속됐다 다시 회복됐다를 꾸준히 반복하는 영원한 싸움이었다. 결코 항상 배움이 크고 즐겁지는 않았다. 회사에 돈이 많아도 별로 배울 게 없으면 출근하는 발걸음이 쉽게 떨어지지 않았다. 반면 가난해도 꿈이 있으면 더 즐거운 날도 많았다.

여기서 풀지 못하면 딴 데 가서도 풀지 못한다

그 후배에게 어차피 회사를 나갈 거라면 나중에 후회가 남지 않도록 한번 원 없이 싸워 보고 나가라 조언했다. 그게 사장의 문제인지, 제품의 문제인지 아니면 함께 일하는 멤버들과의 문제인지 모르지만 '무엇이 되었든 노력도 안 해보고 포기하면 서로 발전하지 못한다' 이야기했다. 회사가 커지면 사람 문제든 제품 문제든 갈등은 발생할 수밖에 없다. 작은 회사에서든 큰 회사에서든 마찬가지다. 작은 회사에서 마주한 문제를 풀 수 없다면 다른 큰 회사에 가서도 마찬가지다.

물론 더 빨리 성장하는 스타트업으로 옮겨 타는 게 커리어에 좋아 보이고, 더 재미있어 보일 수 있다. 하지만 그 회사 역시 성장 속도가 영원히 유지되지는 않는다. 아무리 빨리 올라가는 로켓도 언젠가는 둔화되고 정체되는 날이 온다. 그때 마주할 문제는 지금 이 회사에서 마주한 문제와 크게 다르지 않을 수 있다. 지금 몸담고 있는 이곳에서 풀어내지 못한 문제는 다른 곳에 가서도 여전히 매우 곤란한 문제가 될 수 있다. 지금 여기서 풀어내면 다른 어느 회사를 가거나 스스로 창업을 해서도 이미 풀어본 문제가 된다. 문제를 포기해버리는 것과 후회 없이 스스로 끝까지 풀어보다 실패하는 것은 근본적으로 다르다. 후회 없이 풀어보아야 실패에 대해 반성도 하고 다른 조직에서 같은 문제를 마주했을 때도 더 잘 풀 수 있다.

사장과 강하게 대립도 해보고 정체된 멤버들에게 자극도 해보면서 최대한의 노력을 기울이는 사람들이 조직에 한둘이라도 있으면 그 조직은 지금 비록 정체됐더라도 다시 심장이 펄떡댈 기회가 있다. 사장의 과제는 조직이 정체된 것이 문제가 아니라 정체된 조직에 불쏘시개 역할을 해줄 사람을 찾는 것이다. 그들이 회사를 떠나지 않고 문제에 정면으로 맞서도록 설득하는 것이다. 사장도 문제를 해결하려 노력하겠지만 혼자서는 무엇도 바꾸지 못한다.

사장이 포기하지 않으면 회사는 죽지 않는다

———————————————— 운이 좋게도 여러 번의 깊은 슬럼프에 빠졌을 때 나를 도와 멈춘 심장을 다시 뛰게 한 열정 있는 직원들이 있었다. 항상 슬럼프에 빠진 조직은 그 작은 불쏘시개들의 노력으로 인해 조금씩 희망을 되찾는다. 그 노력이 제품과 실적의 개선, 신규 사업의 시작 등으로 이어지며 예전 속도를 조금씩 되찾아간다. 회사는 그렇게 끈질긴 생명력을 가지고 긴 세

월 사업을 계속해간다. 아주 어려운 상황의 회사라도 사장 스스로 멈추지 않으면 회사는 결코 망하지 않는다. 남이 망하게 할 수 있는 게 아니다. 사망 선고는 사장 스스로가 내리는 것이지 파산 법정이 내리지도, '갑님'이 내려주시는 것도 아니다. 사장과 핵심 우군들의 전의(戰意)가 그 무엇보다 중요하다.

지극히 자연스러운 업 앤 다운Up & Down의 사이클을 이해하는 스타트업 종사자가 되면 회사의 슬럼프를 개인의 슬럼프와 연결하지 않을 수 있게 된다. 오히려 회사의 슬럼프를 개인이 또 한 차례 성장하고 배움을 얻을 기회로 여기게 된다. 성장하는 로켓은 언제나 찾아서 옮겨 다닐 수 있지만, 정체된 로켓을 살려 다시 우주로 보내는 경험은 아무나 할 수 있는 것이 아니기 때문이다. 제작자이자 기업가로서 더 큰 그릇이 되고자 한다면 러닝 커브의 감속에 수동적으로 반응해서는 안 된다. 스스로 자신의 러닝 커브를 통제하고 변화를 줄 수 있는 사람이 되어야 한다. 나도 아직 멀었지만 적어도 이제는 이 조직에 가르쳐줄 사람이 없다고 쉽게 실망하지 않는다. 생각만큼 노력한 결과가 안 나왔다고 금세 좌절하지도 않는다. 그 어려움 속에서 아무나 얻지 못하는 나만의 노하우가 쌓인다.

스타트업에서는 누구나 많이 배운다. 그것은 스타트업이 대단히 특별해서가 아니다. 사업이 처음이라 모든 것이 걸음마 수준이라 그렇다. 진짜는 내 수준을 남들보다 획기적으로 높일 더 난해하고 어려운 문제를 풀어보는 것이다. 누가 봐도 힘든 곳에서, 누가 봐도 안 될 사람들과 누가 봐도 어려운 문제를 마침내 풀어낼 때, 나는 로켓의 상태야 어떻든 그 로켓보다 훨씬 값진 개인이 된다.

CEO의 보상과 자기 관리

일을 하다 보면 대표도 지친다. 사업이 생각한 대로 굴러가는 일은 드물다. 아무리 잘된 회사도 아이템을 여러 번 바꾸고 실패한 사업도 수두룩하다. 나가는 사람도 많고 큰 회사에서 무시받는 일도 다반사다. 비슷한 때 시작한 다른 창업자는 나보다 훨씬 사업을 잘하는 것 같다. 그러다 보면 아무리 에너지 넘치는 사람도 항상 그 에너지를 유지하기 쉽지 않다.

책임은 제일 크고 보상은 못 받는 사람

대표는 회사를 나갈 수도 없다. 다른 사람은 다 나갈 자유가 있다. 직원은 물론이고 임원도 마찬가지다. 심지어 공동 창업자라 해도 못 나가게 강제할 수단은 없다. 대표는 회사에 투자한 주주들에 대한 일차적인 책임을 진다.

회사가 꾼 돈이 있다면 채권자에 대한 책임도 있다. 은행에서 돈을 빌리려면 대표의 연대보증도 필수다. 대표는 아무리 지쳐도 회사를 떠날 수 없다.

보상은 어떨까? 대부분의 대표는 직원들 월급 다 주고 마지막에 자기 몫을 가져간다. 물론 회사가 돈을 잘 벌면 많이 남겠지만 창업 초기 기업은 돈이 항상 부족하다. 자기 몫을 거의 가져가지 못하는 경우도 많다. 오히려 자기 돈을 내면서 회사를 다니는 경우도 있다. 직원들 월급 주는 문제는 사장으로서 가장 기본 능력이기에 회사에 돈이 없으면 자기 돈으로 메워야 한다.

회사에 낸 돈은 나중에 받을 수 있을까? 주위에서는 받은 경우를 거의 못 봤다. 나 역시 위자드웍스에 낸 개인 돈이 수억 원이다. 물론 못 받았다. 회사가 망하면 당연히 못 받는다. 회사가 잘돼도 마찬가지다. 어렵게 순이익 조금 생겨봐야 대표가 그 돈을 받아가면 회사에는 다시 돈이 부족해진다. 결국 대박이 나지 않는 한 대표가 회사에 낸 돈 받아갈 기회는 매우 희박하다.

대표는 지분이 있다. 회사가 잘되어 상장을 하거나 매각을 하게 되면 지분은 실제 자산이 된다. 상장의 경우 엄밀히 따지면 보유 지분의 가치이지 실제 현금이 아니다. 상장사의 최대 주주 지분은 회사를 통째로 매각하지 않는 한 시장에 함부로 내다 팔 수 없다. 대표가 그 지분 가치만큼의 현금을 당장 갖지는 못한다. 오로지 매각만이 큰 현금을 창업자가 손에 쥘 수 있는 방안이 된다. 모두 아는 것처럼 회사 매각은 흔한 일이 아니다. 오히려 소액주주는 중간중간 주식을 팔아 수익을 창출할 기회가 있다. 창업자 지분은 중간에 조금씩 매각하기도 어렵다. 창업자가 실제 창업을 통해 큰 보상을 얻을 기회는 아주 희소하다. 이에 창업자 지분의 현금화는 거의 '희망 고문'에 가깝다.

사장으로의 금전적 희생을 멈추라

창업자는 생각보다 길어질 수밖에 없는 사업에 어떻게 대처해야 하는가? 지치는 것은 사람이니 당연한 일이다. 지쳐도 다시 힘을 찾을 수 있는 방법은 무엇인가? 이 문제에 대해 많은 선배 사장들은 내게 우선 사장으로의 금전적 희생을 줄이라 조언했다. 사장이 주주 생각한다고 직원들보다 적은 연봉을 가져가는 것, 어려울 때 회사에 내놓은 돈을 회사 생각해 다시 안 받아가는 일을 멈추라는 것이다. 회사가 1인 개인사업자가 아닌 한 창업자 말고 다른 주주도 있고 직원도 많다. 창업자는 이제 여러 사람이 함께하는 법인의 대표다. 마치 개인사업자 운영하듯 하지 말라는 것이다. 회사가 어려울 때 돈은 넣을 수 있는데 회사가 다시 잘돼도 못 받아가는 것은 딱 '나는 곧 회사인데, 회사는 내가 아닌' 꼴이다. 짝사랑이자 다분히 비정상적 자기희생 관계다. 창업자가 회사를 너무 사랑하는 나머지 그러는 것은 알겠는데 이는 창업자의 착각일 뿐이다.

선배 사장들은 망해도 보고 신용 불량자도 되는 등 별일을 다 겪으며 결국 사장이 돈을 가지고 있어야 한다는 결론에 이르렀다. 사장이 돈을 좀 갖고 있어야 회사의 큰 그림을 그리며 멀리 볼 수 있게 된다. 돈이 있어야 자신감도 생기고, 그래야 다른 사장들을 자신있게 만나며 양질의 정보도 얻을 수 있다. 그런 만남과 정보들이 옳은 의사 결정의 도구로 쓰이고 눈앞의 이익보다 장기적인 안목으로 경영할 수 있게 된다. 사장이 돈 좀 있어야 누구보다 늦게 퇴근하고 외근이 많은 특수 상황에도 가정의 평화를 지킬 수 있다. 집안이 편안하지 않은데 어찌 조직을 제대로 생각하고 직원을 일일이 챙길 수 있겠는가? 따라서 사장이 다 갖다 퍼주고 희생만 해서는 결코 회사가 제대로 돌아가지 않는다.

그러나 그 어떤 주주도 회사의 유보금(이익)을 사장이 많이 가져가라고 이야기하지 않는다. 사장의 연봉이나 보너스가 높아지면 주주 이익이 그만큼 줄어들기 때문이다. 직원들은 사장 월급이나 보너스에 대해 잘 모르긴 하지만 역시 누구 하나 나서서 사장이 가장 먼저 경제적 안정을 누려야 한다 말하는 사람은 없다. 그저 그 모든 것은 사장 스스로의 결심이 필요한 일이다.

사장이 결심해 자기 연봉이나 보너스를 올려야 한다. 매우 힘든 일이지만 회사가 어려움을 극복하고 다시 올라왔다면 응당 해야 할 일이다. 그 위기를 극복한 사람이 바로 사장이기 때문이다. 물론 직원들도 함께했다. 고생한 직원들에 대한 보상도 잊지 말아야 한다. 하지만 사장이 직원들 연봉 다 올려주고 마지막에 남는 돈 고려해 올리는 것 역시 아니다.

사장은 회사의 운명에 자기 운명을 연동한다

———————————— 회사가 잘될 때에는 사장에 대한 보상을 사내 최고 수준으로 유지할 필요가 있다. 처음에는 선배들의 이야기에 반대했지만 10년간 줄곧 한 회사를 뛰어

본 결과 앞선 논리들에 결국 동의할 수밖에 없었다. 사장은 회사 운명에 자기 운명을 연동한다. 회사가 어려워지면 사장은 돈 꿔다 넣느라 제일 먼저 신용 등급이 떨어진다. 회사 빚에 연대보증도 서고 신용 불량자도 된다. 더 안 좋으면 감옥에도 간다. 그러나 어느 주주도, 직원도 그런 사람은 없다. 그런 희생과 노력에 대한 보상은 언제 현금화될지 모를 지분 하나만으론 턱없이 부족하다.

그렇다고 사장이 터무니없이 많은 연봉과 보너스를 가져가라는 말은 아니다. 이는 우선 주주들의 견제로 실현되기 어렵고 주주들은 주주총회에서 임원의 연봉 총액 한계를 정하는 방법으로 제한할 수 있다. 예를 들어, 임원이 3명이라면 임원 3명의 연봉 총액을 5억으로 제한하는 것이다. 이 경우 회사가 아무리 돈을 잘 벌어도 임원 개개인이 받아갈 수 있는 연봉에는 제한이 걸린다. 이 같은 방법으로 주주들은 임원과 감사의 보수를 통제할 수 있다. 성과에 연동해 영업이익의 몇 % 수준을 유지할지 합의할 수도 있다.

직원들이 월급을 못 받고 있는데 사장만 높은 월급을 받아간다든지, 모두를 속이고 자기만 높은 보상을 유지한다면 비난받아 마땅하다. 매출도 없는데 단순히 투자받은 돈이 많다고 하여 연봉을 비정상적으로 올려도 안 된다. 이런 일들은 도덕적 해이의 전형이다.

사장이 높은 연봉을 받아야 하는 이유는 생활의 안정과 마음의 여유를 통해 회사 경영을 더 잘하라는 의미다. 맨 마지막에 보상받던 것을 직원들과 같이 보상받자 그 말이다. 그래야 지치는 것도 좀 줄이고 지치더라도 최대한 빨리 회복할 수 있다. 사장의 빠른 회복은 회사의 분위기를 반전시키는 중요한 구심점이 된다.

사장도 개인적인 탈출구가 있어야 한다

———————————— 사장의 회복과 충전에 도움이 되는 조언을 더 하자면 사장은 회사를 떠나 각자 자기만의 탈출구가 있어야 한다. 나는 친한 사장을 만나 술을 마시며 노는 자리를 통해 스트레스를 풀었다. 물론 술로 푸는 것은 몸을 해치니 별로 좋지 않은 취미다. 그것이 정기적인 운동이 되면 참 좋을 것이다. 나이가 들면서 나도 취미가 다방면으로 옮겨갔다. 20대 후반 들어 그림을 좋아하게 되었는데 마침 경매에 내가 좋아하는 작가의 그림이 나왔다. 당시는 회사고 개인이고 어려워진 때로 기억하는데 주제에 안 맞게 그 그림이 자꾸 생각났다. 그래서 마이너스 통장으로 그림을 샀다. 그게 심신이 다 지친 당시의 나로서는 유일한 탈출구였다. 결국 그림 사고 나서 회사도 새로 한 아이템이 잘돼 돈을 벌고 나도 은행 빚을 갚을 수 있었다.

내가 산 그림이 어떤 동력이 되었는지는 알 수 없다. 그러나 사장도 하고 싶은 것 한두 가지쯤은 하고 살아야 한다. 생각보다 하고 싶은 일을 거의 누리지 못하고 사는 것이 스타트업 사장이다. 회사 밖에서 한두 가지 하고 싶은 일이 생겼다면 그 정도는 자기를 위해 투자할 수 있어야 한다. 그래야 기쁨도 얻고 힘도 생긴다. 사업 한두 해 하고 말 것도 아닌데 화병도 안 생기고 롱런할 수 있다. 행복하게 하고 싶은 일 하며 살려고 창업한 것 아닌가?

마지막으로 CEO의 자기 관리는 한마디로 '절제'라고 강조하고 싶다. 사업하며 최대한 법 지키려 노력하고 사람들과 안 좋게 헤어지지 않으려 노력하는 것, 놀 때는 놀더라도 스스로 설정한 선을 지키는 것, SNS를 하더라도 자중하는 것, 장소나 상황에 맞게 나를 낮추는 것, 실수한 게 있으면 빠르게 인정하고 사과하는 것, 멀어진 사이가 있으면 반성하고 다시 가까워질 기회를 모색하는 것, 그런 인식과 노력들이 조금씩 켜켜이 쌓여 나를 조금 더 나은 사장으로 만들어준다.

그러기 위해서는 엄청난 시간이 필요하다. 처음부터 잘하는 사장도 분명히 있다. 그러나 오래 보면 그 그릇도 그다지 큰 것은 아니다. 잘한다는 소리 깨나 듣던 젊은 사장들도 그냥 제 작은 그릇 안에서 재주부리는 것일 뿐, 잘한다는 말이 그릇의 크기를 반영하지는 않는다. 그릇의 크기는 시간과 경험에 비례해 아주 천천히 정직하게 성장한다. 그것이 바로 사장이라는 자리의 난이도가 모두에게 공평한 이유요, 매일매일 해도 여전히 두려운 까닭이다.

CHAPTER 7

엑시트할 것인가, 피벗할 것인가?

요즘도 새로운 유행에 올라탄 많은 스타트업이 있다. 그중 일부는 과거 게임 회사를 할 때의 나처럼 전문성이 그리 높아 보이지 않는 팀도 있다. 어떤 분야가 뜬다고 하니 우선 창업에 나선 경우다. 유행에는 투자자들도 민감하다. 유행에 올라탄 회사는 투자도 비교적 수월하게 받는다. 그러면 사장도 그 사업을 잘 모르고 투자자도 잘 모르는 희한한 회사가 탄생한다.

사장이나 경영진이 잘 모르는 사업을 벌이게 되면 필연적으로 불필요한 사람을 많이 뽑는다. 누가 필요한지 잘 모르기 때문에 일단 필요해 보이는 자리를 모두 채운다. 회사에 돈이 있으면 불필요한 사람의 수는 더욱 더 늘어난다. 그렇게 회사에 들어온 많은 사람은 자기 필요성을 검증해야 하므로 불필요한 일을 마구 만든다. 사장은 그 일의 경중을 따지지 못하므로 비용이 마구 샌다. 결국 회사는 집중력을 잃고 그 사이 전문성을 가진 경쟁사가 치고 나간다.

업의 본질만 생각하라

시장 기회만 보고 뛰어든 '묻지 마 창업'

2010년 미국에서 '소셜 게임'이 큰 인기를 누리고 있었다. 한국에서도 이런 게임을 빨리 만들면 잘될 듯했다. 마침 한국의 1등 소셜 네트워크 서비스였던 싸이월드에서 파트너 제안을 해왔다. 그래서 루비콘게임즈라는 게임 개발사를 설립했다. 내가 게임 개발을 전혀 모른다는 점, 심지어 게임을 그리 좋아하지도 않는 점은 무시하고 말이다. 게임을 좋아하고 만들고 싶은 사람만 모으면 해볼 만하다 생각했다. 구인 글을 열심히 올렸다. 주위에도 소개를 부탁했다. 당시로는 생소한 소셜 게임을 개발할 멤버 8명을 모아 개발을 시작했다. 그렇게 6개월여 만에 첫 게임을 냈다. 2년간 총 6종의 게임을 출시했다. 그러나 다른 개발사들과의 경쟁에서 밀려 이렇다 할 성과를 내지 못했다. 결국 뼈아프게 회사를 접어야 했다.

우리가 망한 직후에 카카오 게임이 등장했다. 한국에서 모바일 소셜 게임 열풍이 불기 시작했다. 같이 라면 먹던 여러 개발사들이 1, 2년 만에 상장사가 되었다. 같이 일하던 멤버들은 소셜 게임을 아주 초기에 경험했기에 대형 게임사로 이직을 잘했다. 몇 년이 지난 지금은 대부분 임원급, 팀장급으로 좋은 성과를 내고 있다. 동료들의 안착은 불행 중 다행이다.

나는 그 일 이후 스스로 잘 모르는 분야에서 창업하는 것을 매우 경계하게 됐다. 당시 카카오 게임으로 큰 성공을 거두고 상장까지 이룬 회사들은 공통점이 있다. 사장부터 게임을 정말 좋아하고 이미 만들어본 경험이 있었다는 점이다. 즉, 시장 기회를 먼저 보았다고 해서 그 일을 정말 좋아하는 사람이나 이미 해본 사람을 이기기는 쉽지 않다는 말이다. 우리도 괜찮은 멤버를 뽑아서 게임을 아주 그럴 듯하게 만들 수는 있었다. 그러나 게임을 자세히 뜯어보면 고민의 깊이가 부족했다. 사용자를 게임에 오래 머물게 하는 노하우나 축적된 기술 같은 것은 단기간에 따라 하기 어려웠다. 단지 시장 기회에 대한 욕심과 의지만으로는 그 업을 오래 해온 사람을 이기기 쉽지 않았다.

유행처럼 온 사업들과 검증

——— 그때의 실패 경험 이후 나는 사업 기회가 보인다고 바로 실행으로 옮기지 않는다. 남보다 잘할 수 있는 일인가, 꾸준히 좋아할 수 있는 일인가를 몇 달간 생각해본다. 최근 몇 년만 보더라도 IoTInternet of Things(사물 인터넷)나 O2OOffline to Online(한국에서만 주로 쓰는 '콩글리시'로 배달 앱, 부동산 앱처럼 오프라인의 영역을 모바일로 옮겨온 서비스들을 일반적으로 통칭한다.), MCNMulti Channel Network(단순히 설명하자면 일반인 유튜브 스타를 모아 산업화하는 것) 같은 테마들이 등장했다. 언론에서 금방 새로운 세상이 열릴 것처럼 앞다퉈 보도하자 이들 테마를 따르는 회사도 급격히 불어났다. 더 최근에는 드론이나 자율 주행차, 포켓몬 GO 이후 ARAugmented Reality(증강 현실), 그리고 알파고AlphaGo(구글 딥마인드에서 개발한 머신 러닝 프로그램)와 이세돌 9단과의 대결 이후에는 AIArtificial Intelligence(인공 지능)가 비슷한 유행을 탔다.

유행처럼 온 테마는 또 다음의 유행에 의해 순식간에 사라진다. 잘 모르면서 단지 유행에 편승해 '저기에 기회가 있을 것 같아' 하고 시작하면 유행이 끝날 때 걱정이 엄습한다. 유행의 중심에 서 있을 때 사장은 빨리 수익 모델을 찾거나 다음 투자를 이끌어내야 한다. 유행은 조금만 시간이 지나면 사람들이 회의감을 갖는다. 검증을 시작한다. 그럴 때 매출이 장기적으로 성장하는 것이 입증되면 유행은 새로운 산업으로 커진다. 그러나 매출과 성장이 입증되지 않으면 그것은 흘러가는 유행이 된다. 과거로 보면 웹 2.0이 그랬고 UCC나 SNS, 수익 모델이 없는 많은 모바일 앱들이 그랬다. 최근에는 IoT나 O2O가 대표적인 검증의 시험대에 올라 있다.

업의 본질에만 집중한다면 처음이라도 기회가 있다

요즘도 새로운 유행에 올라탄 많은 스타트업이 있다. 그중 일부는 과거 게임 회사를 할 때의 나처럼 전문성이 그리 높아 보이지 않는 팀도 있다. 어떤 분야가 뜬다고 하니 우선 창업에 나선 경우다. 유행에는 투자자들도 민감하다. 유행에 올라탄 회사는 투자도 비교적 수월하게 받는다. 그러면 사장도 그 사업을 잘 모르고 투자자도 잘 모르는 희한한 회사가 탄생한다.

사장이나 경영진이 잘 모르는 사업을 벌이게 되면 필연적으로 불필요한 사람을 많이 뽑는다. 누가 필요한지 잘 모르기 때문에 일단 필요해 보이는 자리를 모두 채운다. 회사에 돈이 있으면 불필요한 사람의 수는 더욱 더 늘어난다. 그렇게 회사에 들어온 많은 사람은 자기 필요성을 검증해야 하므로 불필요한 일을 마구 만든다. 사장은 그 일의 경중을 따지지 못하므로 비용이 마구 샌다. 결국 회사는 집중력을 잃고 그 사이 전문성을 가진 경쟁사가 치고 나간다.

100% 이해하는 일을 해도 성공하기 쉽지 않다. 하물며 유행에 편승해 공부해가며 하는 사업이 과연 기대만큼 성공할 수 있을까? 물론 시장의 모두가 처음 겪는 사업이라면 학습 시간이 있을지도 모른다. 그러나 경쟁사는 나의 공부 시간을 기다려주지 않는다. 잘 모르는 사업에 뛰어들 때는 스스로의 역량은 물론 내 관심의 지속 가능성, 시장의 경쟁 현황, 시장 자체의 지속 가능성을 두루 따져야 한다.

만약 그런 고민 끝에 회사를 만들기로 했다면 목표는 유명한 회사가 되거나 밸류에이션을 높이는 것이 되어서는 안 된다. 유행을 이용한 치고 빠지기 식의 인수 합병을 바라서도 안 된다. 그런 인수 합병은 결코 일어나지 않는다. 반드시 안정적이고 지속적인 수익을 내는 회사나 오래 가는 회사를 목표로 삼아야 한다. 그런 건강한 목표를 지향해야만 비로소 경험이나 전문성의 부족을 노력의 힘으로 극복할 수 있다. 그런 점에서 게임 개발사의 건전한 목표는 좋은 게임 만들기이어야 했다.

나는 소셜 게임의 유행에 올라타 높은 밸류에이션으로 투자를 받거나 멋있는 회사를 만들어 단시간에 큰 회사에 매각하는 것이 목표였다. 지금도 그런 생각을 하는 스타트업이 적지 않을 것이다. 장담하건데 그런 꿈을 꾼다면 결코 원하는 것을 얻을 수 없다. 사업은 무조건 처음 생각보다 오래 걸린다. 일시적으로는 거짓을 끼울 수 있을지 몰라도 시장은 금세 진짜를 알아본다. 결국에는 진짜만이 살아남는다. 오로지 일의 핵심에만 집요하게 집중한 사장과 팀만이 꿈을 이룬다. 많은 스타트업 대표들이 나의 실수를 반복하지 않기를 바란다.

아이템을 바꿀 때 주의해야 할 것들

위자드웍스는 2006년 창업 후 현재까지 11년간 사업 아이템을 여섯 번 바꿨다. 개인화 포털로 시작해서 위젯 사업, 소셜 게임, 모바일 앱, 클라우드 노트, 그리고 지금의 모바일 키보드 사업에 이르기까지. 제품별로 살펴보면 200개의 모바일 앱과 10가지 게임, 교육용 솔루션부터 디지털 펜 하드웨어까지 종잡아 300가지는 내놓았다. 수도 없이 시도했지만 그중에 성공한 아이템이나 제품은 몇 개 없었다. 그럼에도 절체절명의 순간에 꼭 하나가 히트해 회사를 살리고 성장을 이끌었다. 그간 사업 아이템을 바꾼 과정과 거기서 배운 점을 공유해본다.

개인화 포털에서 테마 키보드까지

—— 우리는 네이버, 다음이 비슷한

정보만 일률적으로 제공한다는 점에 착안해 개인들이 필요한 정보를 골라서 볼 수 있는 개인화 포털로 창업했다. 이 포털을 일반인이 많이 써주길 바랐지만 대중의 인기는 끌지 못했다. 그러다 2007년 미국에서 아시아 100대 유망 벤처로 선정되며 삼성그룹에 의해 채택된다. 삼성그룹 전 계열사에서 쓰는 그룹웨어에 우리가 만든 개인화 포털이 탑재된다. 첫 고객이 워낙 좋았던 까닭에 이후 영업이 잘되어 교육부 등 정부에도 납품을 했다. 이로써 우리는 개인용 제품에서 기업용 제품으로 자연스레 첫 번째 피벗Pivot(사업 아이템 변경)을 이룬다.

한창 기업용 제품을 팔다가 다시 개인용 제품을 하고 싶다는 생각에 2008년 당시 생소하던 위젯 사업에 뛰어들었다. 가젯, 포틀릿 등 다양한 이름으로 불리던 것을 우리가 회사 이름을 따서 위젯이라고 통칭했다. 위젯 전문서적 집필을 지원하고 전국으로 위젯을 소개하는 강의를 다녔다. 위젯 컨퍼런스를 열고 위젯 마케팅이라는 분야를 새로 만들어 위젯을 활용한 광고 상품을 개발했다. 이것이 큰 히트를 기록해 정부부터 삼성전자, 현대차 등 200개사가 우리와 위젯 마케팅을 같이 했다. 결국 네이버, 다음과도 계약해 하루 1500만 명에게 위젯을 제공하는 1등 위젯 업체가 되었다. 이게 두 번째 피벗이었다.

그러다 당시 국내 1위 소셜 네트워크 서비스이던 싸이월드에서 연락이 온다. 미국의 위젯 회사들이 소셜 네트워크 서비스 위에서 돌아가는 앱 개발로 많이들 옮겨갔다며 같이 신사업을 하자는 제안이었다. 우리는 마다할 이유가 없어 관련 팀을 꾸린다. 나중에 이 사업은 루비콘게임즈라는 별도 회사로 독립해 2012년까지 여섯 개의 소셜 게임을 만들게 된다. 이것이 우리의 세 번째 피벗이었다.

2009년 한국에 아이폰이 출시되며 본격적으로 스마트폰 시대가 열렸다. 이로 인해 PC 기반이던 우리의 위젯 사업과 소셜 게임 사업에 급격한 위기가 닥쳤다. 마침 당시 위젯 사업부에서 SK텔레콤에 피처폰Feature Phone(스마트폰 이전에 쓰던 핸드폰)용 모바일 위젯을 공급하고 있었다. 그 인연으로 SK텔레콤에서 자체 스마트폰 앱스토어인 T스토어가 나올 때 런칭 파트너가 될 수 있었다. 우리는 T스토어에 100종에 가까운 앱을 개발해 제공했다. 머지않아 KT 올레 마켓과도 계약할 수 있었다. 하여 2012년까지 200종이 넘는 앱을 개발해 국내 통신 양사에 공급했다. 이로써 PC로 시작한 회사가 무사히 스마트폰 시대로 건너오며 살아남을 수 있었다. 우리의 네 번째 피벗이었다.

매우 많은 앱을 만들고 있고 2011년까지 100만 다운로드 이상 앱을 7개나 만들었음에도 사람들은 우리가 어떤 앱을 만드는지 몰랐다. 워낙 박리다매로 200종의 앱을 만들다 보니 발생한 결과였다. 이에 우리는 고민 끝에 통신사가 돈을 주는 납품형 앱 개발에서 일반 고객이 돈을 내는 모델로 바꾸기로 결정한다. 그렇게 만들게 된 것이 클라우드 노트 앱인 솜노트다. 앱 개발 일감과 통신사가 주는 돈을 마다했다. 1년 이상 손해 보며 2012년 봄에 나온 솜노트는 당시 카카오의 눈에 띄어 카카오톡과 제휴하게 된다. 덕분에 300만 회원을 빠르게 모으게 되고 일본에도 진출해 1등을 하게 된다. 다섯 번째 피벗이었다.

솜노트는 2013년 '국가대표 모바일 앱'으로 선정돼 바르셀로나에서 열리는 '모바일 월드 콩그레스'에도 전시된다. 500만 명에 가까운 사용자에도 불구하고 유료 결제 회원이 적어 우리는 수익을 크게 내지 못했다. 2년 적자를 보며 제품을 개선했다. 심지어 솜노트와 연동되는 디지털 펜인 '솜펜'도 출시해 하드웨어까지 팔아봤다. 그러다 2014년 초부터 신사업 아이템을 다시 모색한다. 그 과정에서 600만 다운로드한 국내 1등 모바일 키보드 앱을 발견한다. 불행인지 다행인지 개발이 중단된 채 2년간 방치되어 있었다.

개발사 대표와 평소 친분이 있었기에 향후 수익을 공유하기로 하고 2014년 가을 해당 키보드 앱을 인수한다. 리뉴얼을 거쳐 그해 12월 새로 출시한 '테마 키보드'는 한국 구글 플레이 전체 2위를 일주일간 차지한다. 이 앱은 2017년 현재까지도 매일 50만 명이 쓰고 있다. 테마 키보드가 수익화에 성공해 마침내 2015년 기업 납품이 아니라 일반 고객 사업으로 순이익을 내는 회사가 되었다. 이후 솜노트도 유료화에 성공해 국산 노트앱으로는 처음으로 매월 흑자가 나고 있다. 현재는 처음 창업 당시 꿈꾸던 대로 회사의 모든 매출이 대중 서비스를 통해 발생하고 있다. 여섯 번째 피벗이었다.

피벗으로부터 배운 것들

대내외적인 숱한 변화 속에서 여러 차례의 피벗을 통해 살아남으며 배운 일부는 다음과 같다.

첫째, 피벗 결정은 과단해야 한다.

과감할 뿐 아니라 단호해야 한다. 시간을 지체하면 기회는 그만큼 줄어든다. 사장이 고민을 거듭하면 시장 기회가 급격히 줄어든다. 우리 역량으로 시장을 반전시킬 능력이 없다면 피벗을 고려해야 한다. 피벗 대상은 시장 기회가 성장하고 있고, 그 시장이 지속 가능할 것으로 예상되며, 우리 회사 역량으로 시장을 선점할 수 있을 것으로 보일 때 적절한 타깃 지점이 된다.

막상 신사업을 하기로 했으면 어제까지 집중하던 사업이라도 당장 지원을 줄이고 비용을 최소화하는 결단이 필요하다. 그런 결정을 내리게 된 배경과 과정, 사장이 무슨 생각을 하고 있고 다음 비전이 어디에 있는지 가급적 신속하게 전사적으로 공유하라. 빠르고 솔직한 커뮤니케이션은 임직원의 이해를 구하고 조직의 이탈과 와해를 막는 데 반드시 필요하다.

둘째, 신사업 팀은 점령군이 되어서는 안 된다.

신사업을 추진하기로 했더라도 기존 사업 팀이 당장은 훨씬 크다. 아직 기존 사업이 회사를 먹여 살리고 있다. 또한 신사업의 성패가 어떻게 될지 아무도 모른다. 그럼에도 신사업 팀은 회사 내에서 독특한 지위를 가진다. 사장과 모든 임직원의 관심을 받게 되고 회사의 자원이 집중적으로 지원된다. 당연히 신사업 팀에 속한 사람들은 우쭐해진다. 자신이 뭔가 대단한 일을 하고 있다고 느낀다. 기존 사업 팀에 속한 훨씬 많은 사람들은 점차 소외감을 느낀다. 곧 종료될 업무라는 생각에 의욕이 사라진다. 그러다 보면 회사를 떠나는 이들도 생긴다.

회사를 떠날 생각을 하는 사람들 사이에서 같은 공간을 공유하며 신사업을 열정적으로 추진하기란 매우 어렵다. 신사업 팀의 업무 효율에도 부정적인 영향을 미친다. 신사업 팀에 속한 사람들 일부가 기존 사업 팀에서 옮겨갔을 경우는 더하다. 과거에 동고동락하던 동료들과 운명을 달리하게 되어 사내 분위기가 더욱 안 좋아진다. 따라서 신사업 팀은 주요 사업이 되기 전까지 절대 회사의 점령군처럼 요란하게 사업을 추진해서는 안 된다. 또한 그들이 그렇게 되지 않도록 사장과 경영진이 응원해주되 오만해지지 않게 관리가 필요하다.

셋째, 피벗은 과거 사업의 경험과 노하우가 도움이 되는 분야가 좋다.

위젯의 가능성은 개인화 포털 하면서 위젯을 만들어보고 이용 통계를 통해 깨달았다. 덕분에 누구보다 빠르게 만들 수 있었다. 스마트폰 앱 수급 사업자가 된 것도 다년간의 위젯 사업으로 모바일 위젯을 만든 경험 덕이었다. 남들보다 조금 먼저 작은 모바일 화면을 구성하는 시도를 해봤기 때문이다. 기존의 거래선도 다음 사업 때 빨리 매출을 일으키는 데 큰 도움이 되었다. 소셜 게임을 만들어본 경험은 나중에 앱을 만들 때 남들보다 더 재미있는 앱을 기획하는 데 도움이 되었다. 솜노트 한 제품에 2년 넘게 집중한 경험은 이후 테마 키보드를 출시 후 단숨에 한국 전체 2위에 올리는 원동력이 됐다.

피벗을 통해 서로 전혀 다른 사업을 해온 것 같지만 실은 기존 사업의 역량과 노하우를 조금씩 활용할 수 있는 일이었다. 때문에 우리는 신사업에서 빠르게 우위를 점할 수 있었다. 만약 회사가 전혀 모르는 시장에 뛰어드는 경우 팀도 새로 구성해야 하고 사업에 필요한 역량도 달라진다. 회사의 업력에 쌓인 노하우를 활용할 수 없다.

넷째, 모든 의사 결정은 다 결과론적이다.

피벗을 열심히 해서 살아남은 어느 날 그런 생각을 했다. '이렇게 들인 노력과 열정으로 차라리 처음 했던 개인화 포털을 10년 계속했더라면 안 되는 일도 되게 만들 수 있지 않았을까?' 물론 10년을 노력해도 안 되었을 수 있다. 그 아이템을 고수했더라면 10년 아니라 1년을 더 버티지 못했을 수도 있다. 그러나 내가 여러 번의 피벗 과정에서 결국 새 아이템을 잘못 짚었거나 피벗에 실패해 회사가 망했을 수도 있다. 그런 일이 있었다면 사람들은 '내가 잦은 피벗을 변덕처럼 일삼다 망했다' 고 평할 것이다.

단 하루라도 사장 입장이 되어보면 잦은 피벗을 변덕처럼 일삼을 수 없다는 사실은 누구나 안다. 사업은 사장에게 목숨과도 같다. 사장이 피벗을 결정한다면 누구보다 오래 고민하고 치열하게 스스로와 싸운 끝에 나온 결론이다. 현재 사장의 지식과 경험의 크기 안에서 최대치로 끌어낸 최선책이다. 그 의사 결정은 주주나 직원을 포함한 세상 그 누구보다도 그 사업을 오래 고민한 사람의 여러 현실을 고려한 선택이다. 사장은 자기가 고민을 거듭한 결과가 그러하다면 누가 뭐라고 하든 뚝심 있게 밀어부쳐야 한다.

의견이야 다양하게 청취해야 하지만 직원의 반대, 주주의 반대가 두려워서 회사를 위해 옳다고 생각하는 길을 가지 못하는 사장은 사장이 아니다. 책임 방기 외에 아무것도 아니다. 사장은 믿는 바대로 행동하고 그에 책임을 져야 한다. 회사를 살리고 성장시키면 피벗을 하든 안 하든 또는 여러 번 하든 어느 누구도 책임을 묻지 않는다. 사장의 미션은 오로지 회사의 생존과 성장이다. 죽은 회사의 사장은 입이 없다. 입이 있을 자격도 주어지지 않는다. 회사가 살아남지 못하면 과정이 아무리 멋지고 화려했다 해도 사람들은 전혀 기억해주지 않는다.

다섯째, 사장의 개인 취향으로 피벗하면 안 된다.

우리 회사가 여러 번 위기를 겪은 데는 대중 서비스에 대한 욕심으로 스스로 기업 납품 일감을 끊은 탓도 있었다. 내 주위에는 기업 납품으로 100억 가까운 매출을 내다가 일감을 스스로 끊고 대중 서비스로 피벗해 사라진 회사가 여럿 있다. 대중 서비스는 항상 을의 설움에 시달리는 기업 납품형 사업주들에게 꿈같은 사업이다. 하지만 대중 서비스로 매출을 내는 회사의 사장들은 오히려 몇몇 거래선만 관리하면 꾸준히 매출이 나는 기업 납품형 사업을 부러워하는 경우도 많다. 서로 남의 떡이 커 보이는 것이다.

마음대로 하려고 사장이 자기 사업 하는 것이지만 그렇다고 직원들을 너무 힘들게 하면 안 된다. 사장를 믿고 조직에 합류하거나 투자해준 사람들, 그리고 그들의 가족들까지 걱정을 끼쳐본 경험이 있는 사장이라면 개인의 취향을 회사에 투영하는 게 얼마나 조심스런 일인지 깨달을 수밖에 없다. 차리는 것은 사장 마음이지만 직원이 있으면 더 이상 혼자만의 회사가 아니라는 사실을 명심하자.

요새 주위 사장이 을의 설움 때문에 홧김에 피벗해 대중 서비스를 하겠다고 하면 나는 우선 말린다. 큰 실패를 막으려면 회사나 사장의 실력이 진짜 받쳐주는지 냉정히 돌아봐야 한다. 물론 사장들은 다 고집쟁이다. 하고 싶으면 해야 한다. 그렇기에 이것 하나만 강조하고 싶다. 피벗을 하더라도 책임질 수 있을 만큼만 하자. 실패하면 엄청난 빚이 현실이 되고 재기가 어려워질 수 있다면 특히 신중히 생각하라. 하고 싶은 일을 하더라도 모두를 위해 넘지 말아야 할 선은 반드시 존재한다.

이것들이 피벗을 통해 배운 것들 중 일부다. 마지막으로 말하고 싶은 것은 사장이라면 언제나 사업 기회의 더듬이를 계속 펼치고 있으라는 것이다. 지금 우리의 위기와 걱정을 타개할 전혀 다른 사업 기회가 혹시 가까이 있지는 않은지 눈을 뜨고 살피다 보면 기회는 도처에 널려 있다.

좋은 사업 제휴를 도출하는 법

제휴는 사업의 진수다. 단 한 번의 좋은 제휴가 사업의 성패를 가른다. 힘이 약하거나 존재감이 작을 때 힘센 친구를 만나면 단번에 존재감이 생긴다. 또 서로가 갖지 못한 것을 서로가 채워줄 수 있을 때는 가장 완벽한 제휴가 탄생한다.

전략적 제휴의 비전략적 실체

1990년대 후반, 2000년대 초반에는 이른바 '전략적 제휴'라 부르는 보여주기식 제휴가 참 많았다. 실질적 도움이 별로 안 되더라도, '일단 두 회사가 친하게 지내기로 했다'는 식이다. 닷컴 버블 때이기도 하고, 다들 창업도 처음이었다. 남들이 그렇게 하니 자기도 그리해야 하는 줄 알았다. 당시 많은 벤처들이 호텔을 빌려 현수막 걸고 대표끼리 웃으며 악수했다.

이른바 '제휴 조인식'이다. 이를 사진으로 찍어 언론에 배포했다. 많은 언론이 보도자료 안의 '전략적 제휴'라는 애매한 표현을 그대로 옮겨 기사로 썼다. 구체적인 내용이 없이 단지 이름 있는 두 벤처의 제휴나 벤처기업과 대기업 간의 제휴 사실만으로 주가가 폭등하고 수많은 억측이 난무했다. 결과적으로 제휴하는 회사들도, 이를 받아쓰는 언론도, 기사를 읽는 독자도, 두 회사의 주주들도 모두 구체적으로 무슨 일을 같이하기로 해 서로의 사업 가치가 올라가는지 알지 못했다. 벤처 1세대 때에는 실제로 그런 일이 비일비재했다.

2000년대 초반이 얼마나 혼돈이었는지는 말하기 부끄러울 정도다. 벤처 생태계로부터 큰돈을 번 업체는 벤처기업이 아니었다. 연회장을 빌려주는 특급 호텔과 사무실 인테리어 업체, 그리고 벤처기업 경영진과 벤처캐피털들의 단골 술집들이었다. 정작 그 안에서 큰 성공을 거두어 지금까지 살아남은 벤처기업은 우리가 아는 몇 군데 정도다.

그러다 닷컴 버블이 끝났다. 사람들이 서서히 '전략적 제휴'의 실체를 알아버렸다. 이 제휴는 전혀 '전략적'이지 않으며 다만 '당장은 무엇을 같이할지 모르지만 일단 친하게 지내기로는 약속한 상태'의 다름 아닌 표현이라는 것을 알게 되었다. 닷컴 버블의 붕괴와 2000년대 들어 10여 년의 침체기를 거치며 벤처기업들은 한층 똑똑해졌다. 위기와 실패를 겪고 재기한 벤처기업 대표들은 더 이상 불필요한 제휴와 보여주기식 이벤트에 돈과 시간을 쓰지 않는다. 사람들도 실수를 통해 훨씬 건전해졌다. 그게 벤처 1세대의 시간이 우리에게 아로새긴 중요한 배움이다.

스타트업 세대의 실속 있는 제휴

――――――――――――――――― 요즘 스타트업 세대를 보면 정말 똑똑하다. 스스로도 출중하고 많은 선배들이 멘토로 돌아와 스타트업들이 과거 자신들과 같은 실수를 하지 않도록 돕고 있다. 그런 까닭인지 이제 적어도 '전략적 제휴'와 같이 애매한 단어는 들리지 않는다. 제휴는 여전히 많지만 주고받는 게 명확하다. O2O 서비스를 하는 스타트업끼리 모여 대기업에 대응해 일종의 진용을 짠다. 이미 고객이 많지만 신상품이 없는 스타트업이 신상품은 있지만 고객이 없는 스타트업과 제휴해 서로 필요한 부분을 주고받기도 한다. 여전히 애매하고 실질적이지 않아 보이는 딜도 많다. 예전에 비하면 충분히 이해 범위 안이다. 각 스타트업들이 몇 번의 실질적이지 않은 제휴 경험을 통해 점점 실질적인 제휴를 도출할 수 있는 자정 능력의 범위 안이라는 의미다. 첫 제휴부터 대박일 수는 없다. 그러니 그 정도만 되어도 충분히 괜찮다.

여기서는 그런 자정 능력을 가진 사장들이 제휴를 설계할 때 조금 더 신경 쓰면 좋을 부분을 정리해본다.

첫째, 좋은 제휴는 서로 주고받는 것이 명확하다.

위젯 사업을 할 때 성냥갑만 한 위젯 하나를 만들어주고 2천만 원 넘게 받았다. 그러나 페이오픈, 엠엔캐스트 등에는 공짜로 만들어주었다. 대신 해당 업체가 가진 데이터를 우리 서비스에 무상으로 사용했다. 그들은 타사와 위젯 사업을 같이 안 하고, 우리도 그들의 경쟁사 데이터를 안 쓰는 상호 배타적인 독점 조항을 계약에 넣었다. 페이오픈은 당시 유일하게 주요 기업의 연봉 정보를 가지고 있던 업체였다. 엠엔캐스트는 유튜브가 뜨기 전인 2006년 당시 가장 많은 고화질 UCC 동영상을 가진 회사였다. 따라서 우리 서비스는 경쟁사 대비 독점적인 콘텐츠로 더욱 풍성해졌고 서비스 차별화에 큰 도움을 얻었다.

비슷한 사례로 월스트리트 인스티튜트 영어학원과 서울특별시 제휴 사례가 있다. 우리는 그들 사이트 유입을 10배 가까이 올려주었다. 대신 우리는 전자에서는 독점적인 영어 콘텐츠와, 후자에서는 서울시 제휴 업체라는 명성을 얻었다. 우리가 준 만큼 확실히 돌려받았다. 그 매커니즘을 깨닫고 적극적으로 제휴를 활용했다. 덕분에 초기 기업이었지만 여러 대기업과 정부 기관과의 제휴를 도출해낼 수 있었다.

중요한 것은 회사의 크기가 아니다. 상대방에게 필요한 것을 내가 줄 수 있느냐다. 그게 확인되면 회사 크기에 차이가 나도 제휴는 작동한다. 여기서는 갑과 을이 따로 없다. 서로 필요한 구석을 잘 긁어준 파트너가 된다. 명확하게 주고받는 것이 있을 때 그 제휴는 힘이 세고 오래간다. 그런 맥락에서 우리 직원들에게도 항상 뭔가 받고자 할 때는 거꾸로 무엇을 줄 수 있는지 설계하라고 교육해왔다.

제휴에서 일방적 독점을 요구하긴 어렵지만 상호 독점은 가능하다. 해당 업계에서 상대방이 장기적으로 1등이거나 계속 대표 회사로 남을 것 같으면 상호 독점을 걸어두면 좋다. 상대는 우리 업계 경쟁사와 더 이상 제휴 안 하고, 우리도 상대 업계 경쟁사와 더 이상 제휴 안 하기로 하는 것이다. 이렇게 한 분야에서 한 회사와 독점하는 형태로 세 개 정도 분야만 상호 독점 제휴를 맺어도 우리 회사의 경쟁력은 대단히 커진다. 경쟁사는 대단히 불리한 상황에서 우리와의 전투를 치르게 될 것이다.

만약 우리가 줄 수 있는 것이 없다면 그것은 구걸일 뿐이다. 인맥 등을 동원해 제휴를 하더라도 그쪽 입장에서는 그저 귀찮고 중요치 않은 딜이 된다. 담당자가 바뀌면 얼마든지 취소될 수 있는 취약한 관계다. 우리가 줄 게 없을 때에는, 아쉽지만 눈높이를 낮춰 우리만큼 가진 게 없는 회사들과 진용을 짜야 한다. 혼자서는 아무런 힘이 없지만 작은 여럿이 뭉치면 좀 더 큰 상대와 대화라도 해볼 여지가 생긴다. 같은 진용에 있는 다른 회사에 좋은 기회가 왔을 때 그 기회를 함께 나눌 기회도 늘어난다. 언론 인터뷰, 고객 소개, 투자 소개 등 다양한 기회를 진용 안의 회사끼리 서로 소개해주고 추천해주며 품앗이 할 수 있다.

다자간 제휴는 이해관계도 다르고 서로 주고받는 양이 저마다 달라 쉽지 않다. 그럼 양자 간 진용을 짜도 괜찮다. 고객층이 유사하나 각자 다른 사업을 영위하는 플레이어끼리 제휴해 고객을 비롯한 여러 사업 기회를 긴밀히 나눌 수도 있다. 서로의 경쟁사들에 비해 추가적 자원에 접근 가능해 사업적 우위를 점할 수 있다. 초기 스타트업이라면 엑셀러레이터나 인큐베이터의 힘을 얻어도 좋다. 회사로는 접근 불가능한 자원에 엑셀러레이터 단위로는 접근이 가능하다.

둘째, 창의적인 제휴를 설계하라.

사실 안 되는 제휴는 거의 없다. 원하는 제휴 상대가 나보다 훨씬 큰 회사라면 우리 지분을 공짜로 내어줄 수도 있다. 제휴를 통해 발생하는 신규 매출의 일정 비율을 공유해주는 제안도 할 수 있다. 상대가 필요로 하는 시스템을 대신 개발해주고 다른 사업 부문에서의 제휴를 이끌어낼 수도 있다. 예전에 우리가 만든 위젯 플랫폼 위자드팩토리와 다음의 위젯 플랫폼 위젯뱅크가 경쟁할 때였다. 트래픽으로 보면 견줄 만했지만, 장기적으로 다음과 플랫폼 경쟁에서 이기기는 쉽지 않아 보였다. 차라리 다음의 핵심 콘텐츠 파트너가 되기로 했다. 위자드팩토리의 많은 위젯을 다음 위젯뱅크에 공급했다. 결과는 대성공이었다. 우리가 제공하는 위젯의 트래픽 총량은 10배가 넘게 늘었다.

이길 수 있으면 경쟁하고 아니면 차라리 누구보다 더 끈끈하게 붙는 것이 좋다. 우리는 제휴를 설계하고 다음에 제안했다. 양사가 개발 규격을 호환하도록 맞췄다. 그 결과 서로에게 큰 이득이 되었다. 제휴하려는 의지만 있으면 방법은 부차적인 문제다. 못하는 제휴는 없다. 의지가 부족할 뿐이다.

셋째, 모든 일을 혼자 할 필요는 없다.

제휴는 힘이 매우 세다. 비슷한 체급의 경쟁사를 타 제휴사와 공동의 힘을 발휘해 무너뜨린다. 시장의 신규 진입자 또는 잠재 진입자가 우리가 짜놓은 진용이 두려워 진입을 포기한다. 직접 접근할 수 없는 자원에 제휴사의 네트워크와 경험으로 접근할 수도 있다.

우리에게 없는 능력을 가진 제휴사와의 제휴로 양사가 함께 만든 제품은 업계에 파괴적인 신제품으로 등장할 수도 있다. 이럴 경우 양사의 합은 '1+1=2'가 아니다. 3이나 4가 된다. 얼마 전 편의점 GS25에서 삼각김밥을 사면 애니팡 게임 아이템을 지급해 삼각김밥 매출을 30% 향상시킨 사례도 있다. 특별한 관련이 없는 이종 업종 간 제휴로 양사의 매출 확대를 꾀할 수도 있다. 이런 제휴 딜을 창의적으로 만들어 실행할 줄 아는 사람이 훌륭한 대표요, 일 잘하는 제휴 담당자다.

모든 일을 우리 회사 홀로 할 필요는 없다. 그럴 경우 무엇 하나도 잘할 가능성이 떨어진다. 차라리 한 가지를 확실히 잘하는 회사들끼리 힘을 합쳐라. 그러면 정말 경쟁력 있는 상품과 사업 기회를 만들 수 있다.

넷째, 최대한 브랜드를 알려 큰 플랫폼에 올라타라.

우리는 그동안 주로 주고받을 게 명확한 유사 체급의 회사와 제휴했다. 비슷한 규모의 회사들끼리 진용을 짜 우선 존재감을 알린 뒤, 이를 바탕으로 조금 더 인지도가 있는 회사의 제휴를 이끌어내며 올라갔다. 필요할 경우 큰 회사에는 매출을 일부 떼어주거나 지분을 섞는 식으로 창의적인 공을 들여 제휴를 해왔다. 그렇게 좀 더 큰 규모의 제휴를 성공적으로 끝내면 여기서 발생한 추가적인 트래픽과 매출을 외부에 적극적으로 홍보했다. 끝내 초대형 플랫폼에서 우리를 찾아오게 하는 전략을 썼다.

싸이월드, 다음 등과 차례로 제휴하며 체급을 키워온 결과 2009년 네이버와 대형 제휴를 맺었다. 그 이후 네이버, 다음의 블로그 사이드 바에 붙은 대부분의 시계나 날씨 등의 위젯은 우리가 공급했다. 비슷한 전략으로 SK텔레콤 T스토어의 제휴사가 됐다. 역시 그 실적을 바탕으로 KT 올레마켓과도 제휴했다. 솜노트도 비슷하게 체급을 올리는 과정을 거쳐 카카오와 제휴할 수 있었다.

큰 회사의 제휴 제안이 왔을 때 주의할 점

모든 신제품의 제휴는 아주 미약하게 시작한다. 하지만 작은 제휴라도 주고받는 게 명확해야 한다. 의미 있는 제휴로 판명이 되면 다음에는 좀 더 좋은 회사와 좋은 조건으로 제휴할 수 있다. 꾸준히 체급을 높여가며 어느 한쪽도 손해 없는 제휴를 하다 보면 언젠가 아주 큰 플랫폼이 손을 내미는 날이 온다. 그때는 두 가지를 명심해야 한다.

첫째, 플랫폼 좋은 일만 시키고 얻는 게 없는지 잘 따져야 한다.

실은 네이버 제휴에서 우리가 실수를 했다. 하루 1500만 명이라는 엄청난 트래픽의 수혜를 입었지만 의미 있는 매출로 바꾸지를 못했다. 큰 플랫폼과의 제휴를 매출로 연결하는 일은 플랫폼의 역할이 아니다. 스타트업의 일이다. 플랫폼에 올라타는 딜이 주는 혜택은 대개 회원 수, 가입자, 트래픽 같은 고객의 양에 관한 부분이다. 이들을 매출로 전환하는 일은 우리가 고민해야 한다. 그러지 않으면 트래픽은 오히려 서버나 관리자 충원으로 인한 비용 증가로 이어진다. 그러므로 플랫폼의 트래픽 수혜를 받기 전부터 비용 문제와 매출에 대한 계획이 뚜렷해야 한다.

최근에 모바일 꽃 배달 스타트업 '비밀의화원'도 11번가와 제휴했지만 실적이 그리 좋지 않았다. 사실 그 제휴 제안이 들어왔을 때 나는 반대했다. 주고받는 게 불명확했기 때문이다. 11번가는 O2O 카테고리를 처음 열면서 비밀의화원을 꽃 배달 카테고리로는 독점 입점시켰다. 독점은 좋지만 11번가의 O2O 카테고리가 얼마나 파괴력 있을지 모르는 상황에서 개발 공력이 많이 투입되었다. 결과적으로는 안됐다. 스타트업 하다 보면 이런 제휴가 참 많다. 큰 플랫폼이 작은 스타트업에 기회를 줄 때는 보통 검증되지 않은 지면에 모험을 해보는 경우가 많다. 솜노트도 카카오톡 내 '채팅 플러스'라는 새로 만드는 섹션에 초대가 됐었다. 근 1년을 개발했지만 결과가 안 좋아 해당 지면은 금세 없어졌다. 우리의 1년이란 시간은 카카오의 지면 실험에 사실상 허비됐다.

스타트업 입장에서는 큰 회사가 무엇을 하자 그러면 안 하기 참 어렵다. 큰 기회로 보이기 때문이다. 그러나 실익을 잘 따져보고 하기 바란다. 큰 회사가 스타트업한테 같이 일하자 하는 것은 어떤 의미에서는 다른 큰 회사보다 훨씬 말 잘 듣고 일 시키기 쉬워서일 수도 있다. 같이하던 일이 안되어 스타트업이 망해도 큰 회사는 결코 약간이라도 책임지거나 양심의 가책을 느끼지 않는다.

이는 큰 회사를 비난할 일은 아니다. 비즈니스이기 때문에 아직 돈 안 되는 지면을 실험할 목적으로, 또는 귀찮은 일은 여러 작은 회사에 맡기는 식으로 처리하는 것은 큰 회사로서는 지극히 합리적이다. 간혹 좋은 의도가 나쁜 결과를 낳기도 한다. (진짜 스타트업을 위해 기회를 줬는데 생각만큼 성과가 안 나와 스타트업이 망하는 경우도 있다.) 그러나 스타트업을 하는 입장에서는 이런 기회라도 잘 이용해 사업을 키워갈 필요가 있다. 저런 이유들조차 없으면 큰 회사가 굳이 작은 회사랑 일할 이유가 전혀 없을 테니 말이다.

둘째, 플랫폼 제휴가 끝나도 비즈니스가 작동해야 한다.

제휴가 끝나도 상대를 통해 받은 트래픽이나 회원들이 일시에 떠나지 않을 방법이 필요하다. 페이스북을 통해 많은 가입자를 모은 피키캐스트는 페이스북의 페이지 폐쇄로 사업 기반 전체를 잃을 뻔했다. 이를 겪은 후 피키캐스트는 페이스북으로부터 독립해 독자적인 앱을 만들었다. 현재는 이 앱을 통해 고객을 직접 만난다. 그러나 예전 같지는 않다. 플랫폼은 고객을 쏟아주지만 걷어가기도 쉽다.

3년 전쯤 한국에서 가장 큰 통신사 중 한 곳이 제휴를 제안했다. 솜노트를 자사 통신망과 연동되는 노트 앱으로 만드는 것이었다. 이는 해당 딜이 끝나면 고객을 그대로 다시 플랫폼이 회수하는 구조였다. 고심 끝에 거절했다. 플랫폼에 종속적이지는 않아야 똑똑한 제휴가 된다. 서비스는 TV 광고도 하고 전 국민이 알게 되겠지만 우리 고객으로 남지 않으면 의미가 없다. 큰 회사로부터 온 제휴 제안이라고 언제나 좋아할 일은 아니다. 실질적으로 우리 비즈니스에 도움이 되는지, 제휴가 끝난 뒤에도 고객들이 그대로 유지될 수 있는지, 계획한 개발 방향을 확 틀어야 할 만큼 상대의 요구가 과도하지 않은지 등을 종합적으로 판단해야 한다.

나는 대기업과의 딜은 가급적 진행하는 편이다. 하지만 반드시 우리 사업이 독자적으로 존속 가능한 방향으로 딜을 설계한다. 과거 구글이 한국에 처음 왔을 때 우리에게 구글 서비스들의 위젯 개발 파트너 제안을 한 적이 있다. 고심 끝에 우리 자체 사업에 도움이 안 되어 완곡히 거절했다. 스타트업으로서 구글의 파트너가 됨으로써 브랜드를 쌓을 수도 있었지만 그것이 우리 일을 할 시간을 앗아간다고 생각했다. 지금도 후회하지는 않는다.

회사를 판다는 것

한 스타트업 대표를 만났다. 최대한 빨리 회사를 매각하고 자신의 커리어에 좋은 성공 이력을 남기고 싶단다. 나 역시 20대 내내 그런 생각을 가지고 있었다. 좋은 제품을 만들고 싶었고, 더 많은 사람이 내 제품을 쓰기를 바랐다. 궁극적으로는 회사를 매각하고 성공 이력을 내 커리어에 남겨 누구나 알게 하고 싶었다. 그러나 그런 일은 좀체 오지를 않았다. 그렇게 10년이 흘렀다. 1, 2년이면 이 창업이 끝날 줄 알았는데 사업은 생각대로 돌아가지 않았다. 그럼에도 회사에는 직원들이 있었으므로 일감을 따와야 했다. 일감이 있으니 계속 사람도 있어야 했다. 나의 지상 과제는 회사를 계속 살리는 것이었다. 나를 믿어준 투자자, 직원들, 고객들의 신뢰를 결코 저버리지 않는 것이었다. 그러다 보니 군 입대 직전에 회사를 매각하기까지 훨씬 긴 세월이 지났다.

네이버와의 일들

회사를 하면서 네이버와 사업부를 매각하는 논의를 두 번 했었다. 한 번은 네이버와 제휴해 하루 1500만 명의 고객에게 위젯 서비스를 제공하던 우리 위젯 플랫폼 '위자드팩토리'가 대상이었다. 위자드팩토리는 우리가 모바일 사업에 진출하며 문을 닫을 예정이었다. 위자드팩토리가 문 닫으면 네이버는 자사 블로그 고객들 대부분이 이용하는 위젯 서비스의 상당수를 종료해야 하는 상황이었다.

우리는 네이버와의 제휴 덕에 쏠쏠한 매출 증진 효과를 보았다. 그러나 막대한 고객 트래픽을 소화하기 위해 연간 수억 원의 트래픽 비용도 물고 있었다. 그 비용 대비 매출 성장이 둔화되자 서비스 매각이 절실했다. 그동안 들어간 서버 비용이라도 회수하고자 3~4억을 제시했지만 네이버는 논의 끝에 거절했다. 결국 우리는 서비스를 접었고 네이버도 위젯 서비스를 일몰했다. 나는 네이버 같이 돈 잘 버는 회사가 3~4억 때문에 자사 블로그 고객들의 불편을 감수하리라고 생각지 않았다. 내 생각은 빗나갔다. 네이버는 장기적으로 불필요한 서비스에 대해서는 그 정도 비용조차 아끼는 회사였다. 그래서 잘되는 것일까?

우리는 해당 딜을 위해 수차례 사업계획서를 고쳤다. 다양한 경로를 수소문해 여러 차례 미팅도 가졌다. 그러나 바라는 대로 되지 않았다. 하여 1580만 DAUDaily Active User(일일 사용자)를 가지고 있던 2011년 한국 전체 10위권 사이트 위자드팩토리는 2012년 9월 서비스를 일몰하며 운영을 종료했다.

그때는 남도 아닌 가장 가까운 제휴사였던 네이버가 참으로 원망스러웠다. 허나 그들은 전략적으로 옳은 의사 결정을 했다. 블로그 트래픽은 PC 기반에서 빠르게 모바일로 옮겨갔다. 블로그에 설치된 위젯의 영향력은 갈수록 줄어들었다. 네이버가 그때 그 서비스를 샀어도, 지금쯤 해당 서비스는 종료되었으리라.

또 한 번은 루비콘게임즈를 할 때의 일이다. 회사가 출시한 세 개의 게임이 다 만족스럽지 않은 성적을 냈다. 마지막 자본을 털어 네 번째 게임을 만들고 있었다. 당시 네이버에서는 소셜 게임 투자 프로그램을 오픈했다. 우리는 그 지원이 절실했다. 지원을 못 받으면 게임을 완성하지 못하는 상황이었다. 그렇게 절박했는데 분당에 있는 네이버로 가는 길에 그만 늦어버렸다. 우리 사무실은 상암동이라 멀기도 했지만 그날따라 함박눈이 내려 고속도로에 두 시간이 넘도록 꼼짝없이 갇혔다. 운전하던 나와 옆 자리의 사업 총괄 담당자는 애꿎은 하늘만 원망하며 마음을 태웠다. 결국 한 시간가량 늦게 도착해 발표는 했지만 우리는 떨어졌다.

위자드팩토리를 팔러 네이버에 갔던 날도 우리는 앞서 다른 미팅이 늦어지는 바람에 한 시간가량 늦었다. 양해를 구했지만 공교롭게도 위자드팩토리 매각 미팅과 게임 투자 미팅의 담당자는 같은 사람이었다. 그분이 나와 우리 회사에 대해 갖게 되었을 실망과 무책임은 지금 생각해도 할 말이 없다. 그토록 회사의 운명을 좌우하는 중요한 미팅들에 나는 아마추어처럼 늦어버렸다. 물론 내가 내놓은 매물이나 투자받고자 한 게임의 가치가 이를 압도했다면 원하는 대로 이루어졌겠지만, 나는 태도에서나 제품의 가치 면에서나 다 졌다. 그래서 네이버와의 기억은 나로서는 참으로 부끄럽게 남아 있다.

다음과의 일들

——— 시간이 훌쩍 지나 우리는 뼈를 깎는 노력으로 살아남았다. 다시 2014년 다음과 회사 전체를 매각하는 딜을 진행한다. 솜노트로 300만 가입자를 모으며 미국과 일본에서 큰 인기를 끌 때였다. 우리는 네이버와 다음에 솜노트를 글로벌 유틸리티로 키워보자는 제안을 했다. 네이버는 일찌감치 거절했다. 다음은 당시 쏠캘린더 등 스스로 개발한 유틸리티가 있었다. 솜노트, 솜투두와 결합하면 시너지를 낼 수 있다는 우리 제안에 협상을 진행했다. 거의 6개월간 다양한 지표와 사업계획이 오간 끝에 사업적 시너지가 있다는 판단이 든 후 실무 팀과 전략 팀은 다음 이사회에 인수를 공식 제안했다.

당시 솜노트는 적잖은 사용자 기반 위에 일본 앱스토어에서 1위를 차지하는 등 큰 인기를 끌고 있었다. 하지만 우리는 의미 있는 매출을 내지 못해 큰 재정난에 처했다. 나는 인수 건을 직원들에게 알려 이탈을 방지하고자 했지만 월급이 밀리는 최악의 상황에 빠져 있었다. 즉 인수가 안 되면 망하는 것은 기정사실이었다. 어딘가에서 돈을 꾸어와야 하는데 그런 에너지가 다시 남아 있을 것 같지 않았다.

다음 이사회가 있던 날 초조하게 전화를 기다렸다. 저녁이 다 될 때까지도 전화벨이 울리지 않았다. 불안했다. 친한 친구를 불러 소주 한잔을 들이켰을 무렵, 전화가 왔다. 결과는 이사 두 사람의 찬성과 한 사람의 반대로 부결되었다. 그날 내가 얼마나 더 배워야 하며 얼마나 더 버텨야 하는가에 대한 통한의 눈물을 흘렸다. 너무 어려운 상황에서 몇 달을 기대하며 진행해온 딜이었다. 창업한 지

7~8년 되었을 때이니 심신이 몹시 피폐해져 있었다. 그 딜은 반드시 성사되어야 했다. 그러나 어김없이 수화기 건너편에서 '미안하다'는 소리를 듣고 말았다. 직원들에게 당최 뭐라고 말해야 할지 몰랐다. 그냥 밤새 울고 또 울었다.

놀랍게도 그 다음 날 출근하자마자 차용증 챙겨 바쁘게 돈 꾸러 다녔다. 사람은 상황에 적응하는 참 재미있는 동물이다. 사장은 더욱 그러하다. 그렇게 2주를 돌아 또 나를 믿어주는 사람들에게 조금씩 돈을 꾸었다. 적잖이 투자도 받았다. 그렇게 다시 살았다.

우리 인수 건이 부결된 지 일주일도 채 안 되어 다음과 카카오의 합병이 전격적으로 발표되었다. 어쩌면 실무진을 모두 통과해 핵심 이사들의 지지를 받은 안이 갑자기 부결된 것은 당시의 훨씬 더 큰 건이 영향을 주지 않았을까 생각한다. 그러고 보면 세상 모든 일은 타이밍이 참 중요하다. 거의 20년간 혼자 잘 있던 회사가 하필 우리를 인수하려는 시점에 회사 역사상 전례 없는 합병 건을 진행하고 있을 줄은 그 누가 알았을까?

매직데이와 솜노트 그리고 위자드웍스 매각

———————— 이후 나는 세 번의 매각 협상을 다시 경험한다. 한 번은 우리가 오랫동안 개발하고 운영해온 여성용 생리 앱 '매직데이'를 옐로모바일에 매각하는 협상이었다. 두 번째는 입대 직전 유틸리티 전문 개발사에 솜노트를 매각하는 협상이었다. (이 협상은 결렬되었지만 나는 좋은 사람들을 만났고 많이 배웠다.) 마지막으로는 테마 키보드의 흥행으로 흑자 전환한 위

자드웍스를 입대 직전 아이지에이웍스에 매각하는 일이었다. 무엇 하나 쉬운 일이 없었다. 허나 앞서 했던 여러 실패들과 시행착오들 덕분에 그 이후의 협상들에는 좀 더 담담하게 임할 수 있었다. 각각의 딜들이 끝까지 내게 경제적 여유를 가져다주지는 않았다. 하지만 몇 개의 제품과 하나의 회사를 기획부터 매각까지 경험하는 모든 사이클을 돌아볼 수 있었다. 더불어 회사가 좋은 파트너와 함께 하며 점차 재무적 안정성도 갖출 수 있었다.

2017년, 12년째가 된 위자드웍스는 이제 주력 사업인 테마 키보드와 솜노트 양쪽 모두에서 매월 수익을 남기는, 회사로서 최소한의 '지속의 가치'를 가졌다. 아이러니한 것이 만약 다음에 인수되었다면 나는 돈을 벌었겠지만 솜노트는 돈을 못 벌었을 것이다. 아마 지금쯤 사업부도 해체되었을 공산이 크다. 의무 약정이 걸려 있는 나와 직원들은 그 안에서 전혀 다른 일을 하며 나갈 날만 손꼽아 기다리고 있을지도 모를 일이다.

이제는 영원히 팔지 않을 회사를 꿈꾼다

———————— 창업 초기에 회사를 팔았다면 20대 초반에 다들 씀씀이만 커져 바보가 되었을지 모른다. 위젯 사업이든 소셜 게임이든 우리가 원하던 때에 원하는 것을 팔았다면 잘못에 대한 반성이나 시행착오에서 얻는 배움은 아예 없었을지도 모른다. 스물 둘에 시작해 한두 해만 하고 회사를 멋지게 팔 생각을 하던 나는 서른셋이 되었다. 회사를 다시 준비하면서 이제는 파는 꿈을 꾸지 않고 영원히 가는 회사를 꿈꾼다. 막상 도장 찍

고 나오는 날은 자식 팔아넘긴 것 마냥 회사든 제품이든 그렇게 아쉬울 수가 없다.

다음에는 내 일터를 더 오래 지키고 가꿔나갈 수 있기를 빈다. 함께하는 사람들, 믿고 뽑은 사람들, 나를 믿어주는 사람들이 오래도록 다 같이 행복할 수 있는 회사를 꿈꾼다. 매각만이 그들을 기쁘게 하는 일이라면 마다하지 않겠지만, 가급적이면 그들과 더 오래 함께 도전하고 설레고 기뻐하고 싶다. 실패도 당연히 하고 시행착오도 계속 있으리라. 그러나 이제는 지치거나 두려워 우는 일은 결코 없을 것이다. 오래도록 참으며 지나오니 배움이 조금 쌓였다. 힘들 때 기대어 쉴 수 있는 사람들도 만났다. 이제는 내 운명을 남의 이사회에 맡기지 않고 스스로 개척해갈 최소한의 용기와 자신감도 얻었다.

주어지는 기회, 놓치는 기회

실기, 기회를 잃는 것

———————— 회사를 나온 지 일년쯤 지나 한 소식을 들었다. 구글이 새학기를 맞아 솜노트를 글로벌 구글 플레이에 추천하려 했단다. 회사에 "당연히 참여했죠?"하고 물었는데 아니란다. 왜 그랬냐 물으니 현재 우리 주력 제품은 테마 키보드고 모든 공력이 거기에 들어가 있어 솜노트로 일부 자원을 빼기 어려웠단다. 이해는 갔지만 많이 아쉬웠다. 몇 년 전 우리가 가열차게 솜노트를 만들 때만 해도 얼마나 바라던 글로벌 추천인가! 설사 지금 주력 제품이 아니더라도 최소 수십만 다운로드와 상당한 매출을 낼 수 있었을 것이다. 만약 내가 회사에 있었다면 밤을 새서라도 구글의 요구 조건을 충족해 추천 앱에 포함시켰으리라.

속으로 '이번에 회사가 크게 실기(失機)했다'고 생각했다. 물론 지금 회사에 있는 사람들이 밖에 있는 나보다 더 합리적인 이유로 참여하지 않았으리라. 그것을 이해하기에 회사에 더는 묻지 않고 그냥 솜노트의 제작자로서 개인적으로만 쓰린 속을 삼켰다. 스타트업은 무슨 일을 하고 있는지 꾸준히 알리며 한 분야에서 굳건히 버티고 있으면 어디서든 기회가 찾아온다. 평소 준비가 잘 되어 있어 그 기회를 잘 잡는 팀도 있고 그냥 날려버리는 경우도 있다. 날리는 경우에는 앞서 솜노트 사례처럼 현재의 주력 사업과 달라 일부러 버리는 경우도 있다. 현재 회사에 꼭 필요한 기회인데 준비가 안 되어 있거나 다른 엉뚱한 기회에 힘을 빼는 바람에 정작 중요한 기회를 잡지 못하는 경우도 있다.

회사에 예기치 않은 기회가 오고 실기하는 것과 같이 개인도 똑같이 다양한 기회가 찾아오고 실기한다. 몇 년 전, 우리 회사에 굉장한 기대와 함께 입사한 친구가 있었다. 포트폴리오가 아주 훌륭하고 자기소개서를 읽어보니 그 나이 또래 어느 누구보다 많은 일을 경험했다. 그러나 막상 같이 일을 해보니 실력보다 포장을 더 잘하는 친구였다. 물론 실력이 아주 없지는 않았다. 맡은 일을 곧잘 했지만 10이 주어지면 8, 9 정도만 해내는 친구였다. 그 정도면 보통 직원으로는 충분히 합격점이지만 입사 전부터 너무 큰 기대를 했기에 오히려 적잖은 실망이 있었다.

그 친구는 1, 2년 후 퇴사했고 이후 프리랜서로 맡길 만한 일이 있어 다시 연락했다. 업데이트된 포트폴리오에는 우리 회사에 있던 기간 동안 진행한 프로젝트가 실제 성과보다 더 멋지게 포장되어 있었다. 우리는 같이 외주 프로젝트를 진행했지만 다시 한 번 받은 인상은 실망이었다. 그 친구는 포트폴리오만큼의 실력을 현실에서 보여주지 못했다. 그것도 두 번이나. 한 번은 타이밍이나 환경이 안 맞아 그럴 수 있다. 허나 두 번 이상은 실력이다. 아마 정말 인력이 부족할 때를 제외하곤 이제 업무상 그 친구를 찾지는 않을 것이다. 그 친구 입장에서는 철저히 실기한 것이다.

프로는 자신이 없으면 거절하는 사람

프로로 오래 가고자 하면 절대 실기해서는 안 된다. 믿고 기회를 준 사람을 실망시키면 기회는 두 번 다시 주어지지 않는다. 어느 분야에서건 돈 받고 일하는 프로로서 약속한 일을 정확한 때에 기대만큼 완성할 수 없으면 처음부터 거절해야 옳다. 기회라는 게 자주 주어지지 않기에 사람들은 자신을 찾아와 제안하는 상대방에게 무조건 '오케이'부터 외친다. 그러나 막상 기대한 내용이 약속한 기한 내에 완성되지 않으면 기회를 준 사람은 더 크게 실망한다. 단지 결과물의 질이 떨어지는 문제를 넘어 상대의 기회비용과 시간을 빼앗은 탓이다. 제때 거절했더라면 상대는 다른 사람과 일해 더 나은 결과물을 받아볼 수도 있었다. 실력도 없으면서 무리해서 일한 본인도 전혀 인정받거나 성장하지 못한다. 따라서 이는 모두의 시간과 기회를 허비한 꼴이다.

욕심은 절대 프로의 덕목이 아니다. 프로로서의 브랜드를 깎아먹을 만한 프로젝트라면 아무리 상대에게 미안해도 과감히 거절해야 한다. 결과물의 품질을 보장할 수 없어 거절한다는 명확한 이유만으로도 상대는 결코 나쁜 마음을 갖지 않는다. 완벽하게 할 수 없는 일은 거절함으로써 믿어준 상대에게 더 큰 신뢰를 살 수 있다. 상대는 지금보다 훨씬 더 크고 막중한 프로젝트를 다시 제안해올

지도 모른다. 그러니 못할 것은 아예 받지 말고, 받은 것은 제대로 해내자.

프로라면 거절을 잘할 수 있어야 한다. 같이 일해본 사람들 중 가장 프로다움을 느낀 유형은 일에 소요될 일정을 시간 단위로 예상하고 이에 상응하는 보상도 정확히 청구할 줄 아는 이들이었다. 이들은 스케줄링도 아주 타이트하게 스스로 정하고 그 일정을 어긴 적이 없다. 실제로 프로젝트를 요람에서 무덤까지 수도 없이 경험해보았어야 그 소요 시간과 비용을 정확히 알 수 있다. 그렇기에 아마추어들은 만들 줄은 알지만 의지만 앞서고 자기 능력의 한계를 잘 모른다. 그러면 나중에 높은 의지에 비해 일의 진척이 더디거나 어려울 때 포기하거나 기대에 훨씬 못한 결과물을 내놓는다.

조급함 때문에 불필요하게 무리해서 도약할 필요는 없다. 그저 '저 사람에게 맡기면 자기가 맡기로 한 일은 무슨 일이 있어도 책임지고 끝낸다' 그리고 '저 사람은 자주 기대 이상의 결과물을 내놓는다'는 평판만 있으면 된다. 그러면 그 사람이나 회사는 반드시 발전한다.

프로는 자기 가치도 정확히 지킨다

———————————— 회사든 개인이든 자기가 일하고 세상에 기여하는 가치를 잘 알아야 한다. 같은 일을 해주고 적은 보상을 받는 사람도 있고 과도한 보상을 받는 사람도 있다. 세상의 모든 정보가 투명해지고 있기 때문에 앞으로 번듯한 말이나 포트폴리오로 먹고사는 시대는 종말을 고할 것이다. 오래도록 프로로

인정받는 사람이 되려면 거품도 저평가도 아닌 적정 가치를 유지할 수 있는 사람을 지향해야 옳다.

그런 맥락에서 보면 솜노트의 추천 기회 거절도 적절한 판단이었으리라. 구글이 요청한 기간 내에 해야 하는 업데이트를 정상적으로 마치지 못했을 수도 있다. 이를 위해 주력 제품의 업데이트 일정에 큰 차질이 빚어져 매출에 악영향이 있었을지도 모른다. 약속한 일정 안에 완벽한 제품을 제공하지 못할 것이라면 차라리 추천 기회를 스스로 포기해 회사의 신뢰를 지키는 편이 바람직하다.

기회는 무엇이고 그 기회를 잃는 실기는 무엇인지 경영자는 잘 생각하고 따져보아야 한다. 지금 눈으로 보아서는 분명 기회인데 그것이 더 큰 실기의 결정적 계기가 될 수 있다. 지금 보아서는 실기인데 나중에 시간 지나 보면 그 덕에 더 큰 기회를 잡기도 한다. 인생사나 회사의 성공도 상당 부분 새옹지마다. 우리는 그때그때 혼신의 고민과 노력으로 선택하고 행동할 뿐, 그것을 실제로 연결해 길을 만드는 것은 하늘의 몫이다.

CEO 승계 대작전

위자드웍스는 CEO 승계를 겪은 몇 안 되는 스타트업이다. 보통 인수 합병이나 전임 CEO의 실적 부진으로 인해 주주들이 경질시키는 사례를 제외하고 평화로운 2기 경영진으로의 이양은 좀처럼 찾기 힘든 사례였다. 이 과정을 좀 다뤄보자.

나는 군대를 다녀오지 않은 어린 나이에 위자드웍스를 시작했다. 공동 창업자들은 적게는 6개월, 많게는 3년까지 함께 일을 한 후 각자 군대를 다녀올 수 있었는데 나는 그렇지 못했다. 회사가 기술보증기금으로부터 빌린 대출에 대한 연대보증을 혼자 서고 있었기 때문이다. 또 회사가 안정적으로 이익을 내서 누가 경영을 하든 큰 위험이 없는 상황도 아니었다. 그래서 사업 초반에 선배들로부터 병역특례로 오라는 제의도 여러 번 있었지만 번번이 고사할 수밖에 없었다. 그러다 보니 20대가 끝났다. 서른을 앞두고 이제는 정말 군대를 미룰 수 없는 형편이었다. 회사를 계속 안정적으로 이끌어 줄 다른 회사로의 매각을 알아보았다. 한편 우리 스스로 2기 체제를 준비하기 위한 후임 대표 찾기에도 돌입했다.

제일 먼저 고려한 전문직 종사자들

후임 대표는 주주들의 안심을 사야 했다. 주주들은 당시 벤처캐피털로는 KTB네트워크와 한국벤처투자, 그리고 엑셀러레이터 프라이머와 개인 주주 20여 명으로 구성되어 있었다. 하여 우선적으로 후보에 올린 사람들은 컨설팅, 투자은행, 벤처캐피털 업계 종사자들이었다. 해당 업계에 근무하는 사람 중 신망 있는 사람을 모셔온다면 주주들도 큰 걱정은 없을 듯했다. 오히려 8년을 일한 나보다 더 좋은 실적을 내지 않을까 하는 기대도 있었다.

주변을 수소문해 해당 업계 사람들을 만났다. 한두 명씩 소개받아 만나다 보니 시간이 오래 걸렸다. 최소 수십 명의 후보를 만나야 내가 오랫동안 목숨처럼 경영한 회사의 경영권을 넘길 텐데 이대로라면 몇 달은 필요했다. 그래서 해당 업계에서 종사한 지 3년 내외의 주니어들만 참가할 수 있는 공부 모임을 만들었다. 이 공부 모임은 큰 인기를 끌었다. 10명 모집에 50여 명이 지원했다. 그래서 20명으로 규모를 늘려 활동을 시작했다. 매주 토요일 오전에 모여 한 명씩 돌아가며 자기가 요즘 관심 있게 보고 있는 주제들을 발표했다. 주제는 창업부터 시작해 전기자동차, 드론, 셰일가스, 우리나라 국부의 포트폴리오 구성이나 재벌 가문의 투자 전략 등 대단히 다채로웠다. 그러다 보니 후임 대표를 찾는 본연의 목적은 점차 희미해졌다. 그냥 주말마다 공부에 빠져 열심히 활동했다. 모임을 하며 스무 명이 넘는 해당 업계 멤버들과도 친해졌다. 너무 좋은 사람들이고 공부도 많이 되었지만 내가 생각하는 스타트업 대표감은 아니었다. 그들은 살면서 창업과는 무관하게 살아온 사람들이었다. 대부분 공부를 열심히 해 대학을 가고 다시 전공 공부를 열심히 해 전공 분야에 취직한 이들이었다.

그런 이들에게 이미 직원도 있고 제품도 운영되는 8년차 스타트업의 CEO 자리는 자칫 서로에게 위험할 수 있었다. 그간 배우고 일해온 전문성과 전혀 무관한 일을 하게 되기 때문이다. 벤처캐피털에서 일하는 친구들도 요즘 뜨는 업종의 스타트업을 찾아 분석하는 일은 잘할지 몰라도 직접 경영은 해본 적 없었다. 이들을 뽑으면 주주들은 안심할지, 좋아할지 몰라도 장기적으로 회사에는 도움이 될지 확신이 안 섰다. 오히려 이렇게 선발된 CEO는 자기 취임 후의 뚜렷한 성과를 검증하기 위해 불필요한 개혁을 추진할지도 몰랐다. 그간 학교와 회사 생활을 통해 꾸준히 커리어를 설계하고 실행해온 이들에게 회사 대표 자리 역시 커리어의 좋은 한 장이 되어야 할 것이다. 고로 스스로 성과를 내기를 갈망하는 무경험자에게 회사를 맡겨도 될지 고민이 생겼다. 그들과 인간적으로 매우 친하게 지내면서도 대표 자리는 다른 사람에게 물려주리라 마음을 굳혔다.

경쟁사 대표를 고려하다

다음으로 내 관심을 끈 후보는 경쟁사 대

표였다. 당시는 솜노트에 집중할 때였다. 카카오톡과 제휴해 많은 사용자를 모으고 미국에서 상도 받았다. 그때 나는 시장에의 파급력을 가장 크게 고려했다. 군대 가면서 후임 대표로 누가 오면 시장이 가장 안심할까? 300만 사용자가 가장 안심하는 동시에 더 많은 사용자를 이끌 적임자로 누가 어울릴까? 우리 제품의 해외 경쟁사 대표가 아주 적절해 보였다. 미국 본사 대표를 데려오지 못해도 한국 대표 역시 적합한 인물로 보였다.

그 한국 대표에게 6개월간 끈질기게 구애를 했다. 마침내 마음을 움직이고 연봉 협상을 한 뒤 이직 날짜까지 정한 상황에서 갑자기 계획이 어그러졌다. 그분의 아내가 외국계 기업에 있다 한국의 스타트업으로 옮기는 결정을 반대했다. 몹시 아쉬웠지만 아내의 단호한 반대를 돌릴 방법이 없었다. 그래서 반년을 끈 노력을 철회했다.

그분도 충분히 실력 있고 인간적으로 친한 분이었지만 스타트업을 해본 분은 아니었다. 역시 앞선 그룹과 마찬가지로 공부를 열심히 해서 외국계 기업에 취직해 한국 대표를 맡고 계셨다. 창업의 리스크를 져본 적도 없고 월급을 많이 받아봤지만 직접 정해서 줘본 적은 없는 분이었다. 나는 시장에의 영향력만 생각하고 실무는 별로 고려를 하지 않았던 것이다. 물론 실제로 맡으면 잘하셨을지도 모른다. 하지만 그분도 해본 적 없는 일에 대한 고민에서 포기한 것이라 생각한다. 결과적으로 서로에게 잘된 일이었다고 지금은 믿는다.

우리 직원들이 믿고 따라갈 사람

이제 정말 입대가 6개월 앞으로

다가오고 있었다. 앞서 후임 대표를 찾기 위한 1, 2년의 시도 끝에 실제로 입대가 가까워지니 우리 회사에 진짜 필요한 사람은 주주나 시장에서 바라보는 사람이 아니라 직원들이 믿고 따라갈 수 있는 사람이라는 진실에 다가갈 수 있었다.

정작 같이 일하는 사람은 내부 직원인데 나는 자꾸 바깥에서의 모습이나 실상 별로 실무에 도움이 안 되는 주주들의 생각만 신경 썼다. 스타트업 경험이 전무한 컨설팅회사 직원이나 경쟁사 대표를 앉혀놓고 '지금부터 저 사람이 여러분이 따라가야 할 사람입니다'라고 하려고 했다. 그러나 고려하는 누가 오든 내부 직원들은 전혀 모르는 사람이었다. 같이 일해본 적도, 일하는 스타일이 어떤지도 모르고 와서 무슨 일을 할지도 알 수 없었다. 8년간 같이 일한 대표가 가는 것도 큰 변화인데 대신 해서 오는 사람이 어떤 사람인지 알 수 없는 것은 더 큰 혼란이었다. 그들에게 필요한 것은 더 이상의 혼란이 아닌 안정이었다. 하여 그때부터 처음으로 내부자를 고려하기 시작했다.

CTO, PM 그리고 사원

내부에는 오래 일한 CTO가 있었다. 더불어 신사업이지만 매출의 절대 다수를 차지하기 시작한 테마 키보드 사업을 총괄하는 PM이 있었다. 그리고 처음에는 영업직으로 들어왔지만 나중에 영업 업무가 없어지면서 경영지원 업무를 보고 있는 한 사원이 있었다.

나는 후보를 검토하면서 우선 회사에 가장 오래 다닌 CTO를 고려했다. 이 멤버는 기술 개발에만 집중하고 싶어 했다. 개발 외적인 일을 시키면 불편해할 공산이 다분했다. 이미 개발자를 넘어 CTO

를 맡게 되면서 생긴 기술 기획이나 개발자들과의 커뮤니케이션에도 다소 부담을 느끼고 있던 터였다. 후보에서 제외했다.

다음은 키보드 사업의 PM이었다. 이 멤버는 일단 모바일 서비스 기획 경험이 없음에도 불구하고 대단히 총명한 기획 능력을 보여주었다. 첫 제품으로 맡긴 테마 키보드로 출시 3일 만에 한국 구글 플레이 전체 2위를 했다. 출시 첫 달에만 광고 매출이 5천만 원이 나왔다. 이내 효자 상품이 됐고 그것을 디렉팅하는 인물이었다. 기획을 해보지 않은 사람이 이 정도라니! 그냥 타고난 것 같았다. 제품을 맡아 하면서 개발자랑 디자이너 등 다른 멤버들과 커뮤니케이션도 잘되었다. 1991년생으로 너무 어렸지만 본인이 다른 스타트업을 창업해 운영한 경험도 있었다. 다른 스타트업에서 일해본 적도 있었다. 대표를 맡아본 적 있었기 때문에 대표의 입장에 대한 이해도 높았다. 따라서 자연히 CEO 후보로 올랐다. 그러나 그 멤버의 취약점은 회사에 들어온 지 1년도 채 안 됐다는 점이었다. 우리 회사가 오래되었기 때문에 당시에도 5년 이상 된 직원들이 있었다. 오래된 직원들을 통솔하기에는 회사 안에서의 시간도 짧고 상대적으로 나이도 어렸다. 성격적으로는 논리적이고 합리적이었다. 충분히 인간적이었지만 친화력보다 논리로 사람들을 설득하는 타입이었다.

그리고 또 다른 한 사람이 있었다. 우리 회사에서 진행한 대학생 마케터 프로그램에 참여한 대학생이 소개해 들어온 멤버였다. 영업직으로 입사했지만 영업이 필요한 사업을 매각하며 일이 없어졌다. 사람이 좋아 경영 지원 업무부터 고객 지원이나 채용 업무까지 하나씩 배워가며 회사의 백 오피스back office(후선 지원) 업무를 전담하던 멤버였다. 그 멤버는 1988년생으로 나이로 치면 회사의 중간 정도였다. 무엇보다 뛰어난 친화력이 최고의 무기였다. 회사 내에 누구도 적이 없고 모두가 그를 좋아했다. 회사 밖에서도 마찬가지로 특유의 따뜻함과 매너로 그가 회사를 대표해 미팅을 다녀오면 다들 우리 회사를 좋아했다. 나도 지금껏 사업하며 직접 대면한 사람이 수만 명은 되는데 친화력에 있어서는 그가 우리나라를 통틀어 정말 순위권에 들 정도라 생각한다. 그런 멤버가 백 오피스 업무를 전담해주니 기획자는 기획에, 디자이너는 디자인에, 개발자는 개발에 집중할 수 있는 환경이 조성되어 있었다. 직원 모두가 그를 좋아했다. 그는 모두에게 친절했고 모르는 일은 직접 찾아가며 해내려고 노력했다. 나 역시 그 덕분에 해야 할 일도 좀 미뤄놓고 제품을 깎는 데 집중할 수 있었다. 그 결과 우리가 솜노트의 제품적 성공과 재무적 실패 이후 어려운 시기를 딛고 다시 테마 키보드로 재기할 수 있었다.

김지환 대리, 김지환 대표

———————— 위자드웍스 대표 자리는 2년을 돌고 돌아 이미 그 자리에서 가장 비슷한 일을 하고 있던 '김지환 대리' 카드를 검토하게 된다. 영업직 인턴으로 입사해 정직원이 된 지 1년이 채 안 된 상황이었지만 이미 '회사의 엄마' 역할을 하고 있었다. 하여 주주들이나 시장 입장에서는 가장 신뢰하지 못하는 대안이자 직원들 입장에서는 가장 익숙한 인물이었다. 물론 대리에서 대표로 수직 발탁하는 충격은 있겠지만 김지환 대리가 김지환 대표가 된

다고 하여 그의 친화력이나 상냥함, 매너가 바뀌리라 생각하는 직원은 없었다. 전문성에 대한 우려는 있었지만 그것은 각자 사업을 맡은 PM들이나 CTO가 도울 수 있는 부분이었다. 그래서 일종의 '집단 경영'이나 팀장들의 '책임 경영' 같은 형태가 실현될 가능성도 있었다.

위자드웍스 멤버들이 아무도 떠나지 않고 하던 일을 계속할 수 있는 카드가 김지환이라는 판단이 들자 우선 CTO 등 회사에 오래 있던 멤버들과 상의했다. 처음에는 당연히 반대 의견이 나왔다. 전문성에 대한 우려가 컸다. 특히 회사가 스타트업이라는 용어조차 생기기 전인 2006년에 시작했다는 점에서 오래된 멤버들이 회사의 역사성에 대한 걱정을 많이 했다. 다른 회사보다 더 경영하기 어려운 회사라는 말이었다. 오래되어 주주도 많고 전직 직원들을 상대해야 할 일도 많고 이래저래 입사 1년 된 멤버가 맡기에는 어렵다는 의견이었다. 충분히 이해했다. 앞서 설명한 일련의 검토 과정을 쭉 들려주며 '최선은 아닐지 몰라도 지금 위자드에게 최적의 카드'라 설득했다.

결국 오래된 멤버들의 지지를 얻었다. 직후 김지환 대리와 상의했다. 당연히 그는 격하게 반대했다. 자기가 그런 그릇이 안 될 뿐 아니라 누가 봐도 신뢰할 수 없는 모양이라는 것이다. 그 입장도 당연히 이해가 되었다. 입대는 이제 3개월 앞으로 다가와 있었다. 나는 한 달여를 설명하고 설득했다. 결국 한 가지를 전제로 그는 어렵사리 대표직을 수락했다. 앞서 소개한 CTO와 키보드 PM을 각각 등기이사로 승진시키는 3인의 팀 경영 체제였다.

여정 자체가 큰 공부

——————— 마지막으로 나는 그에게 연대보증을 인계해 주고 싶지 않았다. 사회 초년생인 그에게 어쨌든 몇 억의 회사 빚은 대단히 큰 짐이었다. 막판에 여러 회사와 인수 협의를 진행했고 입대 이틀 전 아이지에이웍스IGAWorks와 계약서에 서명했다. 2015년 3월 나의 입대 후 김지환 대표는 정식으로 위자드웍스 대표로 취임했다. 2017년 현재 위자드웍스는 김지환 대표와 원신효 CTO의 운영 아래 소수 인원으로 매출의 30%를 이익으로 남기는 알짜 회사로 자리 잡았다. 수년 전 내가 50여 명의 직원들과 함께 비효율적으로 운영하며 이익을 전혀 내지 못할 때와는 아주 대조적인 상황이다. 결론적으로 위자드웍스는 CEO 승계에 성공했다. 비록 큰 회사로 만들지는 못했지만 적어도 회사는 가만히 두어도 망하지 않는다. 이익이 나기 때문이다. 설립 11년이 지난 우리는 이제 15년도, 20년도 마주할 기회를 가지고 있다.

후임 CEO를 찾아 나선 여정은 또 하나의 큰 공부였다. 당연한 후보라고 생각했던 이들이 실은 전혀 다른 전문성을 가지고 있거나 전문성이 아예 없는 경우도 있었다. 주주나 사회가 생각하는 이상적인 CEO가 회사를 엉뚱한 길로 가게 만들 수도 있었다. 책임도 전혀 지지 않는 채로. 그보다 우리는 동료들 말고는 아무도 신뢰하지 않는 무명의 내부자를 선택했고 믿음을 크게 보상받았다. 회사는 내가 군대를 다녀올 때까지 거의 아무도 떠나지 않았고 제품도 같은 팀에서 일관성 있게 발전했다.

이제는 내가 다시 위자드웍스로 갈 이유가 없다. 오히려 2년간 새로운 팀이 된 위자드웍스를 방해하는 요인이 될 수도 있다. 위자드웍스의 사업 전략을 지원하며 이제는 진짜 그 자리의 주인이 된 김지환 대표를 지근거리에서 보좌하는 것이 바람직한 소임이라 믿는다. 10년 만에 회사에 대한 마음의 짐을 내려놓고 '전임 CEO'로 내려올 수 있도록 해준 멤버들에게 감사한다. CEO 승계까지 거친 스타트업 위자드웍스의 창업자일 수 있어서 참으로 기쁘다.

CHAPTER 8

다시 스타트업을 생각한다

모두가 적당한 자존감을 지키며 살고자 각자의 위치에서 발버둥을 친다. 그 안에는 각자의 고민과 고충들이 있다. 부끄러움도, 두려움도, 치부도 있다. 모르는 것이 아니다. 알면서도 주어진 어려움 이겨내기 위해 최선을 다하는 것이다. 이제는 세상의 모든 사장들, 구멍가게라도 식구들과 고군분투하는 이들 모두를 존경한다. 꿈을 가지고 노력하는 신용 불량자도, 사업에 실패했어도 바닥부터 다시 하는 사람도 다 위대하다. 대학생이든 어르신이든, 스타트업이든 자영업이든 가내수공업이든 자기 사람들과 함께 분투하고 있다면 존경받을 자격이 충분하다.

연대보증과 사회적 책임

풋내기의 착각

――――― 안되는 비즈니스를 하고 있는 팀이 참 많다. 괜찮은 아이템을 안 괜찮은 팀이 하는 경우도 있고, 그 반대도 있다. 좋은 아이템을 좋은 팀이 하는 경우는 참 드물다. 이런 관점이 어릴 때는 안 보였다. 그저 우리가 하면 다 잘될 것이라 생각했다. 그야말로 풋내기의 착각이다. 첫 창업이 잘되는 경우가 몇이나 될까? 나도 위자드웍스 이전에 한 번, 그리고 게임회사 해서 두 번의 폐업을 겪었다. 위자드도 여러 차례 폐업까지 갈 뻔했으니 나의 스타트업 생활은 그야말로 실패의 연속이었다고 봐도 무방하다.

최근 벤처협회에서 주최한 행사에서 벤처로 큰 성공을 이룬 선배들이 대부분 50대란 점에 놀란 적이 있다. 통계에 따르면 첫 창업 후 짧아야 10년, 길게는 30년이 지나야 '벤처 천억 클럽(연매출 천억)'에 가입하고, 그중 극히 드문 기업이 '1조 클럽'에 가입한단다.

첫 창업에 성공한 사례는 거의 없고, 있다 해도 아주 긴 시간이 걸렸다. 벤처협회 조사에 따르면 한 회사가 창업 후 코스닥 상장에 가기까지 평균 14년이 걸린다고 한다.

위자드웍스가 2017년 창립 11주년을 맞았다. 선배들에 비하면 아직 초라한 업력이지만 스타트업으로서 적잖은 시간이다. 처음 시작할 때 한 회사를 이렇게 오래 할 줄 알았다면 더 심각히 고민했을 것이다. 사업에 대해 아무것도 모르고 그저 의욕만 넘치던 스물두 살의 나를 딴 데로 새지 못하게 강력하게 붙잡아준 것은 다름 아닌 창업자 연대보증이었다. 나에겐 오랜 족쇄이자 덫이기도 하였지만 그 덕분에 역설적으로 한 회사를 붙들고 끈질기게 가볼 수 있었다. 잘될 때는 하루 천만 명 이상 우리 서비스를 쓸 때도 있었고 대기업과 공기업, 정부 기관 수백 곳과 거래도 했다. 안될 때는 매일 독촉장이 날아오거나 직원 월급을 구하러 백방으로 찾아다녀야 했다. 오래 준비한 사업이 어그러져 돈을 구하러 다니거나 송사에 휘말린 적도 있다. 직원의 배신은 말할 것도 없고 나의 부덕으로 팀이 모두 나가 다시 세 명에서 시작해야 했던 적도 있다. 그런 과정에서 다들 떠날 때 나를 떠나지 못하게 만든 힘은 어떤 굳센 의지도, 강인한 체력도, 가정에 대한 책임도 아닌 창업자 연대보증이었다.

회사가 망해 내가 선 연대보증이 현실이 되면, 당장 몇 억의 회사 빚을 뒤집어쓰고 나는 거리로 나앉게 된다고 생각했다. 그게 스물두 살부터 내가 창업을 했다는 이유로 차게 된 무서운 족쇄였다. 창업자 모두가 겪어온 과정이겠지만 그 돈을 개인적으로 조금이나마 만져본 적도, 써본 적도 없다. 오히려 남들보다 두 배, 세 배 더 일하면서도 월급은 항상 마지막에 남으면 가져가거나 아예 못 가져가는 입장이었다. 그럼에도 회사가 지출한 돈 전액에 대한 연대보증은 창업자인 나 개인에게 있었다. 그렇기에 새 도전에 대한 즐거움과 연대보증이 현실화될 것에 대한 두려움, 딱 반반 정도의 원동력으로 항상 실패하면 팀과 주주들을 설득하고 전열을 정비해 다시 도전했다. 그렇게 어느덧 11년이 흘렀고 아직 살아남았다.

대표가 가져야 할 사회적 책임감

——— 앞서 말했듯이 우리도 안될 비즈니스를 열심히 한 팀 중 하나였다. 처음부터 안될 아이템이었거나, 대표가 스물둘의 어린 나이에 아직 군대도 안 갔다 왔다는 이유로 많은 벤처캐피털로부터 외면을 당했다. 하여 어쩔 수 없이 기술보증기금에서 돈을 꾸고 창업자 연대보증을 섰다. 당시 투자를 받았다면 당연히 대출은 받지 않았을 것이다. 그러면 연대보증 의무도 없었을 테니 사업의 성패를 확인하고도 기껏해야 20대 중반이었을 내가 과연 회사에 남았을까? 군대를 가든지 어디론가 떠나 벤처캐피털에게 돈을 맡긴 누군가에게 손해를 입히고 회사는 사라졌을 것이다. 물론 그 다음 새로 창업한 회사가 훨씬 더 성공해 다른 벤처캐피털이나 투자자들에게 큰 이익을 보게 했을지도 모를 일이다. 하지만 한 회사를 끝까지 밀고 가서 얻은 엄청난 배움과 기쁨은 아마 얻지 못했으리라. 고로 지난 10년간 나를 옥죄고 있던 연대보증의 지겨운 덫마저 이제는 비로소 감사하다. 그게 아니었다면 나처럼 출랑대는 젊은 대표가 진지하게 고생도 해보고 사람에게 난생처음 견디면서 끝까지 버티지 못했을 것이다.

최근 금융위원회가 창업 5년 이내의 창업자 연대보증을 폐지했다. 참 격세지감이다. 벤처 업계가 지난 십여 년간 기회가 있을 때마다 정부에 꾸준히 제안하고 건의해온 일이 정말로 이루어졌다. 창업자 연대보증이 사라지면 정직하게 사업하고도 사업이 안됐을 때 창업자가 돈을 토해내야 하는 위험 부담이 줄어든다. 앞으로 더 많은 젊은이가 창업에 뛰어드는 데 큰 도움이 될 것이다.

하지만 우려도 있다. 그동안 기술금융은 빚이기 때문에 창업자로 하여금 높은 위험성을 갖고 선택하는 대안 중 하나였다. 앞으로는 그 위험성이 다소 떨어질 것이다. 그리 되면 기술금융부터 받을 수 있으면 별 고민 없이 먼저 받고 시작하는 팀이 생길 수 있다. 당연히 스타트업이 국가재정에 진 빚의 총량도 크게 늘어날 것이다. 잘될 회사에 나라의 부채가 가는 것은 합당한 투자다. 그러나 여전히 많은 스타트업들이 그다지 날카롭지 않은 아이템을 영위하면서 스스로 돈 벌 궁리를 철저히 하지 않는 것은 걱정이 되는 부분이다.

스타트업 하는 후배들이 녹록치 않은 경제 상황에서 사회에 대한 책임감을 가지고 경영에 임하기를 바란다. 금융위나 벤처 업계가 국가의 신성장 동력 개발을 위해 얼마나 큰 노력과 대승적 결단으로 이 같은 정책을 내놓았는지 생각하면서 그 돈을 받고, 아끼며 사업에 임하기를 바란다. 또한 사업을 시작했으면 끝까지 책임감을 갖고 남아 반드시 성공시키기를 바란다. 우리가 잘해야만 미래의 창업자들이 더 좋은 창업 환경에서 일하게 된다는 사명을 가지고 절대 도덕적 해이로 기회를 날려버리는 일이 없도록 해야만 한다.

처음 만나는 슬픔과 두려움

총제적 난국, 모든 일이 안 돌아가다

6, 7년 전 추석이었다. 가족이 모여 왁자지껄 떠들다가 아버지가 술이 좀 되셔서 내가 '말씀 좀 그만하시라' 했다. 며칠 후 집에서 연락이 왔다. 아버지가 쓰러졌다는 전화였다. 병원에 달려가 보니 아버지가 아무 말씀을 못하고 내 얼굴조차 알아보지 못했다. 며칠 전 내 이야기가 가슴에 대못이 되어 돌아왔다. 병원 설명을 들어보니 뇌경색이 왔는데 며칠간 방치해 악화되었다고 했다. 당시 회사 문제로 아버지가 혼자 떨어져 사셨는데, 별일 아닌 줄 알고 병원에 안 가고 버티고 계셨던 것이다. 그러다 쓰러져 이 지경까지 되었다.

이후 2년간 아주 더딘 회복기를 거쳐 다행히 상태는 조금씩 개선이 되었다. 여전히 행동과 말은 전보다 눈에 띄게 느리지만 그럭저럭 다시 생활할 수 있는 수준으로 회복이 되었다. 그러다 이번에는 암 선고를 받았다. 혈액암이었다. 대장암이나 위암처럼 익숙한 암이 아니어서 가족 모두 당황했다. 더군다나 들어놓은 보험도 없고 집에 여윳돈도 없어 임상실험 중인 항암제를 써야 했다. 약효는 같다고 하나 아직 시판 중인 약은 아니었다.

돈이 없어 암에 걸린 아버지에게 임상실험 중인 약을 써야 한다는 사실이 나를 미치게 했다. 사업을 10년 넘게 했다는 것이 너무나 초라하고 부끄러워지는 순간이었다. 방사능 치료에 머리는 모두 벗겨지고 매일 스스로 배에 주사도 놓으셔야 했다. 아버지도 힘들지만 병간호하는 어머니도 나날이 지쳐가셨다. 가뜩이나 뇌경색으로 말씀도 잘 못하는데 암으로 몸이 아프니까 짜증만 내셨다. 어머니도 다른 일 못하고 병원에서 짜준 식단대로 삼시 세끼를 만드느라 몸도 마음도 고단해지셨다.

그러던 어느 날부터 어머니도 병원에 다니시기 시작했다. 자궁근종이라 했다. 그런데 수술 일정이 한 달 후에나 잡혀 매일 밤 배를 부여잡고 신음하셨다. 일하다 밤늦게 집에 들어오면 두 분의 아픈 신음을 들으며 마음 졸여야 하는 날들이 계속됐다. 아버지 어머니가 동시에 입원하시면서부터는 나도 일주일에 두세 번은 병원으로 퇴근했다. 암 병동과 산부인과 병동을 오가며 두 환자를 마주해야 하는 현실은 너무나 처절했다. 잊지 못할 스물아홉의 가을이었다.

그때는 나도 나대로 회사에서 하던 모든 일이 잘 안 풀려 빚도 지고 월급도 제때 못 주던 시기였다. 한 달치 월급을 십시일반으로 빌려 겨우 지급하고 나면 또 어떻게 딱 한 달치 먹고살 일감이 들어와 빚을 갚곤 했다. 몇 년을 가열차게 만든 솜노트가 수백만 사용자에도 불구하고 수익을 제대로 내지 못해 힘들던 시기다. 몇 년간 안

하던 외주 개발이라도 하며 다시 회사를 '연명' 모드로 돌려야 했다. 그럼에도 직원들이 아무도 떠나지 않고 일하고 있었다. 우리는 다시 생존의 길을 찾을 거라는 믿음이 있었다. 때문에 한두 달씩 밀리는 월급도 감내하며 당시 1년간 개발 중이던 솜노트의 차기 버전을 꼭 마무리 짓고 싶어 했다.

하나씩 열심히 해결하면 된다

———————————— 내 모든 신용을 다 끌어와 카드 한도가 제로가 되고 창업 후 처음으로 5개월이나 월급이 밀리게 된 어느 날, 솜노트 차기 버전이 나왔다. 그리고 다음 달 솜노트는 일본 앱스토어에서 1등한 최초의 국산 노트 앱이 된다. 사용자는 한 달 만에 곱절로 늘고 마침 매직데이라는 앱을 옐로모바일에 매각하며 그간의 빚을 싹 정리한다. 그게 내 서른의 봄이다. 직원들에게 인내라는 큰 빚을 졌고, 다행히 하늘이 돕고 주위 모든 사람들이 도운 덕에 다시 살아갈 수 있었다. 밀린 월급을 모두 주고 그간 빌린 돈을 이자까지 쳐서 갚고 난 후, 혼자 회사 문을 잠그고 나서는데 왈칵 눈물이 났다. 그 사이 어머니가 수술을 잘 받으시고, 아버지는 치료를 마치고 퇴원하셨다. 난 그 시절 모니터에 붙여놓았던 포스트잇 쪽지를 아직 가지고 있다. 그 쪽지에는 이렇게 적혀 있다.

'하나씩 열심히 해결하면 된다.'

어려운 상황은 누구나 처음이기에 예고 없이 불현듯 닥치면 겁나고 무기력해지는 것은 당연하다. 돈 꾸러 찾아갈 지인이 더 이상 떠오르지 않았을 때, 임상실험 약을 쓰는 데 동의해야 했을 때, 아는 의사가 없어 한 달 넘게 하혈을 해도 물어볼 곳이 없었을 때 나 자신에 대한 초라함과 실망은 이루 말할 수 없었다. 하지만 그럴 때일수록 내가 할 수 있는 것은 그저 나에게 닥친 현실을 정신 똑바로 차리고 하나씩 열심히 해결해가는 것뿐이었다. 그러다 보니 거짓말처럼 하나씩 해결되고 회복하고 다시 웃을 날이 왔다.

창업 10년의 시간을 뒤로 하고 이듬해 마침내 뒤늦은 군대에 갔다. 서른하나의 4월, 먼지 풀풀 날리던 논산훈련소 연병장에서 수료식을 마친 나는 다시 건강을 되찾은 어머니 아버지와 김밥을 먹었다. 여러 의미로 참으로 목이 메이는 김밥이었다. 이제 회사는 이익을 내며 훌륭한 후배들이 키워가고 있고, 나는 자연인으로 돌아와 감사히 군 생활을 마칠 수 있었다. 이게 다 무엇이었을까? 꼭 이렇게 힘들어야 했을까? 난 사업과 참 거리가 먼 사람이라는 생각도 많이 했다. 실력도 없고 운도 없어 여러 사람 고생만 시킨다는 생각을 도무지 떨쳐버릴 수 없었다. 첫 회사부터 15년을 했는데도 여전히 다음 달을 걱정하는 구멍가게 벤처 사장이었기 때문이다. 하지만 그런 나도 버텼다. 버티니까 길이 열렸다. 살아남았고 다시 웃을 날도 생겼다.

앞으로도 사업이든 인생이든 기쁨과 슬픔은 영원한 반복일 것이다. 이제 그거 하나만은 안다. 내가 아무리 바보여도 열심히 하나씩 해결하다 보면 결국 다시 웃을 날이 온다는 사실. 이제는 지나온 나의 힘든 시간들에 감사한다. 다시 돌아가도 이 배움을 위해 기꺼이 그 길을 걸으리라.

어디에나 욕먹는 리더는 있다

뒤늦은 군 생활을 통해 새로운 인간관계를 맺으며 예전 회사에서의 일을 돌아보곤 했다. 반성이 되는 부분이 많았다. 예전에는 항상 리더였다가 군대에서는 막내의 위치가 되었으므로 거기서 배우는 점이 많았다. 리더가 아닌 팔로워가 되고 가장 놀란 점은 어느 작은 단위의 조직에서든 욕먹는 리더가 있더라는 것이다. 각 팀의 팔로워들과 조금만 가까워지면 그 팀의 리더에 대한 이야기를 들을 수 있었는데, 이는 굉장히 신기한 경험이었다. 욕먹는 리더들의 특징은 대개 평소에 게으르다 마감 때 급히 일하거나, 본인은 일을 안 하면서 아랫사람에게 떠넘기거나, 다혈질로 화를 내거나, 말을 밉게 해 상대에게 상처를 주거나 하는 것들이었다. 스스로 솔선수범해 먼저 일하거나 아랫사람을 배려하는 말과 행동을 유지하는 리더들은 어느 팀에서나 존경받았다. 잔소리를 많이 해도 표현을 잘하고 맥락을 설명하며 일을 시키는 리더는 사람들이 기꺼이 따랐다. '솔선과 설명', 나 역시 회사로 돌아간다면 꼭 기억하고 생각할 덕목이리라.

리더의 호의가 오히려 부담을 주기도 한다

군에서 막내 때 일이다. 2층 침상을 쓰는 선임이 허리가 아파 막내들이 쓰는 1층 침상으로 이사를 왔다. 허리 아픈 상황은 모든 막내가 이해하고 걱정했지만 그때부터 1층의 막내 자리가 다소 불편한 곳이 되었다. 힘든 군 생활에 그나마 일과 후 쉴 수 있는 곳이 침상인데, 높은 선임이 상주하니 막내들의 휴식 공간이 사라졌다. 선임은 선임대로 막내들 편하게 해준다고 일부러 매일 말도 걸고 살갑게 다가가곤 했는데 오히려 후임들에겐 그게 영 부담으로 느껴졌다.

그런 일을 겪다 문득 또 수년 전 회사에서의 일이 떠올랐다. 회사에 어리지만 실력이 뛰어난 직원이 있었다. 다섯 명의 신입 사원들 중 입사 초부터 내가 특별히 편애했다. 그렇다고 따로 밥을 사거나 한 것은 아니지만 뭐만 하면 잘했다, 최고다 입에 침이 마르도록 칭찬하고 혹시나 회사를 나갈까 애지중지했다. 일부러 자리도 찾아가 격려하고 이따금씩 뒤에서 작업하는 모습도 보며 이리저리 조언도 주었다. 그러던 어느 날 갑자기 몸이 아프다며 퇴사를 통보해왔다. 동기 중 처음이었다. 당시 회사에 가장 중요한 제품 디자인을 맡고 있었으므로 청천벽력 같은 소식이었다. 입장은 단호했다. 몸이 아프다니 어쩔 도리가 없는 일이었다. 그러다 3개월이 채 안 되었을 때 그녀가 경쟁사에 메인 디자이너로 취직했다는 소식을 들었다. 그녀는 그로부터 6년이 지난 지금까지도 그 회사에 잘 다니고 있다. 그때 경험은 나로서는 아주 이상한 경험이었다.

지금껏 못해줘 나간 직원은 있어도 잘해줘 나간 직원은 없었다. 몸이 아픈 것만이 유일한 퇴사 이유였을까? 동기 다섯 명이 아주 끈끈해 지금도 만나곤 하는데 왜 그녀만 어려운 결정을 했을까? 그렇다고 내가 단 한 번도 사적으로 연락을 취한 것도 아니었는데 말이다. 지금 생각해보면 자기 일에 대한 대표의 과도한 칭찬과 관심이 부담스러웠던 것 아닐까 싶다. 보통은 동기부여가 되지만 이게 과할 경우 독이 될 수 있었다. 바로 저 선임의 따뜻한 다가옴이 후임에게 같은 마음으로 와닿지 않는 경우와 비슷한 것 아니었을까? 모두는 아니지만 일부 민감한 이들에게 리더의 과도한 관심과 다가감이 곧 부담으로 느껴질 수도 있다는 것을 나는 그때 배웠다.

나이 들어 시작한 군 생활이 어떤 면에서는 좋았다. 과거의 일들과 잊었던 실수들을 떠오르게 하고 그때의 부끄러운 대응들을 반성할 수 있었기 때문이다. 어려서부터 계속 리더로만 살면 아주 큰 그릇은 될 수 없는 것 같다. 역지사지의 배움을 얻으려면 리더를 따르는 충실한 팔로워나 조력자가 되어보는 경험도 큰 의미가 있다.

스스로 깨닫는 것의 중요함

위대한 기업가는 스스로의 경험으로 탄생한다

군에 있을 때 한 선임의 부탁으로 그의 친구들을 만났다. 만나보니 친구들과 창업을 했단다. 마침 내가 오래 해온 모바일 유틸리티를 만들고 있었다. 나는 그 사업이 왜 어려우며 우리가 어째서 많은 사용자를 가지고도 사업을 전환했는지 들려주었다. 그 친구들이 좋은 머리와 젊은 실행력을 가지고 좀 더 될 사업을 했으면 하는 의도였다. 한참을 이야기 듣던 대표가 지금껏 많은 사람들에게 의견을 들었지만 가장 논리적으로 설득되는 의견이라 했다. 한편으로 안도하면서 또 다른 이야기도 들려주었다.

안될 사업이어도, 그 안될 일을 깊게 파보는 것의 가치는 충분히 있다는 것이다. 사업해서 성공하겠다는 이들에게 안될 일을 파보라는 것이 황당하게 들릴 수 있겠지만 그것은 분명 도움이 되는 경험이다. 안될 일을 되게 하려고 발버둥을 쳐보는 것, 많은 이들이 중도에 포기하고 내게도 포기하라 말하지만 꿈꾸던 일을 젖 먹던 힘까지 동원해 끝까지 파보는 것, 그래야 정녕 후회가 남지 않는다. 이 일이 안되더라도 왜 안되는지 전해 들은 것이 아닌 스스로의 경험으로 정확히 설명할 수 있게 된다. 어쩌면 그 친구가 내 이야기를 듣고 가장 설득된다고 한 이유도 결국 내 이야기가 온전한 스스로의 경험에서 나온 까닭 아니겠는가.

하지만 끝까지 가본 누군가가 '내가 다 해봤는데, 안돼'라 말했다 하여 사업 아이템을 쉽게 바꾼다면, 그 말을 해준 사람이 배운 깨달음은 얻지 못하고 안전한 길로 돌아가는 사장이 된다. 물론 실패를 최소화하고 성공으로 가는 길을 더 빨리 탐색하는 방법일 수 있다. 하지만 적어도 스스로 겪고 제 눈으로 확인한 깨달음은 아닌 것이다. 그것은 끝까지 가본 (또는 가보려고 발버둥은 쳐보았던) 타인의 경험과 배움에 전적으로 의존해 내 '미지'를 달성하지 못한 채 다른 분야로 넘어가는 것이 된다. 어느 것이 옳으냐, 무엇을 택할 것이냐는 전적으로 사장의 결정이다. 다만 나는 양쪽의 장단점을 설명하고 그에게 선택은 오로지 당신에게 달렸다고 말했다.

선배나 멘토들은 흔히 '내가 이 길을 먼저 가보았는데 그 길은 위험하니 다른 길로 가라, 그렇게 하면 실패하니 내 말을 들으라'고 한다. 그 말은 진심으로 후배들이 덜 힘들고 덜 상처 입도록 돕기 위해 하는 말이다. 문제는 선배들이 경험한 실패의 시간을 후배들에게 건너뛰라고 하는 것과 다름없다는 것이다. 그랬다면 그들이 지금의 자리에 있을까? 그렇게 위대한 사업가들이 나왔을까? 큰 그릇은 결코 타고나지도 하루아침에 완성되지도 않는다. 작은 그릇으로 시작해 숱한 패배, 셀 수 없는 사람들과의 헤어짐, 차마 얼굴을 들 수 없을 만큼 찌질했던 시간을 거치며 하루하루 아주 천천히 커진다. 나중에 아주 큰 그릇이 되기 위해서는 작은 그릇일 때 더 극단적인 실패도, 더 처절한 이별도 겪어보아야 하는 것 아닐까?

그 친구가 안될 사업에 더 매진해보기를 마음 한켠으로는 바란다. 내가 투자자라면 얼른 사업 아이템 바꾸고 모아놓은 좋은 팀을 활용하라 조언하겠지만, 인간적인 선배로서는 누가 봐도 안될 비즈니스를 계속해보라 말하고 싶다. 왜 안되는지 직접 확인해야 나중에 실컷 허탕을 치며 돌아왔을 때 후회가 남지 않는다. 그 경험들이 훗날 다른 일을 할 때 더 큰 생각을 할 수 있는 원동력이 될 것이라 굳게 믿는다. 나 역시 어려서부터 많은 분들의 진심 어린 조언을 듣고 그들의 경험을 배우며 자라왔다. 너무나 과분하고 감사한 시간이었다. 그들의 가르침이 형편없던 나의 발전에 도움이 된 것은 말할 나위 없다. 조력자들을 만나고 배우는 시간을 소중하게 생각하지 말라는 것이 아니다. 최대한 시행착오를 줄이되, 가장 큰 배움만은 스스로 실패하며 깨닫기를 바란다는 뜻이다.

세상에 자신을 증명하기를 빈다

요령 피우며 항상 옳은 길로만 가려 한다면 피상적인 경험밖에 못할 것이다. 내가 전하고 싶은 배움은 안될 일을 3년이고 5년이고 파보며 생기는 상상조차 못할 팀의 동지애, 동료가 나가는 과정에서도 남은 소수의 멤버들과 공유하는 끈끈한 신뢰, 안 좋게 떠난 동료가 훗날 우리보다 훨씬 잘되는 것을 목격할 때의 참담함, 그게 증폭된 증오 같은 것이다. 그보다 더 막대한 시간이 지나 증오가 인정으로 바뀌고, 다시 상대가 스스로의 오만함에 빠져 몰락하는 모습까지 보며 측은함도 느끼게 되는 궁극의 감정 변화들, 도저히 용서가 안 될 것 같던 사람을 용서하는 순간, 감정이 소용돌이치는 그 긴 시간 동안 여전히 미래도 불투명하며 성장도 지지부진한 일을 소수의 지친 동료들과 계속하고 있는 것, 그 안에서 스스로 똑똑한 줄 알며 살아온 시간에 대한 허무를 느끼는 일, 학습된 겸손이 아니라 진짜 마음 깊숙한 곳으로부터 나오는 초라함의 가치는 너무나 값지다. 창업자라고 누구나 다 그 순간을 마주할 수 있는 것도 아니다. 그러기에 기꺼이 후배들에게 이 우직한 길을 한번 걸어보라고 권하고 싶다.

예전에 카이스트에서 박사까지 하고 대기업에서 우수사원상을 휩쓸던 분이 우리 회사가 아무것도 없던 시절 자원해 입사한 적이 있다. 왜 우리 회사에 들어왔는지 궁금해 이유를 물어봤다. 십여 년이 지났지만 아직도 그 대답을 잊을 수 없다. '지금껏 어느 학교 나오고 어느 회사 다니고 이런 것이 나를 규정해왔다. 이제는 그런 계급장 다 떼고 스스로의 수준을 검증하고 싶어서, 이제 그럴 때가 된 것 같아서'라 했다. 그분이나 나나 스타트업을 하는 사람들을 보면 아마 우리만큼 오만한 부류의 사람들이 지구상에 또 있을까 싶다. '계급장 떼고 자신을 검증하고 싶다'라니. 계급장 붙이기도 힘든 세상에 그런 오만함은 어디서 나올까? 그런 건강한 오만함이 지금의 정체된 세상을 바꾸어간다고 믿는다.

아마 내가 만난 그 젊은 사장도 마찬가지일 것이고 지금 창업하는 많은 창업자들도 다 적잖이 오만할 것이다. 스스로가 세상을 바꿀 수 있다고, 아니면 최소한 사업하는 분야라도 바꿔낼 수 있다고 말이다. 그 오만함을 잘 활용해 스스로 입증해내기를 바란다. 모두 안된다고 하는 일일수록 더 오만한 사람이 깔고 앉아 오랫동안 고생하며 끝까지 가보기를 바란다. 결국 스스로 이뤄내거나 설사 안되어도 그릇이 커지거나 둘 중 하나일 것이고, 어느 쪽이든 결코 나쁘지가 않다.

따스한 봄을 기다리는 겨울나기

해마다 12월이 되면 여기저기서 송년회가 열리고 회사도 업무를 정리해간다. 한 해를 마무리하고 새해를 맞는 과정에서 우리도 다양한 시도를 해왔다.

가감 없는 실적 공유

———————— 사업 초기에는 돈이 별로 없었으므로 종무식이라 할 만한 대단한 것이 없었다. 그냥 싼 와인 두어 병 사다가 케이크 하나 자르며 내년에는 더 잘해보자고 다짐했던 것 같다. 상장 종이를 사다가 대표 명의로 된 상장을 직원들에게 선물했다. '올해를 빛낸 개발자상', '내년이 기대되는 신인상' 같은 식으로 내용을 적었다. 회사 입장에서는 큰 소비 없이도 한 해 동안 고생한 직원들을 격려하고 내년에도 잘해주기를 응원할 수 있어 효과적인 제도

였다고 생각한다. 직원들이 노력하는 것을 회사와 대표가 알아주고 있는지 파악하기 어려울 수 있는데 연말 시상은 그 간극을 줄이는 좋은 기회였다. 사업이 여러 해 지나면서부터는 패밀리 레스토랑 같은 곳에 단체로 가서 밥을 먹는 것이 전통이 됐다. 거기서 시상도 하고 올해 사업 진척 상황과 내년도 사업 계획 브리핑을 대표와 사업부장들이 해왔다. 이 발표는 뒤이어 1월에 이어지는 연봉 협상에도 직간접적인 영향을 미칠 수 있기 때문에 최대한 솔직하고 신중하게 하려고 노력했다.

사업 초기에는 정보를 많이 통제하다 나중에는 점점 더 솔직해졌다. 회사에 대한 정보는 신입 사원까지 최대한 많이 알아야 한다는 의식이 생겨 최근의 송년, 신년 발표 때에는 회사의 재무 상황을 100원 단위까지 낱낱이 적어 공유했다. 안타깝게도 실적이 별로 안 좋았던 해에는 적잖이 충격을 받은 직원도 있었다. 하지만 솔직히 전달함으로써 다음 달 연봉 협상에서 적절한 합의가 이루어지기도 했다. 더불어 직원들이 개인 지출을 미리 보수적으로 계획할 수 있어 퇴사를 최소화할 수 있었다. 그런 점에서 사기가 저하하는 문제는 많이 상쇄했다. 오히려 솔직하게 회사 상황을 공유할수록 직원들이 똘똘 뭉쳐 위기를 잘 극복하고 넘어갈 수 있었다. 그 자리가 한 해의 공과를 나누고 긍정적인 새해를 다짐하는 송년회, 신년회 자리였기 때문에 좀 더 이해가 수월했다고 생각한다. 나중에 다시 창업을 하더라도 회사 상황을 더 정확히 공유하는 기회로 이 시즌을 계속 활용하고 싶다.

좀 부끄러운 것은 20대 중반의 몇 년간은 종무식 때 내년의 회사 키워드를 사자성어로 정해 신년회 때 발표했던 것이다. 스타트업이 그렇게 거창하게 하지 않았어도 됐을 텐데 그때는 큰 회사들 하는 것을 죄다 따라 해야 좋은 회사가 되는 줄 알았다. 내 나름 고민의 산물이었지만 사자성어로 된 신년 회사 키워드를 제대로 공감한 직원은 한 명도 없었다. 그야말로 어른 흉내 그 이상도 이하도 아니었던 것이다. 메시지는 간결하고 명확해야 한다. 사자성어와 같은 형식에 의존하면 오히려 전달이 흐려진다.

최근의 몇 년은 크리스마스 파티를 겸해 종무식 때 임직원들끼리 작은 선물 교환을 했었다. 회사에 트리를 만들어놓고 그 밑에 만 원 내외의 선물을 각자 준비해온 뒤에 추첨으로 뽑아갔다. 포장 안에 뭐가 들었는지 모르고 누구 것을 뽑게 될지 모르기 때문에 뽑아서 다 함께 열어보고 웃는 재미가 있었다. 연말 시상식과 함께한 후 다 같이 나가서 맛있는 식사를 하고 한 해를 마무리하면 그만큼 훈훈한 종무식도 없었다. 실적이 좋았던 해에는 연말 보너스를 주기도 했다. 다양한 선물을 내가 직접 골라보았지만 결국 현금만큼 모두가 고르게 좋아하는 선물도 없었다. 어느 해부터는 명절 선물이나 보너스를 주게 되면 아주 작은 선물과 함께 현금이나 상품권을 지급하도록 했다. 덕분에 백화점에 들러 직원들이 무슨 선물을 좋아할지 나 혼자 설레며 고르는 사장만의 '행복한 순간'이 하나 사라졌지만 말이다.

똘똘 뭉치면 봄은 온다

——————— 가장 힘든 것은 아무래도 가난한 연말을 보내야 했을 때다. 회사가 어려워 월급조차 밀린 어느 해 연말이었

다. 그때는 차마 고개를 들 수가 없었다. 돈을 빌리든 어음을 할인하든 해서 마련해오면 회사 출근할 용기가 나는데, 그렇지 못하면 엄두가 나지 않았다. 그 해 연말은 밖으로 돈 꾸러 돌아다니다 성과가 없으면 미안하고 부끄러워 차마 회사로 못 들어가고 밖에서 일하곤 했다.

회사가 곤궁해지면 연말에는 더 티가 난다. 작년에는 작은 레스토랑에서라도 식사했던 것 같은데 올해는 삼겹살에 소주 한잔하는 회식조차 없는 것을 보면 추운 겨울에 더 움츠러든다. 돌아보면 그럴 때일수록 사장이 회사 나와서 한 명씩 만나 대화하며 사정 설명하고 밥 한 끼라도 같이 해야 한다고 생각한다. 어릴 때는 왜 그렇게 어려운 소리를 하기가 힘들었는지, 혼자서만 전전긍긍하며 가뜩이나 힘든 사람들을 더 궁금하게 만들었는지 도통 모르겠다.

이제는 안다. 회사가 추운 일을 겪을 때는 같이 부둥켜안고 나누면 된다는 것을. 연말에는 더욱 그렇다. 팀이라는 곳이 그런 것 아니겠나. 기쁠 때는 기쁨을 같이 나누고, 어려울 때는 또 같이 해결책을 찾아나서는 것이다. 그 정도 우여곡절도 겪지 못하면 어찌 스타트업이라 할 수 있으랴? 돌아보면 어느 겨울이든 직원들은 내 생각보다 훨씬 더 강했던 것 같다. 한 배에서 같이 떨고 있었는데 나도 답을 못 찾겠다는 부끄러움과 미안함에 먼저 다가가 말을 건네지 못했다. 그들에게 당장 필요한 것은 극적 반전의 해답이 아니라 그저 '힘들지? 같이 조금만 더 해보자' 하는 따뜻한 말 한마디였을지도 모른다.

지극히 연속적인 시간 속에서 한 해의 '끝'이 있고 다시 새해의 '시작'이 있다는 것은 참으로 좋은 것 같다. 회사에게든 개인에게든 잠시 잊었던 목표를 다시 잡게 하고 스스로를 점검하게 하기 때문이다. 올해도 잘되는 회사와 사람들이 있는 것처럼 어김없이 무지하게 추운 회사와 사람들이 있을 것이라고 생각한다. 부디 많은 회사들이 세밀의 따스함을 기회로 삼아 다시 한 번 똘똘 뭉쳐 어려움을 잘 극복해가기를 빈다. 항상 그러하듯이 겨울을 버텨내면 다시 따스한 봄은 온다.

품앗이 공동체로서의 스타트업

직원의 경조사를 챙기는 CEO

—————————— 군대에 있는 동안 외조부상을 당했다. 비보를 듣고 급히 병원으로 향했다. 회사에서 화환을 보내주고 후임 대표가 수원까지 찾아왔다. 오지 말라고 했지만 그래도 막상 오니 반가웠다. 둘이 한참을 앉아 요즘 회사 돌아가는 이야기, 후임 대표가 난생 처음 대표로 지낸 1년간의 이야기를 들었다.

스타트업은 일반적으로 직원 수가 적다. 때문에 대기업에 다니는 사람들보다 아무래도 경조사에서 조금 쓸쓸함을 겪는다. 대기업은 직원들의 경조사 때 단체로 다녀간다. 회사 로고가 박힌 일회용품 등도 지원한다. 반면 스타트업은 조직이 오래되지 않은 탓에 품앗이 분위기가 상대적으로 적다. 물론 원치 않은 경조사에 의무적으로 참여하는 것은 곤욕일 수 있다. 하지만 막상 상을 당하고 보니 어려운 일이 있을 때 서로 찾아가 돕는 품앗이 문화가 새롭게 보였다. 대기업을 다니는 장점으로 비추어졌다. 비 올 때 일종의 작은 우산을 쓴 기분이랄까? 그런 기분이 대기업에 속한 안정감이 아닐까 하는 생각이 들었다.

예전에 한 선배 대표는 직원들 조부모상까지 전국 각지를 불문하고 다 직접 참석했다. 그렇게 어언 15년이란다. 절로 고개가 숙여졌다. 직원이 그 회사에 150명 정도 있으므로 조부모상까지 한다면 경조사가 정말 많았다. 그럼에도 그 대표는 지금껏 그 룰을 어긴 적이 없다. 그런 연유인지 그 회사는 동종 업계의 다른 회사보다 이직률이 현저히 낮다. 회사 성과도 좋아 매년 해외에서 상도 받고 꾸준한 실적 성장도 유지해왔다. 비단 그 이유 때문만은 아니리라. 그러나 직원들이 가장 힘들 때 대표가 찾아와 기꺼이 자리를 함께하면 분명 인간적으로 더 신뢰하게 된다. 물론 일정도 있고 피곤도 하다. 대표를 해본 입장에서 대단한 결심과 노력 없이는 지키기 어려운 약속이다. 그럼에도 그 원칙을 지켜왔다는 점에서 그 대표는 직원 입장에서 충분히 기대고 싶은 리더다. 또한 그 회사는 몸담고 싶은 조직이었을 테다.

나는 그동안 어렸던 탓에 경조사에 너무 소홀했다. 부모상의 경우는 참석을 했지만 한두 번의 형식적인 위로 인사가 전부였다. 진심으로 그 직원이 느낄 상실감을 위로하고 충분히 정리할 시간을 주지 못했다. 어려서 그런 상황을 겪어본 적이 없어 차마 헤아리지를 못했다. 역시 사람은 겪은 만큼만 알고 배려하며 존중할 수 있다. 나는 그런 점에서 아직도 참으로 부족한 대표다.

나의 이모부는 전북 정읍에서 작은 비료회사를 운영하신다. 외조부상에 일요일임에도 십수 명이 넘는 직원들이 수원까지 문상을 왔다. 의아해서 이모에게 물었다. 이모는 '사장 장인상인데 당연히 올 수 있지'라고 했다. 내가 스타트업에 종사해서 그런지 그 '당연히'가 매우 생경했다. 멀리서 온 직원들은 싫은 티 없이 정말 사장을 위로하고 자신들끼리 두런두런 앉아 대화를 나누고 돌아갔다. 이모부 입장에서는 큰 위로도 되고 힘도 되었을 터였다.

갑자기 궁금해졌다. 과연 거꾸로 내가 부산쯤에서 장인상을 겪는다면 우리 직원들 중 몇 명이나 참석할까? 아주 가까운 이사들이나 하나둘 내려올까? 적어도 내가 지금까지 만들어온 회사는 경조사를 전 직원이 서로 살갑게 챙기는 그런 문화와는 상당히 거리가 멀었다. 나를 비롯한 직원들이 전체적으로 젊어서였을까? (하지만 정읍의 중소기업에도 젊은 직원은 많았다. 단순한 나이 문제는 아닌 것 같다.) 아니면 IT업이 효율성, 형식보다 내용을 중시하는 분야라서 그럴까? 그것도 아니라면 단지 중소기업과 스타트업 기업의 차이인 것인가? 그게 대체 어떤 차이일까?

하나된 회사 공동체

다음번 창업을 하면 조금 더 품앗이 공동체다운 회사를 만들어보고 싶다. 사장부터 직원들까지 서로의 경조사는 다른 회사보다 유난히 챙기는 회사, 어려움은 더 살갑게 나누고 기쁜 일도 자기 일처럼 좋아해주는 회사, 그런 회사라면 이직률도 떨어지고 모두가 회사를 사랑하는 마음이 더 커지지 않을까? 회사 멤버들을 진심으로 아끼는 마음, 서로의 어려움을 헤아리는 측은지심을 공유하는 조직을 만든다면 좀 더 따뜻한 회사가 되지 않을까?

오히려 귀찮을 만큼 서로를 챙기는 일종의 '비글 문화'를 만들어보면 어떨까? 진짜 가족 같은 회사를 만들면 어떻게 될까? 그러면 필요할 때 냉정하게 조직을 바꾸거나 프로젝트를 중단시키기 어려워질까? 회사의 효율과 직원들의 관계는 항상 상충할 수밖에 없을까? 둘은 화목하다가도 언젠가는 떨어질 수밖에 없는 운명인가? 설사 그렇다 해도 나는 좀 더 따뜻하고 가족 같은 문화를 지닌 회사를 만들어보고 싶다.

아파트 옆집에 누가 사는지도 모르는 각박한 세상에 회사 동료만큼 하루 종일 오래 보는 이웃도 없다. 회사에서 서로를 피상적으로 대하고 안부는 형식적으로 전한다면 살면서 정을 나누는 이들이 기껏해야 가족이나 친구 정도로 좁아진다. 따라서 '회사 공동체'가 건강한 사회의 구성과 유지에 매우 중요한 역할을 담당할 수 있고 담당해야 한다. 회사가 지나치게 효율 추구, 성과 중심으로 사람을 빼놓고 운영하다 보면 사람이 아프거나 어려운 일이 있을 때 누가 진정 살갑게 도움을 줄 수 있을까?

회사에는 조직도 있고 시스템도 있고 재정도 있다. 사람에게 갑작스레 닥친 큰 혼란이나 어려움을 조금이나마 보듬고 도울 여력이 있다. 그렇기에 회사 공동체는 국가가 일일이 살필 수 없는 일상 영역에서 개인의 훌륭한 우산이 되어줄 수 있다. 대기업은 개인에게 그런 큰 우산의 경험을 주었다. 때문에 오랜 세월 사람들은 대기업을 선호했다. 스타트업도 그런 우산을 작게나마 제공할 수 있는 터전이 되는 것이 바람직하리라. 단지 돈이나 자원의 문제가 아니다. 사장과 조직, 멤버들의 의식 문제다. 우리 회사를 서로 안 좋은 일이 있을 때 기대어 쉴 수 있는 탄탄한 우산으로 삼겠다는 공동체

의식. 그런 의식이 있을 때, 좋은 회사는 더 훌륭한 회사가 되어 인재들과 오래오래 함께 일할 수 있게 될 것이다.

누군가의 첫 직장 사장이 되는 일

첫 직장 사장의 책임

최근에 가까운 스타트업 대표가 겪은 일이다. 자신이 잠깐 자리를 비운 사이에 전화가 계속 울렸다. 회사에는 버젓이 여러 사람이 있었다. 그럼에도 아무도 전화를 받지 않았다. 결국 사장이 직접 달려와 전화를 받았다. 고객은 회사 문 닫았냐며 불같이 화를 냈다. 그 대표가 직원에게 전화를 받지 않은 이유를 물었다. 대답이 돌아왔다. '제가 전화를 받아야 하는 것인지 몰랐어요.' 받기 싫어서도 아니고 정말 순수하게 전화를 받아야 하는지, 받을 권한이 있는지, 아니면 받을 필요가 있는지 스스로 판단을 못한 것이다. 그 대표는 적잖이 당황했다. 다음부터는 누구든 우선 전화를 받은 후 메모를 남겨달라는 말로 정리했다.

나도 스타트업 생활을 하며 많은 '당연한 것들'을 직원들에게 일일이 일러주곤 했다. 이메일 작성법부터 사람을 만나면 명함을 어떻게 주고받아야 하는지, 미팅 인사는 어떻게 하는지, 경조사는 어떻게 챙겨야 하는지, 문서 작성법부터 술자리 에티켓까지 말이다. 이렇듯 너무 쉬운 것들부터 사장이 일일이 알려주어야 하는 이유가 무엇일까? 바로 이 회사가 누군가에게는 첫 직장이기 때문이다. 물론 대학 생활을 하며, 가정에서 전화나 인사 예절 정도는 충분히 익힐 수 있다. 하지만 그런 시시콜콜한 부분도 기회가 없어 모르는 사람도 있다. 사회 초년생을 둔 스타트업의 사장이라면 그게 예절이든 에티켓이든 사소한 부분도 알고 있는지 확인하고 알 수 있도록 해야 한다.

그렇게 함으로써 당장은 직원이 우리 회사에 잘 적응하는 데 도움을 주고, 회사의 기본적인 수준을 높일 수 있다. 멀리 보면 해당 직원이 앞으로 다른 곳에서라도 직장 생활을 할 것이기에 시작부터 잘 익히게 할 책임이 첫 직장의 첫 번째 사장에게는 있다. 사회 초년생인 줄 알면서 고용하는 회사라면 직원이 기본기를 충실히 익힌 인재로 성장할 수 있도록 반드시 도와주어야 한다. 그래야 나중에 그 직원도 첫 직장에서의 시간들에 감사할 것이다. 또한 미래에 그 직원이 옮길 다른 회사들에서도 첫 회사에서 좋은 직원을 성장시켜준 데에 고마워할 것이다. 그러면 우리 회사의 평판도 함께 오른다. 직원이 잘못을 해도 사장이 귀찮거나 싫은 소리 하기 싫어 방조하면 안 된다. 사장으로의 직무유기다. '지금 못해도 언젠가는 익히겠지' 하고 그냥 두면 모두의 시간을 버린다. 그 직원을 위해서도 빨리 말해주는 것이 낫다. 회사를 위해서도 사장을 위해서도 마찬가지다.

사장 스스로도 사회 경험이 없을 수 있다. 그러면 회사에 상대적으로 경험이 많은 중간 관리자를 두어도 좋다. 다 같이 초년생인 회사는 무언가 조직적으로 실수를 범하고 있는데 아무도 모르고 있거나 그 모른다는 것조차 모를 가능성이 높다. 누구나 첫 직장에서는 잘못은 혼도 나고 더 잘할 방법도 배울 수 있어야 한다. 주위 직원들이나 사장에게 직장 생활이나 업무 처리 방식에 대해 스펀지처럼 많은 것을 빨아들일 기회가 없다면 그곳은 사회 초년생의 성장에 별로 도움이 안 되는 곳이다. 언젠가 직원이 첫 직장을 떠나게 될 때 그동안 사장과 중간 관리자들이 개인의 성장에 긍정적인 기여를 했다면 나중에 다시 같이 일할 기회를 얻을 수도 있다. 별로 도움이 된 적 없다면 영원히 함께 다시 일할 기회는 오지 않는다.

스타트업 사장이 줄 수 있는 최소한의 보상

사장의 지적이 어떤 사회 초년생에게는 '마이크로 매니지'로 느껴질 수도 있다. 업무상 발전을 위한 지적과 사적 감정을 섞으면 안 된다. 직원이 빠른 속도로 스스로 발전하고 있으면 조금 여유를 갖고 기다려줄 미덕도 필요하다. 전반적으로 스타트업 사장은 모든 직원들의 다음 직장과 평생 커리어를 위해 어느 정도 '인생학교 교장'과 같은 책임감을 가져야 한다고 생각한다. 세상에 갓 나온, 또는 나온 지 얼마 안 된 이들이 각자 더 나은 사람이 되는 데 도움이 되는 믿을 만한 징검다리가 되라는 말이다. 그것이 상대적으로 적은 연봉으로 더 고되게 일하며 자신들의 다시 돌아오지 않을 소중한 젊은 시간을 투자하고 있는 이들에게 사장이 해줄 수 있는 최소한의 보상이다. (사실 보상이라 하기도 민망하다. 배상이라 하는 것이 옳을 것이다. 회사가 성공하기 전까지는.) 사회 초년생은 학교를 벗어난 지 얼마 안 되었다. 심지어 아직 학교에 적을 걸어두고 있을 가능성도 있다. 그들이 회사에서도 학교에서처럼 아마추어로 일한다면 그것은 회사가 그들의 성장에 별 영향을 못 끼치고 있다는 얘기다. 고로 그들의 긴 삶에 이정표가 될 인생학교 교장으로는 사장이 영 제 구실을 못하고 있는 것이다.

대학생이나 사회 초년생과 함께 스타트업을 하는 사장들은 이 점을 명심해야 한다. 이제 사회생활을 처음 시작하는 누군가가 온 것이다. 첫 회사에서의 일하는 스타일이나 배움, 철학이 그들의 앞으로의 커리어에 결정적인 영향을 미치게 된다. 앞으로도 그들은 어딘가에서 일을 해야 한다. 그들이 어디서든 존중받고, 원하는 사람이 되도록 사장은 본인이 할 수 있는 최선의 역할을 다해야 한다. 그것을 귀찮아하거나 싫어하면 경력직으로만 회사를 채움이 옳으리라. 대기업처럼 사람을 단계별로 육성하는 시스템을 갖추지 못한 회사라면 사장의 관심과 잔소리만이 잘 모르는 사회 초년생을 위대한 인재로 키워낼 것이다. 회사 성공이 인재의 수에 직결되기에 교육은 남에게 떠넘길 만큼 하찮은 일이 결코 아니다.

지금 분투하고 있는 동지들에게

세상은 정확히 우리가 꿈꾸는 대로 바뀐다

———————————————— 한국이라는 보수적인 땅에서 중3이라는 이른 나이에 회사를 만들었다. 이후 15년 넘게 운영해온 탓에 어려서부터 많은 시샘과 부정적인 눈초리를 한 몸에 받았다. 요즘도 일찍 창업하거나 어려서부터 사업이 잘되는 이들은 비슷한 시선과 관심으로 힘든 시간을 보내리라. 그런 후배 창업자들에게 마지막으로 꼭 하고 싶은 말이 있다. 아무리 많은 시샘을 받더라도, 누군가 미워하더라도, 믿는 바를 행하고 있고 세상에 선한 영향력을 계속 뿌리고 있다면 결코 멈추거나 흔들리지 마라. 누가 뭐라 하든 단 한 번뿐인 인생이다.

그들이 조금 방해할 수 있지만 열정을 꺾을 수는 없다. 조금 돌아가게 할 수 있지만 길을 끊을 수는 없다. 아무리 욕먹고 모난 돌이 정 맞는데도, 계속 좋은 사람을 만날 기회를 추구해야만 한다. 같이 성공할 수 있는 방법을 찾고, 너무 빨리 가야 한다는 조급함은 화만 부른다. 바람 불면 고개 숙이고 피해 가는 갈대가 되어라. 결코 꺾이지는 마라. 때가 오면 꽃 피우고 열매 맺으며 꾸준히 정진하라. 오래 노력했지만 안되더라도 부디 꿈꾸기를 멈추지 말자. 다른 일을 구상하고 다른 꿈을 꾸어야 하는 상황이 와도 결코 꿈꾸는 것 자체를 멈추면 안 된다. 원래 사업은 어렵다. 알고 시작한 것이 아닌가? 꿈으로만 끝내지도 않기를 바란다. 영원히 꿈을 꾸고 실현해가는 우리가 되자.

3년 전쯤 내셔널 지오그래픽에서 방영한 과학 다큐멘터리 〈코스모스〉를 아주 재미있게 보았다. 우리 몸을 구성하고 있는 모든 원소는 우주 생성 때부터 존재하던 것이라 한다. 즉, 운 좋게 지금 우리 몸을 구성하게 되기까지 100억 년을 어느 소행성의 돌로, 우주의 먼지로 떠돌다 기적적으로 우리 몸의 일부가 되어 길어야 100년을 살고 다시 우주로 돌아가는 것이다. 억겁의 기다림 끝에 딱 한 번 지각이 있는 인간으로 태어나 찰나를 살고 간다. 그러니 지금 이 순간 하루하루가 얼마나 소중한가? 100년 중 하루는 100억 년 중 27만 4천 년의 기다림에 해당한다. 그렇게 오래 기다려왔는데, 이루고 싶은 바를 꿈꾸고 부단히 노력은 해봐야 다시 영원한 기다림으로 돌아가는 날 후회가 적지 않겠나?

세상은 인공 지능, 로봇, 무인 자동차 등 정확히 사람들이 꿈꾸는 방향 그대로 진화해간다. 화성의 유인 기지나 해저 도시 같은 것도 사람들이 꿈꾸고 있으므로 언젠가는 이루어지리라. 사람도 마찬가지다. 정확히 자기가 꿈꾸는 방향으로 진화해간다. 처음부터 잘하긴 쉽지 않다. 같은 일을 반복하면 점점 잘하게 된다. 새로운 일에 도전하니까 깨질 뿐이다. 결코 못하는 게 아니다. 배우는 중이다. 가만있으면 깨질 일도 없다. 허나 진보 또한 결코 오지 않는다.

지금 분투하고 있다면 존경받아 마땅하다

노력하다 안되는 날도, 잘되는 날도 다 멋진 나의 인생이다. 지나간 시간은 좋은 일이든 나쁜 일이든 모두 추억으로 남는다. 하루하루 치열하게만 산다면 삶은 그저 축제가 된다. 사업을 잘하다 삐끗하여 신용 불량자가 되어도 나의 인생이다. 젊은 나이에 열심히 하다 그만 건강을 잃었대도 그 역시 바꿀 수 없는 나의 인생이다. 한 치 앞도 모르는 것이 사업이고 인생이다. 고로 남는 것은 그저 매일 더 나아지려고 발버둥 치던 순간들, 선택들, 그때 함께했던 사람들이 전부다.

예전에는 회사를 매각하거나 크게 키운 유명 사업가들만 존경했다. 열심히 했으되 성과가 없는 사장은 싸늘히 무시했다. (어느 날 돌아보니 그게 바로 나였다.) 본업은 별로인데 방송이나 강의 같은 것만 잘하는 사장도 욕을 했었다. (그 역시 나였다.) 요즘은 생각이 많이 변했다. 그렇게라도 살아남는 것 자체가 얼마나 힘들고 대단한 일인가? 사업이 안되면 강의라도 하며 꾸역꾸역 살아남는 것, 실적은 적어도 작은 사업체와 소수의 멤버들이나마 계속 건사하며 달리고 있는 것, 이것들 모두 다 살아남기 위해 안간힘을 쓰고 있는 한 명 한 명 사장들의 소중한 인생이었다.

그 각자의 인생은 타인에게 무시당하거나 욕먹을 이유가 없다. 사업을 하다 정치나 방송을 하게 된 사람도, 심지어 귀향해 작은 가게나 민박을 하는 사람도 우리는 털끝 하나 무시할 자격이 없다. 세상 모든 인생에 좋은 때도, 힘든 때도 있다. 사업이 잘나갈 때 불행할 수도 있고, 귀농해 작은 땅 가꾸며 재벌보다 행복할 수도 있다. 본업이 잘 안되어 부업으로 먹고살지만 퇴근하면 토끼 같은 자식과 배우자가 누구보다 듬뿍 사랑을 줄 수도 있다. 지금은 비록 신용불량자지만 꿈이 있고 가족의 믿음이 있다면 부자라도 외로운 사람과 비교해 누가 행복한 인생인가? 누가 더 불행한 인생인가?

모두가 적당한 자존감을 지키며 살고자 각자의 위치에서 발버둥을 친다. 그 안에는 각자의 고민과 고충들이 있다. 부끄러움도, 두려움도, 치부도 있다. 모르는 것이 아니다. 알면서도 주어진 어려움 이겨내기 위해 최선을 다하는 것이다. 이제는 세상의 모든 사장들, 구멍가게라도 식구들과 고군분투하는 이들 모두를 존경한다. 꿈을 가지고 노력하는 신용 불량자도, 사업에 실패했어도 바닥부터 다시 하는 사람도 다 위대하다. 대학생이든 어르신이든, 스타트업이든 자영업이든 가내수공업이든 자기 사람들과 함께 분투하고 있다면 존경받을 자격이 충분하다.

'제로들' 사이에 서니 비로소 보이다

지나온 세월 몹시 오만했다. 잘 모르기도 몰랐다. 사업을 하면 당연히 큰 기업가가 되는 줄 알았다. 그러니 그러지 못한 사람들은 눈에 보이지 않았다. 루저로만 생각되었다. 하지만 그들의 이야기도 다 저마다 값지고 빛났다. 노력의 양은 같았다. 성공은 그저 운이나 조금 다른 전략, 타이밍 등 정도의 차이가 만들어냈다. 결과와 명예는 100대 0(제로)가 되었다. 어쩌면 내가 그 '제로들' 사이에 서게 되었기 때문에 보이기 시작한 것인지도 모른다. 노력했지만 큰 기업가가 되지 못했고 여전히 두려움과 무지로 무장한 채 새 길을 모색하고 있다.

젊은 나이에 '제로들' 사이에 서게 된 데에 후회는 없다. 나 역시 자랑스러운 순간이 있었다. 생애 최고의 성취감을 맛본 날도 있었다. 이제는 안된 이들의 얼굴도 보인다. 함께 다시 올라갈 약간의 경험도, 자신감도 가지고 있다. 주변의 '제로들'이 힘들 때는 기대어 쉴 수 있는 기둥이 될 마음도, 조급해하지 않고 천천히 나아갈 융통성도 좀 생겼다. 내가 힘든 날은 거꾸로 그들이 내 기둥이 되어주고 손 내밀 것이란 믿음도 얻었다.

30대에 접어들어 절절히 믿게 된 문장이 있다. '바로 지금 내 주변 사람들의 합이 곧 나의 모습'이라는 것이다. 과거에는 주위에 한심한 사람이 있으면 애써 무시했다. 존경할 수 있는 사람들과 가까이하려고만 했다. 거기에는 의식적인 노력이 있었다. 그러다 보니 인간관계의 인위와 욕심, 그리고 능력에 비해 과도한 상대를 만나려는 조급함이 따랐다. 필연적으로 누군가 나를 미워하거나 내 부족한 실력을 정확히 아는 이들이 시기하는 일도 생겼다. 결국 이 모든 것이 내가 자초한 일이었다. 인위적으로 가까워진 사람들은 자연스럽게 멀어진다. 내 능력에 비해 과도한 상대도 오래가지 않는다. 주위에는 장기적으로 비슷한 실력을 가지고 유사한 생각을 하는 사람만 남는다. 주위 사람을 아무리 거부하고 바꾸려 해도 결국 그들의 실력이 곧 나의 실력이요, 그들의 수준이 곧 내 수준이요, 그들의 모습이 곧 내 모습이 된다.

꿈꾸던 큰 기업가야 여전히 털끝에도 못 미쳤다. 그러나 지금 주위에 있는 사람들이 딱 내 수준이라고 할 때 그간 과분한 성장은 이룬 것 같다. 크게 존경할 수 있는 선배들, 너무 잘하고 있는 동료들, 그리고 장래가 촉망되는 후배들이 주위에 두루 포진해 있다. 이제는 그저 부족한 나만 잘하면 된다. 다시 새 일을 시작하고 노력하겠지만, 안될 수도 있다. 하지만 함께하는 이들의 수준이 곧 오늘의 내 수준이라는 진리를 깨닫고 나니, 결과에 더 깨끗이 승복할 수 있을 것 같다.

성공은 평생 살며 하루하루 맺어온 인연들로 인해 이미 상당 부분 판가름 나 있다. 하루아침에 바꿀 수도, 내려놓을 수도 없다. 그것이 긴 인생의 매력이 아닌가 한다. 나도 모르게 이미 오래전부터 주사위는 조금씩 던져지고 있었다. 고로 사업과 인생은 뿌리는 것이 아니다. 거두는 것이다. 온 생애를 던져 뿌린 씨앗들을 성실히 추수하는 일이다. 앞으로 우리는 잘 거둘 수 있는 사람이, 쓸 만한 사장이 될 수 있을 것인가? 전 생애를 걸친 대답이 우리 앞에 조용히 펼쳐져 있다.

단행본

— 가이 가와사키, 김동규 옮김,《당신의 기업을 시작하라》, 랜덤하우스코리아, 2005.
— 권도균,《권도균의 스타트업 경영 수업》, 로고폴리스, 2015.
— 김용진,《경영학 사용설명서》, 클라우드나인, 2015.
— 대우세계경영연구회,《대우는 왜?》, 북스코프, 2012.
— 리처드 브랜슨, 이장우 등 옮김,《내가 상상하면 현실이 된다》, 리더스북, 2007.
— 마이클 포터, 김경묵 · 김연성 옮김,《마이클 포터의 경쟁론》, 세종연구원, 2001.
— 모리카와 아키라, 김윤수 옮김,《심플을 생각한다》, 다산북스, 2015.
— 벤 호로위츠, 안진환 옮김,《하드씽》, 36.5, 2014.
— 신장섭,《김우중과의 대화》, 북스코프, 2014.
— 알 리스 · 잭 트라우트, 이수정 옮김,《마케팅 불변의 법칙》, 비즈니스맵, 2008.
— 에릭 리스, 이창수 · 송우일 옮김,《린 스타트업》, 인사이트, 2012.
— 워런 버핏, 이건 옮김,《워런 버핏의 주주 서한》, 서울문화사, 2015.
— 정주영,《이 땅에 태어나서》, 솔, 2015.
— 칼 세이건, 홍승수 옮김,《코스모스》, 사이언스북스, 2006.
— 클레이튼 M. 크리스텐슨, 이진원 옮김,《혁신 기업의 딜레마》, 세종서적, 2009.
— 토니 셰이, 송연수 옮김,《딜리버링 해피니스》, 북하우스, 2010.
— 편집부,《2010~2060 장래인구추계》, 통계청, 2012.
— 피터 틸 · 블레이크 매스터스, 이지연 옮김,《제로 투 원》, 한국경제신문사, 2014.

연구 논문

— Chandler, A.D. Jr, 〈Strategy and Structure: Chapters in the History of the American Industrial Enterprise〉. Cambridge, MA: MIT Press, 1962.
— 플래텀 연구팀, 〈2015년 한국 스타트업 투자 동향 리포트〉. 플래텀, 2016.

신문 잡지

— "IPO까지 12년…벤처투자 자금회수 '막막해'", 〈연합뉴스〉, 2015년 3월 3일자.
— "The Evolution of Facebook's Mission Statement", 〈Observer〉, 2009년 7월 13일자.
— "기업인들 사회적 책임 절감", 〈매일경제〉, 1972년 8월 7일자.
— "중기청, '15년 기준 벤처 천억 기업 474개사 실태조사 결과 발표", 〈플래텀〉, 2016년 7월 21일자.
— "한국 출산율 OECD와 세계 전체에서 꼴찌 수준", 〈연합뉴스〉, 2017년 3월 20일자.

웹사이트

— 구글 www.google.com
— 스타일쉐어 www.stylesha.re
— 우아한형제들 www.woowahan.com
— 위자드웍스 www.wzdworks.com
— 페이스북 www.facebook.com